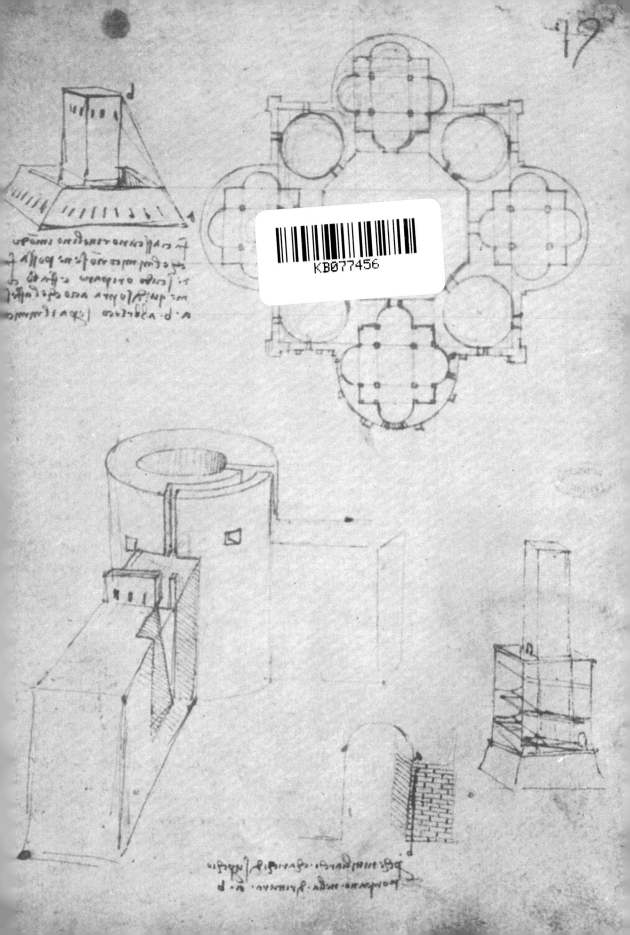

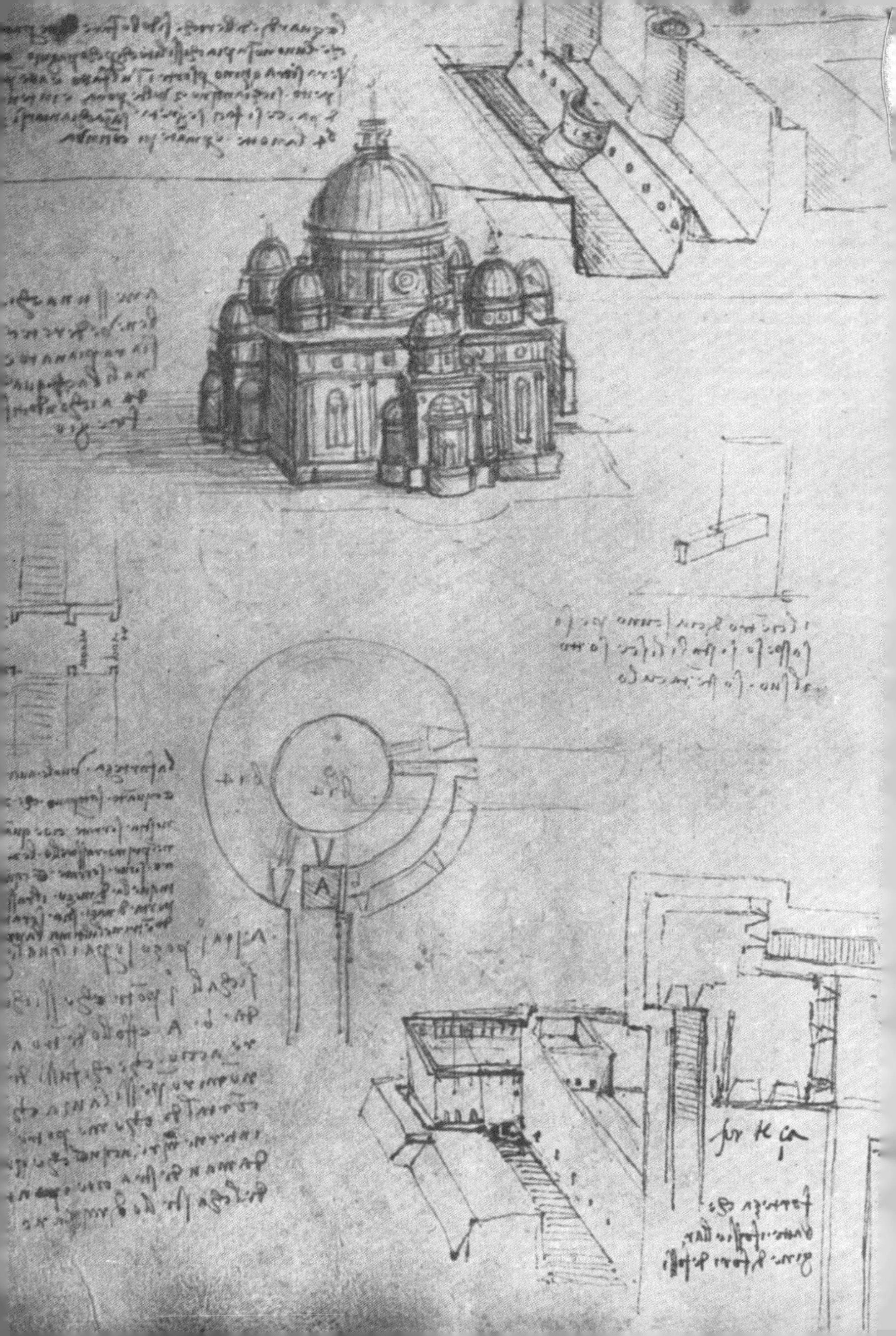

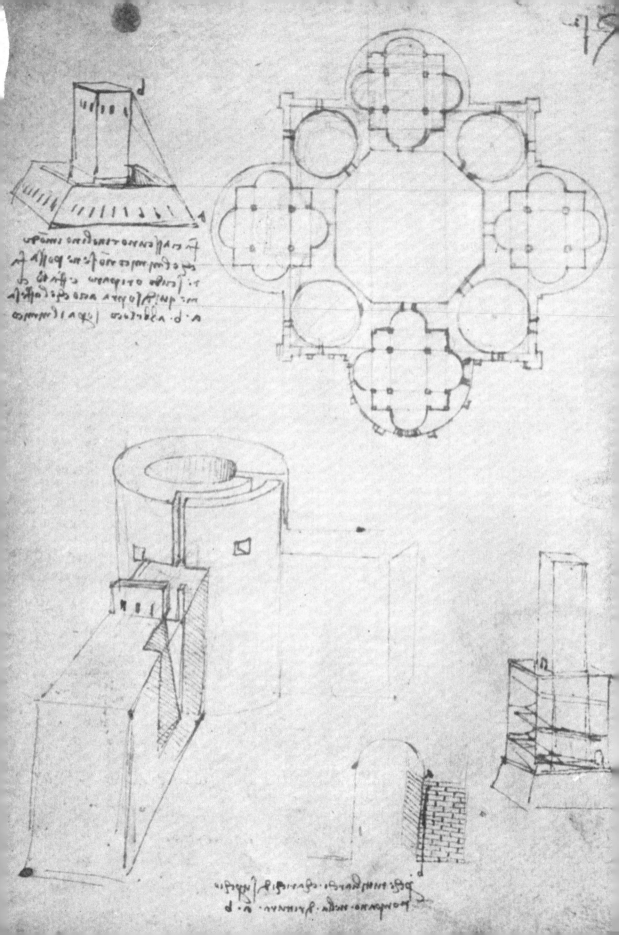

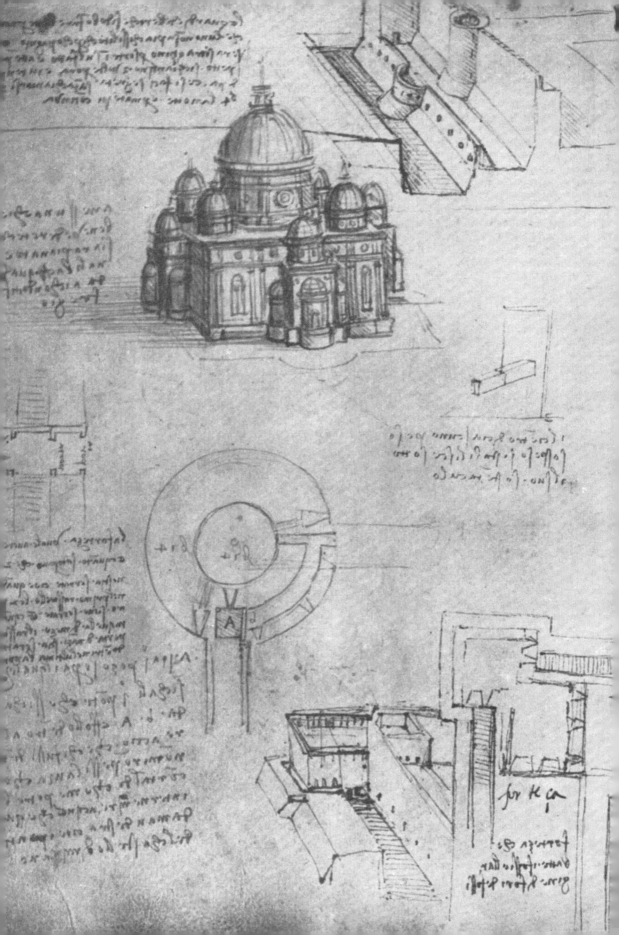

성스러운 공간의 모든 것

The Secret Language of Sacred Spaces

성스러운 공간의 모든 것
The Secret Language of Sacred Spaces

1판 1쇄 인쇄 2018년 8월 21일
1판 1쇄 발행 2018년 8월 31일

지은이	존 캐논
옮긴이	공민희
펴낸이	정규상
책임편집	구남희
편집	현상철 · 신철호
외주디자인	장주원
마케팅	박정수 · 김지현

펴낸곳	성균관대학교 출판부
등록	1975년 5월 21일 제1975-9호
주소	03063 서울특별시 종로구 성균관로 25-2
전화	02)760-1252~4
팩스	02)760-7452
홈페이지	http://press.skku.edu/

ISBN 979-11-5550-234-1 03610

잘못된 책은 구입한 곳에서 교환해 드립니다.

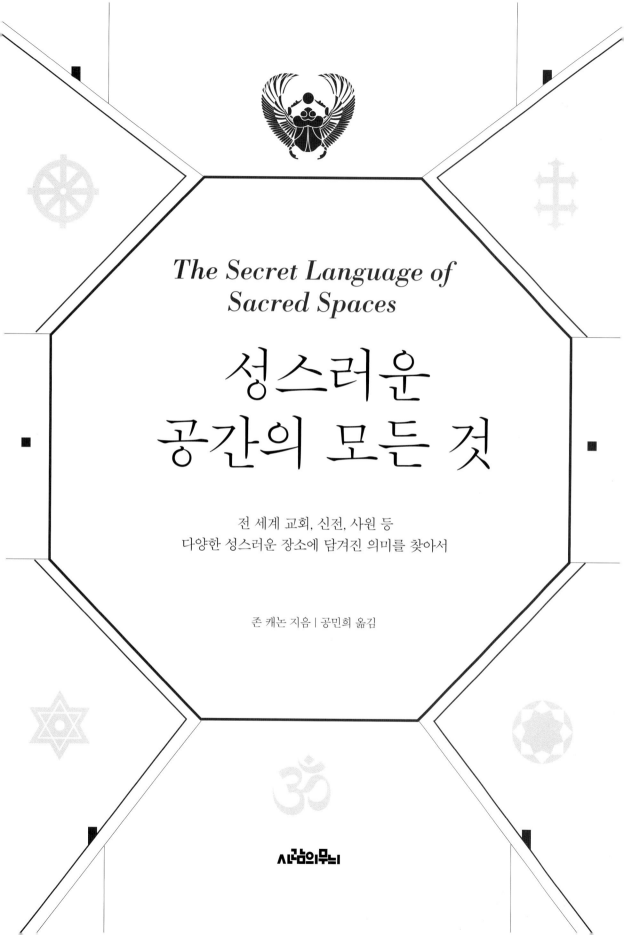

The Secret Language of
Sacred Spaces

성스러운
공간의 모든 것

전 세계 교회, 신전, 사원 등
다양한 성스러운 장소에 담겨진 의미를 찾아서

존 캐논 지음 | 공민희 옮김

시그마북스

신성한 풍경 속 사원
2004~2007년, 부탄, 도출라패스,
드룩왕갈 초르텐(불탑)

부탄에서 초르텐(탑, 불탑, 사리탑)이라 불
리는 탑은 불교 특유의 건축 양식이다. 이
부탄 양식의 석재와 목재 초르텐(탑)은 총
개수가 매우 상서로운 숫자인 108개로, 왕
을 기리기 위해 여왕 아쉬 도르지 왕모 왕
축이 도출라패스 꼭대기에 세운 것이다.
이곳은 신성한 히말라야 산맥이 드넓게 펼
쳐지는 장관을 자랑한다.

하느님 아버지를 발견하고
약 1205~1210년, 프랑스, 샤르트르 대성당, 북쪽 입구

이 고딕 대성당의 북쪽 교차랑 중앙에는 마지막 순간에 아브라함이 하느님의 은혜로 아들 이삭이 제물이 되는 것을 구제하는 장면이 조각되어 있다. 아브라함은 유대교, 기독교, 이슬람교의 토대가 되는 인물로 그려졌다. 그 옆에는 히브리어 성서에 처음 언급된 신부인 멜기세덱(왼쪽, 모자 쓴 인물)과 기독교인을 위해 조각된 그리스도의 예시가 보인다.

그 밖의 사진 출처

면지 두 장: 중앙집중식 교회 건물을 위한 설계, 약 1492년, 레오나르도 다빈치(1452~1519년), 한 장: 일본의 탑 풍경, 비단에 잉크, 소번 모리카와(1847~1902년)

3쪽 그림: 프릿 도기 타일의 무한하고 영구적인 기하학적 패턴은 한때 이슬람 마드라사로 사용하기 위해 장식한 것으로, 신의 완벽함과 정교함을 일깨운다. 약 1444년, 이란, 카르기르드(Khargird), 기야티야 마드라사(Ghiyathiyya Madrasa).

각 부의 시작 20~21쪽: 티베트 불교 사원의 깃발. 106~107쪽: 이탈리아 피렌체에 있는 산타마리아 델 피오레 대성당.

들어가는 말

    타지마할, 샤르트르 대성당, 앙코르와트와 같은 이름난 건축물은 세상에서 가장 위대한 건축물을 꼽을 때면 언제나 상위권에 드는 곳이다. 그러나 망자가 묻혀 있다는 점을 제외하면, 어떤 곳도 기차역이나 사무실, 집처럼 일상적이고 세속적인 기능을 하지는 못한다. 이 각각의 건축물을 탄생시키기까지 들인 엄청난 노력과 비용은 모두 일상이 아닌 '신앙'의 요건을 충족시키기 위해서이기 때문이다. 이 책은 이처럼 종교적 믿음을 위해 세운 신성한 장소인 건축물을 소개하고자 한다.

    인류가 출현한 이후, 여러 사회에서 엄청난 노력과 자원을 들여 인상적인 건축물을 만들었다. 목표는 단 하나다. 인간이 존재 자체를 초월하는 신과 관계를 이어나갈 수 있도록 돕기 위해서다.

    그렇게 생겨난 건축은 크기가 매우 다양하다. 도로변에 있는 작은 사원도 종교건축으로 볼 수 있다. 이와 크기는 완전히 다르지만, 고대 이집트 카르나크에 있는 아문-레 대신전, 캄보디아의 앙코르와트, 인도 슈리랑감에 있는 힌두교 사원 도시, 스페인 세비아 대성당은 모두 다르지만 최근까지 세상에서 가장 큰 건축물로 여겨졌다. 게다가 이들 건축물이 지닌 풍부한 조각 및 회화를 비롯해 예배의식은 다수의 사람들의 삶에 가장 풍부한 문화적 경험을 제공한다. 종교를 가지고 살아가는 사람들을 위한 장소는 경배 그 이상에 도달하게 해준다. 삶을 확장시키고 일상의 모든 경험을 포용한다. 종교건축이라면 어디서나 신성함을 느낄 수 있다. 이처럼 이 책에서는 영구성이 뛰어난 건축 자재를 사용해 야심

천국의 비전
1603~1619년, 이란, 이스파한, 셰이크 로트폴라 모스크

천장이 낮고 암울한 긴 통로를 지난 뒤에 밝고 높은 돔공간이 나타나 기대치를 한층 놓여 준다. 16개의 창문을 통해 쏟아져 들어오는 햇살을 받아 타일 표면이 반짝인다. 이곳에 모인 신자들은 이 기운에 에워싸여 천국으로 올라가는 경험을 할 수 있다.

차게 지었으며, 최소 수백 년은 된 현존하는 주요 종교건축물을 다룬다. 대략적으로 이들 건물 규모에 따른 조각, 건축적으로 중요한 부분, 풍경 전체를 신성화하는 방식 등을 살핀다. 묘지도 포함하지만 그 규모가 엄청나거나 숭배 기능을 갖춘 경우로 국한한다. 엄청나게 중요하지 않은 이상 소규모 건축이나 당대 건축물, 예배장소는 포함시키지 않았으며 개인 주택을 개조한 건물, 신성한 우물, 길거리의 작은 사원 등도 일반적으로 배제했다. 이미 사라졌거나 전체적인 종교기능이 불분명한 경우에는 그 영향력이 지대한 경우에만 다루었다.

이 같은 원칙을 세운 까닭은 특별한 믿음을 지닌 건축물에 관한 책이 너무 두꺼워지지 않았으면 하는 바람에서다. 제약이 있었지만, 이 책은 고대부터 오늘날까지 남아 있는 수많은 위대한 건축 예술을 소개하며 이들 건물이 설계자의 믿음을 얼마나 반영했는지 보여준다. 따라서 이 책은 종교 역사나 건축사가 일정 부분 포함되어 있지만 전부는 아니다. 종교별 믿음의 장소를 연대기 순으로 다루며 믿음 그 자체를 어떻게 드러내는지 설명하는 책이다.

지금까지 이런 시도는 거의 없었고 또 살펴봐야 할 지리적, 역사적 범주가 엄청났기 때문에, 이 책은 앞으로 등장할 수많은 특별한 건축물들을 살필 때 지침이 되는 것을 목표로 했다.

세계적인 그림

지리학적으로 인도와 중동(서아시아 일대)은 종교 사상과 건축의 주요 발상지다. 중동은 아주 특별한 업적을 이루었고 종교적으로 극적인 분리가 진행되었다. 이곳에서 첫 번째 사원이 생겨났지만 유대교, 이슬람교, 기독교 일신교가 과거 종교를 버리고 건축 전통을 재창조하며 고대 로마에서 시작된 건축 사상을 받아들긴 곳이기도 하다. 이들 젊은 신앙은 집합적이고, 그 건축은 평범한 사람들이 정기적으로 모일 수 있도록 설계되어 내부 공간이 특별한 중요성을 띄게 되었다.

인도의 경우 과거의 계승이 한층 두드러진다. 고대에서 기원한 많은 사상이 여전히 힌두교, 불교 및 다른 인도 신앙에 남아 있어 그들의 예술과 건축을 형상하는 데 일조했다. 종교건축에서 체계적인 기하학의 중요성을 믿었기에 일신교 전통 건축에서 보여준 모호함이 이들에게는 한층 분명히 도출되었다. 여기에는 건물의 형태(혹은 작품)가 의식의 효용성을 증가시킬 수 있다는 확신도 담겨 있다. 따라서 단순히 지붕이 있는 커다란 건물이 아니라 의미를 담은, 야외에 놓여 있는 하나의 조각 작품으로 볼 수 있는 것이다.

이 같은 사상은 또 다른 주요 신앙의 발상지인 동아시아에서 다른 방식으로 등장했다. 주요 세계 문화권 중에서 가장 독창적인 전통을 보유한 한국, 중국, 일본은 신앙이 담긴 영구적이고 두드러진 건축물을 세우는 일에 반대했다. 하지만 이들 사회의 건축은 영적인 사상을 강력하게 반영한다. 중앙아시아와 동남아시아 지역의 경우 많은 전통에서 '집을 깨끗하게' 만드는 일을 중요하게 여겨 혼합주의 종교건물이 잘 보존되어 있으며 여전히 중요하다.

고대 아메리카는 상당히 고립되어 발전했기에 다른 곳에서는 볼 수 없는 독특한 매력으로 비교 대상이 되어주며, 역사적인 불확실성이라는 미제를 남겨주었다. 아메리카 원주민들의 신앙에 관한 우리의 지식은 잠재적으로 왜곡될 가능성이 있는 이야기나 부분 부분 목격자들에 의존할 수밖에 없으며 고고학적 자료와 이들 문화권에서 문자로 남겨진 정보의 도움을 받는다.

전 세계에 걸쳐 기록의 부재로 알려지지 않은 것들이 너무 많으며 이런 건축물을 짓고 설계한 장인과 예술가의 이름 역시 마찬가지다. 이처럼 창의적인 생각을 가진 많은 설계자들은 분명 천재였을 것이다. 또 이런 건축물을 짓기 위해 알려지지 않은 수많은 노동자들이 필요했을 것이다. 비록 구체적으로 언급되지 않았지만, 이들이 진정 이 책의 주인공이다.

신성한 공간의 시대

종교 예술은 인류 역사만큼 유서가 깊다. 초창기 신성한 장소는 동굴이나 산과 같이 건축적 특성을 지닌 자연인 경우가 많았다. 최초의 신성한 건축은 기원전 9000년에 출현했다. 하지만 기원전 4000년부터 기원전 2000년에 들어서야 메소포타미아와 아메리카에 처음으로 중요한 건축물이 생겨났다. 이집트의 경우 이 시기에 진정한 건축의 토대가 되는 대담한 도약이 이루어졌다. 이는 엄청난 발전이고 기술적으로 이룩하기 어려운 일이었지만 덕분에 이들 건축물은 엄청난 영구성을 얻게 되었다. 거의 모든 주요 문화권에서 이런 능력을 발전시켰지만 많은 곳에서 종교건축에 한해서만 이 같은 기법을 활용했다.

종교적 실천의 관점에서 보자면 이후 오랫동안 다신교의 믿음이 주를 이루었고, 이들 종교의 신은 동물을 죽여 사체를 제단에 바쳐 태우는 것으로 희생을 요구했다. 이 시기가 인공 산이 번성을 누린 때로, 전 세계 여러 초기 문화권에 피라미드가 생겨난 것이 이를 뒷받침한다. 이 시기는 거리감이 느껴지고 낯설지만 아메리카의 경우 16세기 후반까지 지속되었다. 오늘날 가장 널리 알려진 종교는 기독교와 이슬람교이며 상대적으로 역사가 짧고 모든 종교건축의 기본 요소 상당수가 길었던 이 '태초의 시대'에 처음으로 출현했다.

이 시기 혹은 기원전 800~200년경 부처, 노자, 공자(및 상대적으로 건축사에서 중요성이 덜한 인물들)의 가르침이 널리 퍼져 이른바 축의 시대로 알려진 혁명적인 사상의 전환이 이루어졌다. 건축사에서 보자면 가장 중요한 발전은 그 이후 이루어진다. '발전의 새 천년'인 기원전 500~300년 무렵부터 기원후 500~700년 무렵은 살아남은 위대한 종교의 건축양식이 세워진 시기다.

중동의 경우 유대교회당(기원전 200년쯤)이 생겨났고 예루살렘 사원이 허물어지면서(서기 70년), 교회(서기 약 300년쯤부터)와 사원(서기 632년까지)이 동일하게 중요한 위치를 얻게 되었다. 그리스도와 무함마드도 이 시기 깨달음을 얻었고, 로마 콘스탄티누스 대제(306~337년 통치)와 옴미아드 왕조(우마이야 왕조)의 5대 칼리프 압둘 말리크(685~705년 통치)와 같은 정치 지도자들은 단순한 형판을 세운 교회와 사원을 일신교의 믿음에 따라 왕국을 대변하는 건축의 일부로 만들려는 야심으로 탈바꿈시켰다.

그러는 동안 동쪽에서는 새로운 사상가들의 가르침과 브라만의 엄격한 카스트 제도가 실행되어 근본적인 변화가 일어났고, 그 과정에서 종교는 점차 자연적으로 일신화되었다. 불교 사원(기원전 300년쯤)과 힌두교 사원(서기 500년쯤)이

중세 장식

967/968년, 캄보디아, 앙코르 근처, 반티스레이

중세 캄 왕조 시대 힌두교와 불교 건물은 전 세계에서 가장 정교하고 공들인 조각 작품을 보유하고 있기로 유명하다. 사진에 보이는 여신과 수호정령이 10미터 높이로 가장 안쪽에 위치한 작은 힌두교 사원 건물의 성소를 지킨다. 시바에게 바친 이 사원은 궁정섭정가인 브라만 야즈나바라하와 그 동생이 붉은 사암으로 축조했다.

생겨났고 아소카왕(기원전 274~236년 통치) 같은 통치자들이 불교를 전파하는 용도로 건축을 활용했다. 중국에서는 사원이 왕국과 별도의 건물이 되었고 엄청난 수로 불어났다. 그 밖의 동남아시아에서 한국과 일본은 중국 건축과 종교를 받아들였다.

이처럼 중요하고 매력적인 시기에 관한 근본적인 물음은 여전히 답보 상태다. 어쩌면 언제 유대교회당, 교회, 사원이 현재의 외형을 갖추었는지 정확하게 알아내는 일과 인도에 있는 종교건물의 특징이 영구적인 석조 형태의 불교 사원과 이후 힌두교 사원에 앞서 나타나게 된 이유를 밝히는 것이 가장 중요할지도 모르겠다.

다음 도약은 약 5세기부터 17세기까지 약 천 년의 시간이 걸렸다. 이 시기는 '위대한 신앙의 시대'로 대부분의 멋진 종교건축물이 생겨났다. 흥미로운 점은 이들이 차례대로 나타났다는 것이다. 예를 들어, 5세기부터 8세기에 콘스탄티노플(이스탄불)의 성 소피아 성당, 예루살렘의 바위사원, 멕시코의 위대한 마야 사원, 자바의 보로부두르 사원, 인도 엘로라 동굴의 카일라사 사원, 일본 나라의 도다이지(東大寺)가 세워졌다. 그 뒤를 이어 11세기와 12세기에 로마네스크와 고딕 양식을 따른 웅장한 대성당이 유럽에 자리했다. 이들은 이슬람에 등장한 새로운 건축 형태인 마드라사와 이완 사원에 영향을 미쳤고, 동남아시아에는 힌두교 앙코르와트부터 불교교파에 이르는 수많은 사원들이 연달아 생겨났다. 각 건축물은 선조들의 정수를 계승하기보다는 현 시대를 가장 잘 반영해 이란, 서유럽, 동남아시아에서 독자적인 전통을 세웠다.

'위대한 신앙의 시대'의 정점은 15세기부터 17세기 사이에 찾아왔다. 200년의 시간 동안 위대한 돔이 많이 생겨났다. 각각의 건축물은 천 년이 넘게 이어져온 로마와 비잔틴 양식을 다양하게 반영했다. 런던의 세인트 폴 대성당, 피렌체의 산타마리아 델 피오레 대성당, 로마의 성 베드로 대성당, 이스탄불의 쉴레이마니예 모스크, 이스파한의 이맘 모스크(샤 모스크)와 셰이크 로트폴라 모스크, 인도의 무굴 사원과 묘지, 타지마할에 이르기까지 다양하다. 힌두교에서 건축 규모가 커진 것도 중요한 사건이다 (예를 들어 스리랑감의 드라비다 사원 도시 등). 티베

천국의 비전
약 1200~1300년, 프랑스, 노르망디,
세스 대성당

유럽의 대성당은 끊임없이 발전하는 양식으로 특성화된다. 고딕 건축물은 플라잉 버트레스(flying buttresses, 주벽과 떨어져 있는 경사진 아치형으로 벽을 받치는 노출보—역주)와 뾰족한 아치로 커다란 창문에 골격구조를 완성했다. 빛이 많이 들어오는 내부는 스테인드글라스(세스 대성당의 생 라팅 예배당에 잘 보존되어 있음)로 채워 '천상의 예루살렘'이라는 기독교 사상을 생생하게 구현했다.

트와 이란에서 새로운 신정국가가 지배력을 높이면서 건축과 예술이 엄청나게 발달했고 이는 정치로도 이어졌다. 그밖에 과도하게 공을 들인 종교적 실천에 대한 반발로 기독교 비신봉파 예배당, 시크교 사원, 일본 선불교 사원 등이 독창적인 양식으로 탄생해 한층 조용하고 신비로우며 종교적인 공간을 반영한 건축물로 자리매김했다.

세속적인 도전

이때까지 대부분의 시간과 장소(고대 로마와 중국이 가장 두드러진 예외)에서 종교건축은 건축 자체의 이야기를 주도했다. 하지만 18세기부터 이 같은 관계에 변화가 생겼다. 유럽인들이 세계를 정복하기 시작하면서 종교에 대한 인간적인 의구심이 퍼지는 상황에서 기독교 건축이 그들의 소유가 된 것이다. 현재 신앙의 중심지의 경우 공항, 호텔, 공공 건물에 최소한의 예배 공간을 보유하고 있다.

서구를 비롯해 무신론이 공식 종교가 된 국가들의 경우 미술관, 박물관, 기념비적인 건축물이 한때 예배의 공간이 지니던 기능을 수행하게 되었다. 두드러진 예외를 보이는 종교건축의 경우 점차 폐쇄적인 성향을 보이며 전통의 명맥만 겨우 유지하거나 영감을 주지 못하는 상태로 남은 경우가 많았다.

물론 새로운 종교가 생겨나면서 많은 건축물이 이란(토대는 이스라엘)에서 기원한 바하이교에 흥미를 보였다. 미국의 모르몬교, 베트남의 까오다이교, 일본 신흥종교는 그들이 전하고자 하는 서사의 역할이 분명하지 않아 이 책에서는 배제시켰다.

요약하자면 중동 전통이 이룩한 엄청난 창의적인 업적은 특별한 내부 공간과 수많은 사람들이 모일 수 있는 장소를 탄생하게 해주었다. 궁극적으로 이는 일신교가 가져온 분리와 창의성이 성공으로 이어진 결과다. 인도의 경우 고대 사상을 보존해 건축물 자체로 영적인 효과를 주는 근본적인 성취를 이룩했으며 주요한 종교건축이 내부를 지니고 있지 않다는 점이 특징적이다. '위대한'이라는 말은 종교 사상이 두드러지고 미적으로 확신을 주는 건축에만 붙일 수 있는데, 고딕 대성당이 대표적이며 동남아시아의 만다라 사원이 그 뒤를 잇는다고 볼 수 있다. 한편 아메리카 대륙(1520년대부터 1560년대까지)과 중국(1912년까지)은 유적이 상당히 오래 보존되어 최근까지도 피라미드와 야외 제단을 보유하고 있다.

오늘날 전 세계 사람들은 지속적으로 발전하는 양식과 혁신적인 구조 설계, 잘 꾸며진 내부를 확보한 야심차고 독창적인 건물이 나오길 기대한다. 현대 사회에 들어서기 전까지는 이런 특성이 오로지 한 종류의 건축에서만 드러났다는 점이 특이하다. 서구 기독교 교회는 11세기부터 지금까지 지속적으로 발달해왔다. 기독교의 정신성과 빛을 중요시하는 주제는 건축에서 계속 되풀이되고 있다. 이렇듯 현대 사회는 고대 종교건축에서 많은 것을 배운 셈이다.

제1부

신성한 테마

신성한 건축

믿음을 구현한 건물

인류가 역사를 기록한 이래로 대부분의 사람들은 전지전능한 힘을 가진 신이 존재한다고 믿었다. 그래서 삶의 거의 모든 측면에 영향을 끼치는 종교의식을 매우 중요하게 여겼다. 종교의식은 다양한 곳에서 이루어졌는데, 숭배 장소와 같이 특정 목적을 지닌 공간은 많은 문화권에서 문명 발달 초기부터 생겨났다.

문화적 특성에 따라 생겨난 이런 건축물은 인간과 신의 소통이라는 궁극적이고 어려운 목표에 따라 지어졌기에, 일반 건축물과는 확연한 차이가 있다. 또 불가사의하고 멋진 경험을 위한 공간이기 때문에 이에 걸맞게 미적으로도 상당히 뛰어난 경우가 많다.

숭배 장소를 연구할 때는 특히 두 가지 측면을 염두에 두어야 한다. 첫째, 건축물의 전반적인 형태를 살핀다. 둘째, 그 형태를 구성한 양식을 파악한다. 지붕 윤곽부터 창문 형태에 이르기까지 어떤 방식으로 특정 효과를 냈는지 확인한다. 이렇게 하면 건물을 세울 때, 신념의 근본적인 측면을 어떻게 구체화했는지 파악할 수 있다.

신과의 조우
1610년쯤, 인도, 라자스탄 주, 아메르

호수 한복판에 세워진 작은 힌두교 사원의 남근상 제단 앞에서 한 여성이 악기를 연주하며 노래를 부르고 있다. 다른 여성은 시바신에게 제물을 바친다. 종교건축물은 장소, 건축, 의식을 하나로 통합해 인간과 신이 만날 수 있는 최적의 환경을 제공한다.

종교건축물을 구성하는
핵심 요소

티베트 인들은 정월 초하루처럼 상서로운 날이면 밝은 색 천을 가늘게 잘라 언덕이나 수풀과 같은 특별한 장소에 감아둔다(20~21쪽 참고). 이 오색 깃발은 극적인 효과를 주는데, 장소를 두드러지게 만들어 평범한 배경에서 분리하는 것이다. 이 장소는 두려움을 누르고 완전한 명상을 할 수 있도록 강렬한 감정을 끌어낸다.

비록 오색 깃발 울타리 자체는 일시적이며 견고하지 않지만, 그 안에는 신성한 건축물이라는 기반이 있다. 이렇게 환경을 바꾸어 장소에 특별한 지위를 부과하는 것이다.

건축은 인간의 거주와 활동을 목적으로 만들어진 독특한 예술 분야다. 건축이 창조해낸 환경은 오롯이 기능에 충실할 수도 있다. 예를 들어 쉴 공간이라는 목적을 충족시키는 가옥은 군이 아름다움을 추구할 필요가 없다. 벽, 창문, 문과 지붕만 있으면 된다. 그러나 종교적인 건축물은 다르다. 일상과 실용적인 기능보다는 영적, 문화적 범주에 속하므로 해당 문명의 세계관과 심미관을 반영한다. 역사적으로 숭배의 장소는 건축물의 진정한 가능성을 완전히 탐색하는 곳이었다. 최초의 다듬돌쌓기는 종교 행위로 이루어졌고, 그 이후 믿음을 추구하는 시도를 통해 위대한 건축물이 탄생했다.

전 세계의 신성한 건축물들은 각기 다양한 형태를 띠고 있지만 공통적으로 추구하는 형태가 있다. 이러한 기본적인 요소는 서로 겹치거나 교차하기도 하지만 바뀌지 않고 계속 이어져, 종교건축물을 이해하는 데 꼭 필요한 토대가 된다. 즉 신성한 건축물의 형태는 기본 요소가 결정하며 창문과 벽처럼 모든 건축에 들어가는 일반 요소들 역시 독특한 특징을 부여한다.

울타리로 에워싼 영역

야외 울타리는 신성한 건축을 구성하는 기본 요소 중 가장 단순한 형태로, 그 종류는 매우 다양하다. 가장 오래된 종교 유적은 대체로 이런 형태지만 주로 영구적이지 않은 자연(예를 들어 오색 깃발을 두른 숲이나 성지)에 만들어져서 현재까지 보존된 곳은 거의 없다. 영국 에이브버리의 스톤서클(기원전 2500년쯤, 113~116쪽 참고)과 같은 거대한 토루(earthworks)는 지금도 강력하고 근본적인 존재감을 발산한다. 초기 불교 사리탑(274~277쪽 참고)을 에워싼 돌 울타리처럼 엄청난 규모의 건축물도 종교건축에서는 기본 요소로 당연시되는 경우가 많다. 중국의 불교 사원과 법당을 둘러싼 높은 외벽은 이 신성한 공간을 완전하게 감싸는 울타리다.

제물을 보관한 안뜰의 돔
706~715년, 시리아, 다마스쿠스, 우마이야 모스크

789년 사원의 보물을 보관하는 용도로 로마 양식의 기둥 위에 세워진 이 돔은 현재까지 남아 있는 가장 오래된 사원의 안뜰에 우뚝 서 있다. 모스크의 전반적인 형태는 메디나에 위치했던 무함마드의 집을 모태로 했으나, 다마스쿠스에서는 기독교의 선례에 따라 기본 가옥 형태에 모자이크로 풍부하게 장식한 회랑, 탑, 돔, 성소와 같은 복도 구조를 더했다.

이보다 보편적인 형태의 울타리는 하나의 문이 달린 낮은 담장으로 그 안에 신성한 건물이 자리한다. 그리스 신전의 경우 신성한 대지를 둘러싼 벽을 테메노스(성역, 신역)라고 부른다. 테메노스 속에는 사원을 내려다보는 야외 제단이 있다. 제단은 기독교 교회로 치자면 벽이 없는 묘지에 해당하고, 힌두교 사원의 경우에는 높은 플랫폼이다. 이와는 다른 방식이지만 마야의 신전과 피라미드, 광장 건물이 흰색이나 간혹 강렬한 색으로 칠해져 도시의 다른 건물에 비해 크게 두드러지는 것 역시 같은 맥락이라 볼 수

있다. 대부분의 문화권에서 울타리 안에 속한 모든 것이 종교의식에 봉헌되어 청결하게 유지되어야 한다. 울타리를 넘어서는 행위는, 곧 한 개인이 신과 만날 준비가 되었다는 뜻이다.

울타리는 그 속에 다른 울타리가 자리할 수 있으며 사용자나 방문객이 안으로 들어갈수록 더 중요한 장소가 나타나는 형태다. 힌두교 사원 도시의 동심원형 성곽과 고대 이집트 사원이 야외 울타리에서 지붕을 갖춘 건물로 변화한 데서 잘 알 수 있는데, 울타리를 통해 공간의 계층화가 진행된다. 즉 안으로 들어갈수록 장소의 중요성이 커진다는 의미이며, 주로 '신성한 공간'에서 '신의 공간'인 성소(32~33쪽 참고)로 나아간다고 설명할 수 있다.

인공 산

종교건축에서 상당히 자주 등장하는 형태는 거대한 언덕 같은 구조물이다. 이런 건물은 내부가 필요하지 않다. 기원전 3000~2000년에 이집트, 이라크(지구라트 신전), 페루, 영국(실버리 힐과 말버러 마운드)에서 이런 건축물이 등장했다. 일반적으로 피라미드 혹은 반원 형태를 한 인공 산은 중앙에 계단이 있거나 옆쪽으로 층이 나 있다. 가장 높은

지점에 작은 성소나 야외 제단이 마련된 형태로 지구라트와 다수의 마야 및 아즈텍 사원 피라미드가 바로 이런 모습이다. 이처럼 커다란 건축물을 지은 까닭은 성소를 최대한 신과 가까이 배치하기 위해서이며, 또 다른 이유는 매장을 위해서다. 엄청난 크기 역시 건축의 목적 중 하나이며 이런 건물들은 자연의 형태와 우주관을 일깨우기에도 이상적이다.

이 같은 상징적인 차원에서 보자면 인공 산의 규모는 줄이고 중요성은 그대로 유지한 힌두 시카라(인도 건축에서 꼭대기에 위치한 피라미드 형 탑-역주, 314~318쪽 참고)나 중국 천단(348~350쪽 참고)과 같은 형태로 변모하는 과정을 설명할 수 있다.

힌두교 사원의 시카라는 상당히 가는 윤곽을 지니며 후에 불교 사리탑 역시 동아시아에서 여러 가지 형태로 나타났다. 이들은 모두 인공 산이 탑처럼 거대하면서도 수직적인 형태로 바뀌는 공통적인 발전의 사례라 할 수 있다. 종교건축을 시각적으로 한층 더 드러낸다는 점에서 인공 산과 공통점이 있다. 이슬람 뾰족탑과 기독교 종탑의 경우에는 음향 기능까지 더했다.

모든 신전과 로마제국에 가장 큰 영향을 끼친 '돔'을 완벽하게 발전시킨 장본인은 고대 로마 인이다(서기 약 118~128년). 이 놀라운 기술은 인공 산을 조개껍데기 모양으로 바꿈으로써 내부와 외부 모두 경외심을 불러일으키는 건물로 만들었다. 다시 말해, 거대한 외부와 충분한 내부 공간을 모두 갖춘 돔을 만들어낸 것이다. 이러한 돔의 내부는 천국을 연상시키는 생생한 모습으로 꾸며졌으며 덕분에 이슬람 사원과 후에 르네상스 시대에 세워진 교회 양식에도 지대한 영향을 끼쳤다.

회관

수많은 사람들을 모을 수 있는 벽과 지붕으로 덮인 공간은 신성한 건축에서 등장한 마지막 기본 형태이자 가장 늦게 발전된 형태다. 야외 공간에 이어 나타난 첫 번째 표본은 이집트 사원(기원전 2630~2611년 사카라에 지어진 조세르의 피라미드 등)의 다주식 회관으로, 회랑이나 일련의 기둥으로 내부 공간을 분류한 점이 이후 등장한 다양한 회관에 엄청난 영향을 미쳤다.

구조적인 이유로 세워진 기둥이 중심부의 공간보다 낮아서 좁은 통로 같은 부수적인 공간을 만드는 것은 꽤 일반적인 경우로 불교의 불탑과 기독교회 모두에서 찾아볼 수 있다. 회관이 있는 건물의 지붕은 모두 높이가 같아서 일련의 기둥을 내부에 세워 통일된 모습을 연출하는데, 이것을 다주식이라고 부르며 사원의 기도실과 힌두 만다파(mandapa, 예배 홀)가 대표적이다. 내부가 기둥으로 연결되기에 안뜰과 같은 효과를 주어 회랑(기원전 약

성 필립보 네리의 예배당
1675~1731년, 폴란드, 글로고카

이 바로크 양식 수도원의 주 출입구는 두 개의 작은 탑이 놓인 정교한 파사드(건축물의 주 출입구가 있는 정면부–역주)가 감싼 형태다. 중앙의 내부는 커다란 돔이 에워쌌다. 16세기 로마에서 볼 수 있는 수도사와 평수도사들이 함께 있는 공간으로 지어졌으며 이탈리아 양식의 영향을 많이 받아 설계되었다.

1184~1153년쯤 메디나트 하부와 같은 이집트 초기 사원 형태에서 볼 수 있는 양식, 130~131쪽 참고)으로도 알려져 있으며 동일한 기둥이 주요 공간으로 연결되는 위층을 지탱하는 경우 위의 공간을 갤러리(유대교회당과 대형 교회에서 자주 볼 수 있음)라 부른다. 유대교회당은 웅장한 의식을 치루는 곳이 아니라 평신도들이 모이는 최초의 회관으로 기능했으며 종교건축물의 역사를 바꾼 부분이기도 하다(169~174쪽 참고).

축성 평면과 중심 평면

종교건축에서 성소(32~33쪽 참고)와 회관을 함께 배치하려다 보니 다양한 종류의 공간이 생겨나게 되는데, 이는 중요한 테마이자 무궁무진한 가능성을 드러낼 수 있는 부분이기도 하다. 종교건축을 구상할 때는 단순한 직사각형, 다각형, 원형에서 비롯된 대칭을 활용하는 경우가 많다. 인도와 중국 건축에서 알 수 있듯이 이런 형태는 형이상학적 중요성을 지닌다. 규칙성을 지키며 탄생한 복잡한 종교건축(일부는 이 모든 요소를 다 포함)은 축성 평면과 중심 평면으로 나누어진다. 축성 평면은 폭넓은 것보다 길이가 더 길고 긴 축을 따라 대칭을 이룬다. 직사각형과 타원형이 축성이며 두 경우 모두 축을 너비보다 길게 만드는 데 집중한다. 메소포타미아 사원은 처음부터 이런 형태를 가졌다. 가장 단순한 형태는 직사각형 성소 혹은 면 벽 중앙 초점면에 아치, 칸막이 혹은 다른 기능적 표시를 두어 두드러지게 만드는 방식이다. 여기에 다양한 건축 형태를 더할 수 있고 대성당처럼 내부 축성 평면이 이어지는 경우도 있다. 동아시아와 이슬람 전통에서는 축과 평행하는 대신 교차하게 만들지만 축성에 내재된 원칙은 동일하다.

성소의 두 번째 공간 형태는 건물 끝이 아닌 중심에 평면을 두어 중앙집중적인 구조를 이룬다. 이런 건축은 일반적으로 원형, 사각형 혹은 팔각형과 같은 정다각형이거나 X자 형태를 지닌다. 아나톨리아(기원전 약 9000년)의 괴베클리 테페와 같은 둥근 형태의 사원과 고대의 인공 산처럼 초기에 지어진 신성한 건축물이 그 전형적인 예다. 이후 중심 평면 건축은 축성만큼 보편화되지 않았지만 불교 건축에서 사리탑 형태로 남아 명맥을 이었고, 동방정교회 건축에서 십자형 평면에 돔 지붕으로 된 교회 형태로 자리 잡았다. 중심 평면과 축성 평면의 상호작용은 기독교 건축(188쪽 참고)에 국한되지 않고 여러 건축가에게 영감을 주었다.

플랫폼과 입구

마지막으로 건물의 전반적인 형태와 관련한 몇 가지 사항을 살펴보자. 이들은 보편적이거나 기본적이라고 볼 수는 없지만 종교건축물에 지속적으로 큰 영향을 미친다. 예를 들어, 바닥에서 높이 솟은 단단한 플랫폼 위에 자리한 성소의 경우 예배자보다 높은 곳에 위치해 그곳으로 올라가야 하는 의무가 생긴다. 일부는 플랫폼을 인공 산을 암시하는 모티프로 사용하며 소규모 메소포타미아 사원에서도 강력한 플랫폼이 보편적으로 드러나 근처에 있는 사원과 피라미드를 연상시키도록 설계했다. 또한 힌두교 사원처럼 건물을 분리하는 역할을 하거나 고대 메소포타미아 신전처럼 닫힌 벽 위로 두드러지는 효과를 주기도 한다. 서구 기독교에서 아치형 지붕으로 된 지하실은 교회의 다른 부분보다 높은 성소로 격상된다. 플랫폼은 그 자체로 부차적인 성소가 되는 내부를 지닌다.

입구는 신성한 형태를 수호하는 건물의 마지막 핵심 요소다. 입구는 해당 건물의 용도에 따라 중요한 측면을 반영한 경우가 많다. 그래서 많은 기독교 교회에는 신부나 왕을 위한 입구가 따로 있다(81쪽 참고). 고대 이집트의 파일론(탑 모양의 문)은 외부의 주요 건축요소로 자리매김한다. 일부 사원에는 입구가 닫힌 벽의 기능을 돕는 유일한 장치다. 기원전 3800~3500년쯤 북서 유럽에서 볼 수 있는 긴 무덤의 입구는 거대한 돌을 쌓아 만든 벽으로 이루어졌다. 이는 가장 오래된 파사드이며 지금은 규칙이 잘 세워져 인상적인 건물을 만드는 용도로 기능한다. 오랫동안 기독교 대성당의 출입구 벽은 중요하게 생각되어 글을 모르는 사람들도 쉽게 이해할 수 있도록 석상에 예배 장면을 새겨 아름답게 장식했다. 울타리부터 입구에 이르기까지 종교건축 속 요소들은 모든 종류의 신성한 건물들의 형태를 구성하고 수천 년이 흐르는 동안 결합하고, 또 발전했다. 종교건축물이 지닌 힘은 그렇게 탄생한 형태가 어떻게 구체화되고 장식되는지에 좌우되며 엄청난 크기와 높이는 중요하지 않다. 이런 관점에서 보자면 장식을 통해 종교적 의미를 부여하고 미적인 효과와 분위기를 전달하며 중요한 사상을 설파하는 것이다. 이것이 신성한 양식이 지닌 중요한 역할이다.

신념의 표현
1921년, 덴마크, 코펜하겐, 그룬트비 교회

거대한 벽돌로 이루어진 루터파 교회의 엄청난 축성 평면은 많은 신자들이 모일 수 있는 공간이며 빛으로 가득찬 성소의 제단으로 자연스럽게 시선을 안내한다. 그룬트비 교회는 높이 22미터, 길이 76미터로, 유명한 덴마크의 찬송가 작곡가이자 철학자인 N.F.S. 그룬트비(1783~1872년)를 기념하기 위해 페데르 빌헬름 얀센 클린트(1853~1930년)가 지었다. 북유럽 고딕양식과 덴마크 고유양식에 21세기 표현주의 건축양식을 잘 혼합한 설계가 특색이다.

성소

일반적으로 울타리에서 가장 깊숙한 곳으로 향할수록 신성함은 더욱 커진다. 제물을 바치고 태워 그 연기가 하늘에 닿을 수 있도록 한 야외 제단이 가장 단순한 형태다. 중국 왕실에서는 울타리라는 원시적인 형태가 우아한 건축물로 변모했지만(348~350쪽 참고), 대다수의 다른 문화권에서 제단은 작지만 가장 중요한 곳이기에 지붕이 달린 건물로 교체되거나 에워싸거나 안쪽에 자리하게 되었다. 이런 구조물을 '성소'라고 부른다.

많은 문화권에서 강력한 종교적인 행위가 이루어진 동굴에서 성소의 기원을 찾을 수 있다. 그리스 신전의 켈라(신상을 모시는 장소), 힌두교 사원의 가르바그리하(신상을 봉안하는 장소로, '자궁의 방'이란 뜻), 기독교회의 성단소와 사제관이 좋은 예다. 성소에는 제단, 성상 등을 놓거나 아무것도 놓지 않고 비워두기도 하는데 건축의 중심부로서 중요성은 같지만 신성함의 정도는 장소에 따라 격차가 크다. 예루살렘의 지성소는 보이지 않는 신의 존재를 모신 곳으로 일 년에 단 하루만 개방하며 고위 성직자만 들어갈 수 있다. 반면에 유대교회당의 성궤(聖櫃)와 주위 공간은 원칙적으로 마음의 준비가 되고 신앙심이 넘치는 사람이라면 누구나 들어갈 수 있다. 두 곳 모두 내부 공간을 동일하게 성소라 부를 수 있다.

복잡한 건축 공간이 성소를 에워싸기도 한다. 대규모 힌두교 사원과 기독교 교회의 성소 뒤쪽에는 회랑이 자리한다. 교회와 이집트 사원의 경우 주요 성소와 떨어진 곳에 작은 성소로 부르는 예배당을 둔다. 일반적으로, 성소를 둘러싸거나 선행하는 공간을 통해 성소의 계층적인 구획을 나눈다. 회관이 신전 안뜰의 사원을 품고 그 양쪽으로 미흐라브 니치(장식을 목적으로 두꺼운 벽면을 파서 만든 공간-역주)와 주위를 감싸는 공간으로 성소를 구분한 것이 대표적인 예다. 메카의 카바(이슬람교의 성전)는 예루살렘 사원의 성궤와 같은 기능을 한다. 이렇듯 전 세계 위대한 종교건축물은 단순한 울타리와 성소로 이루어진 것이 아니라 복잡한 구조를 통해 하나의 유기적인 건축물을 구성하는 특징을 지닌다.

호화로운 공간
1868년, 체코, 프라하, 스페인 유대교회당

이 성소는 낮은 난간과 십계를 올린 정교한 무어 양식의 성막으로 이루어졌다. 성궤에는 하느님의 말씀을 새긴 신성한 '토라의 두루마리'가 속해 있다. 그 앞에 놓인 '영원의 빛'은 예루살렘 사원에서 불타 없어진 토라를 떠올리게 한다.

신성한 양식

　건축양식은 전반적인 미적 효과를 줄 수 있는 다양한 장식적인 요소를 결합하는 방식에 따라 나뉜다. 양식에 따라 효과는 큰 차이를 보인다. 건축은 시나 음악과 마찬가지로 대범하고 강렬한 것부터 섬세하고 우아한 것까지 다양한 표현 방식으로 구현될 수 있다. 신성한 건축물에는 공통적으로 드러나는 양식적인 측면이 있다. 특히 종교적 신념을 제대로 드러내도록 특정 양식의 느낌을 내는 형태를 조합하는 것이다.

장식 언어

많은 종교건축에서 장식이란 조각을 의미하며 개별 요소를 형상화하거나 드러내는 방식을 통해 특별한 미적 효과를 주었다. 꾸준히 전해오는 특정 문화와 시대에 국한된 정제 언어를 추구하는 것이다. 장식 언어는 나뭇잎을 어떻게 조각할 것인지 기둥머리나 기둥 같은 건축요소 중 어디에 적용할 것인지 정확하게 지정하는 역할을 한다. 장식 언어의 관습은 구전으로 이어오거나 고대 중국이나 인도에서 출토된 규범 문서처럼 사료를 통해 명맥을 이어왔다. 예를 들어, 일본은 신사(神社)만이 '유일한 신의 양식'을 담을 수 있는 건물로 허락되었다. 서양에서는 고대에 등장해 15세기에 부활한 건축과 관련한 서적에서 이 같은 내용을 찾아볼 수 있다. 설령 그 내용을 원칙으로 따르지 않는다고 해도, 종교건축 설계에 큰 영향을 끼친 점은 분명하다.

　일반적으로 신성한 건축은 장식미가 풍부한 경향이 있지만, 영적으로 상승하는 효과

를 주는 대표적인 장식들을 조심스
럽게 활용한 일본의 선불교, 일부 사
원, 초기 르네상스 교회들은 예외다.
이런 경우 전반적인 효과를 좌우하
는 비율이 특히 중요시되며, 단순한
기하학적 절차 혹은 인체의 특정 부
분(266쪽 참고)을 측정 단위로 사용
했다. 그렇게 해서 얻어진 수학적 조
화는 우주의 신성한 규칙을 반영한
다고 보았다.

다수의 힘

종교건축의 보편적인 특성은 장식
패턴과 구조적 요소를 규칙적으로
반복하는 것이다. 나선형 기둥같이
특정 형태로 상징과 의미를 드러내
는 심오한 방식도 있으나 일반적으
로는 페르시아 전통 사원처럼 타일
로 된 벽(236~237쪽 참고)으로 효과
를 내거나 회랑이나 단순하게 강조
된 아치 등을 활용한다.

도덕적인 건축
1841~1846년, 영국, 스태퍼드셔, 치들, 세인트 자일스

이 교회는 고딕양식의 트래서리(창 혹은 개구부의 상부에 만든 장식용
격자―역주) 패턴과 벽감과 같은 건축요소를 반복적으로 사용해 성소를
한층 풍성하게 구성했다. 중세 고딕 양식을 심도 있게 연구하고 고딕을
가장 도덕적인 양식이라고 확신한 영국의 건축가 퓨진(1812~1852년)의
사상이 잘 드러났다.

기독교 무덤, 고딕 시대 이동식 예배소 및 복잡한 내부양식, 평 부조 조각으로 구성
된 힌두교 사원처럼 건축의 소소한 특성을 활용해 강렬한 효과를 준 곳도 있다. 이런
전통에서는 작은 건물, 이동식 예배소나 벽감에 신성한 이미지를 새긴다. 작은 한 부분
이 건물 전체를 대변하므로 왕좌나 성역에 관한 사상을 일깨울 수 있는 주제를 담는다.
일반적으로 화려하게 채색하며 건물 자체의 의미보다는 보는 이들의 정신성을 부각시
키는 데 목적을 둔다.

아름다움과 구조

종교건축에서 장식이 차지하는 비중이 높다고 하더라도 구조적인 요소 역시 간과할 수 없는 부분이다. 상인방, 아치, 기둥은 지지대로 사용되며 창문이나 문과 같은 개구부를 덮기도 한다. 천장과 지붕은 이런 요소들이 들어 있는 내부를 감싼다. 건물을 나누는 층은 엔태블러처(기둥 위에 걸쳐 놓은 수평 부분으로서 위로부터 코니스, 프리즈, 아키트레이브의 세 부분으로 구성-역주), 받침이 있는 돌출면 혹은 돌림띠와 같은 가로형 요소로 이루어진다. 이런 세부 요소에 건물의 전반적인 미적 효과가 집중되어 어떤 장식적인 측면을 활용하고 제어할지 결정할 수 있게 도와준다. 예를 들어, 탈루 타블레로(메소아메리카의 테오티와칸 및 그 영향을 받은 문화에서 볼 수 있는 건축 기법)와 같은 받침이 있는 돌출면 기법은 메소아메리카의 계단식 피라미드에서 돋보이는 장치이며, 반원형 아치는 로마 사원의 특징으로 개구부를 상인방으로 덮는 그리스 사원과 구분되는 장치다.

상인방은 창과 문을 덮는 가장 보편적인 방식이며 지붕을 구성하는 요소로 메소포타미아, 이집트, 그리스, 힌두, 동아시아 사원에서 모두 찾아볼 수 있다. 상인방은 건물을 직각 형태로 나누기 때문에 뚜렷한 기하학적 리듬을 더한다.

이런 구조에서는 조각으로 장식한 개구부가 단연 두드러진다. 힌두교 사원에서 자주 볼 수 있듯 상인방 맨 위 개구부에 아치 형태의 석상 조각을 더하는 것만으로도 이처럼 멋진 효과를 간단히 얻을 수 있다. 장식은 위에 놓인 구조물의 하중을 거의 감당하지 않기 때문에 실제 아치는 아니며 무게는 주로 상인방이 떠받든다. 진짜 아치는 홍예석과 같은 쐐기형 돌로 쌓아 개구부 전체를 포괄하며 아치 이맛돌로 눌러 마감한다. 아치는 상당히 튼튼하고 강해 여러 문화권에 알려졌지만 로마 인들이 처음으로 그 가능성을 완전히 개척했다. 그 이후로 아치는 기독교와 이슬람 건축에서 중요한 요소로 사용되었다.

페르시아에서 영감을 받은 천국
1480년, 아프가니스탄, 마자르 이 샤리프, 하즈라트 알리 사원

분명한 축성 평면 설계 덕분에 시선이 강렬한 색상의 기하학과 식물 패턴을 지나 티무르왕조 사원을 풍성하게 만든 신성한 글귀로 이어진다. 뾰족한 아치를 함께 사용해 페르시아에서 기원한 이슬람 양식의 두드러진 모습을 잘 드러냈다.

이슬람 사원에서 다양한 형태의 아치를 볼 수 있다. 뾰족형이나 등변형 아치가 제일 매력적이고 활용 방식이 다양하며 인도의 영향을 받아 심미적인 반곡 아치와 다른 종류로 발전된 것으로 추정된다. 유럽 고딕 건축물도 이런 개구부의 핵심을 잘 드러내준다.

로마 기술자들이 구조를 보완할 수 있는 아치형 지붕이나 돔 아치와 관련된 기술을 더욱 발전시켰고, 이 기법은 기독교와 이슬람 건축으로 계승되면서 더욱 발전해나갔다. 덕분에 엄청나게 큰 교회나 사원을 지을 때 기둥을 세울 필요가 없어서, 이 넓은 공간에 자연광을 가득 담아 예배를 보는 이들로 하여금 천국에 와 있는 것처럼 느끼도록 신성한 환경을 구축할 수 있었다. 대부분의 종교건축에서 빛을 받아들이는 주요 장치인 창문은 이 같은 발전이 이룩되기 전까지 크기가 작았기 때문에 대개는 조명을 통해 어두운 내부를 밝혔다. 그러나 고딕 시대에 들어서고 유리를 끼우는 방법이 진화하면서 기독교 교회는 창문을 건축양식의 주요 요소로 활용하게 되었다.

기둥이나 이보다 더 두꺼운 교각은 주로 지붕, 창문 및 다른 개구부를 세로로 지탱하는 역할을 한다. 지지 기능을 드러내는 것이 신성한 양식의 주요 측면이다. 기둥의 맨 윗부분을 지탱하는 기둥머리는 실용적인 기능을 함과 동시에 건물의 규칙을 세우는 역할을 돕는다. 이 기능은 세계 전역의 종교건축물에서 보편적으로 찾아볼 수 있다. 동아시아와 같이 상당히 고립된 환경에서 발전된 건축물에서도 두공과 같은 지붕받침이 확인된다. 기둥머리 설계는 건축양식을 반영하는 경우가 많으며 고대 그리스의 세 기둥머리 양식인 도리스식, 이오니아식, 코린트식이 대표적이다.

기둥이나 기둥머리를 구성하는 각각의 세부 요소는 수많은 방식으로 표현할 수 있다. 건물의 내재된 형식과 전반적인 효과를 고려해 선정하는 것이 중요하다. 뾰족한 아치가 돔으로 된 사원 안뜰을 감싸는 방식은 이슬람 특유의 양식이며 두꺼운 조각이 인상적인 시카라 탑은 힌두만의 양식이다. 실제로 이런 건물은 문화권의 세계관을 드러내는 수단이 된다.

세부 묘사에 숨은 의미

종교건축의 세부 묘사는 특정한 양식을 따르며 매우 중요하다. 15세기 로마의 성 베드로 사원은 유명한 고대 나선형 기둥 여섯 개가 에워싼다. 많은 사람들이 이 기둥이 예루살렘의 유대교 사원에서 가져온 것이라고 믿고 있다. 다양한 시대와 수많은 장소에서 이 같은 나선형을 '솔로몬 기둥'이라고 부르며 신성함을 일깨우는 대상이자 로마 권위의 표상으로 여겼다. 영국 더럼 대성당(1093년에 축조 시작)은 나선형이 조각된 여섯 개의 거대한 기둥이 건물의 동쪽 절반을 차지하며 성 커스버트 사원으로 이어진다. 이 모티프가 영국 건축에서 인기를 끌면서 특유의 상징적인 의미는 퇴색되었다. 나선형 기둥은 1620년대에 이탈리아의 건축가 베르니니가 성 베드로 사원의 중앙 제단 위에 발다키노(천개[天蓋]를 지칭-역주) 캐노피를 지탱하고자 기둥을 사용하면서 최고 전성기를 누렸다. '보리설탕' 기둥으로 알려진 이 양식은 바로크 건축 특유의 요소로 자리매김했다.

속세를 벗어난 기둥
1205~1241년, 이탈리아, 로마,
산 파올로 푸오리 레 무라 성당

성 바울의 무덤을 감싸고 있는 이 기독교 수도원의 회랑은 다양한 색상의 나선형 기둥으로 장식해 안뜰에 위치한 사원과 연결되는 느낌을 준다. 회랑에 새겨진 천국에 관한 성경 구절은 수도사들을 일깨우는 역할을 한다.

아잔타 석굴(19번 석굴)
15세기 후반, 인도, 마하라슈트라 주

일반적으로 불교지만 가끔 자이나교도 해당되는 불탑은 절벽에 조각해 만든 경배의 장소로, 기원전 13세기 초부터 인도 전역에서 발견되었다. 갈대, 흙, 목재로 만든 원래 구조를 한층 영구적인 돌 위에 본떠 모티프를 계승했다. 불탑의 변천사가 고대 그리스와 이집트, 인도의 건축양식 속 수많은 세부 요소들을 설명해준다. 이 불탑은 길이 14미터, 너비 7.3미터의 축성 평면으로 구성되며 성소의 한쪽 끝(위 사진)에 작은 사리탑이 위치한다. 내부 양옆으로 거대한 기둥이 들어서며 기둥 뒤쪽은 좁은 복도가 되어 경배자들이 사리탑 주위를 돌며 불공을 드릴 수 있게 해준다. 각 기둥의 토대와 축, 기둥머리는 초기 인도 건축의 전형적인 모

습을 보여주는 둥글납작한 형태다. 그 위로 부처, 코끼리, 아프사라스(천계의 무녀로 구름과 물의 정령이기도 함-역주)의 조각이 기둥의 목재 끝부분에 해당하는 가장 마지막 지점에 위치한다. 아치형 지붕에는 나무 혹은 대나무와 같은 서까래가 들어 있다. 19번 석굴은 아잔타에 있는 일련의 불교 사원 24곳과 불탑 5곳 중 하나에 속하며 기원전 1~2세기쯤 와고라 강이 내려다보이는 절벽에 세워졌다. 비다르바 왕국의 군주 하리셰나(약 475~500년까지 통치) 혹은 6세기 우펜드라굽타 왕을 위해 대신이 지은 것으로 알려졌다. 불교는 사원이 버려지기 시작한 12세기부터 인도에서 자취를 감추었다.

نظر ايدوب جمله مخلوقات تابكي كوز برلنك اوكنده در هيچ برمسكنك روح ن قبض ايله الا احلي كلوب وعمري تمام اولوبه زقي اخر اولميجه ومنزل
روح طلوع صانع ايله قبض ايدوب علينه رفع ايلز وكا قمر لروك جان ن صول الله قبض ايدوب سجيله ايصال ايلز و دخي انس بن مالك رطوا
عنهما مسند صحيح الله رسول حضرتعليه السلام من روايت ايدوب يايندي كادم عليه الصلاة والسلام اشبو ولكي كوكب در و دخي ن ن وقمر اتبوكوكب در

اقبروا والله اعلم وبيرمذكور كه فلك قمردر فلك اهل الحكم احماء اهل رصد شوبه زعم ايشلر كه زعم ايشلر كه اشبو ولكي قات كوكب فلك قلد راو لكي فلك قمر
ملسوؤيدر قمرسعددطبيعتده خاكي وابيدر مزاج سرد وتردر كيفيتده دشو وشيبيدر ولزن ولكي فلك قمر بوفلك قمر ارضك ابيكوز
كه

신성한 우주

신성한 규칙을 구현하다

종교건물은 의미로 가득 차 있다. 건축은 정해진 장소에 신성한 풍경의 특징을 고스란히 구현하거나 해당 문화권에서 생각하는 우주의 질서 정연한 규칙과 그 속에 사는 인류의 세속적인 삶과 죽음 이후의 궁극적인 신비에 이르는 심오한 사상을 드러내야 한다. 이상적인 도시의 축소판부터 신성한 사후세계의 모습까지 신성한 풍경은 종교건축물의 일부로 기능하며 우주관과 영적인 사상을 구조와 양식에 드러냄과 동시에 신성한 이미지와 글귀를 장식으로 활용한다. 윤리적인 메시지를 드높이고 강화하며 신성한 이야기를 다시금 상기시키는 것이 주된 역할이다. 글, 이미지, 건물이 하나로 작용해 인간이 세상에서 완벽하게 살아가며 구원을 얻을 수 있는 방법을 알려준다.

우주관
1583년, 아랍어로 쓰인 《루크만 이야기》

많은 문화권에서 우주를 여러 층으로 이루어진 둥지로 묘사한다. 유대인, 기독교인, 이슬람교도에게 신성한 범주는 우주의 가장자리에 위치하며 그 중심에 지구가 있고 많은 사람들에게 예루살렘 혹은 메카가 우주 중심에서 천국과 동일하게 여겨지는 성지다.

풍경과 우주

　세속적인 인간에게 풍경은 신성한 힘을 담고 있는 곳이다. 산맥은 구름의 움직임을 제어해 강수량을 조절한다. 동굴은 자연의 쉼터를 제공하지만 지하세계의 존재를 알려주는 증거이기도 하다. 샘과 강은 생명수의 근원이다. 한편 천국과 지상은 패턴과 리듬에 따라 함께 움직인다. 계절과 천체의 주기가 바뀌는 것이 우주가 규칙에 따라 움직이는 곳이라고 일깨워준다. 이 사상은 신성한 건축 속에 다양한 방식으로 표현되었다.

동굴과 산맥

자연환경 중에서 동굴과 산맥은 건축에 가장 큰 영향을 미쳤다. 거대한 피라미드 같은 언덕과 작고 어두운 고대 성소는 이후 다수의 기념비적 건축물의 발판이 되었다. 동굴과 산맥은 태국부터 멕시코에 이르기까지 세상 여러 곳에서 지금도 숭배 장소로 남아있다.

　동굴은 가장 일찍 알려진 신성한 장소로, 프랑스 라스코 동굴(기원전 23000~8000년경)이 대표적이다. 아나톨리아(흑해와 지중해 사이 터키의 넓은 고원 지대)의 카파도키아 기독교인부터 중국의 불자에 이르기까지 후대 사람들은 동굴을 고치거나 암반에 교회나 절을 만들어 숭배 장소로 삼았다.

　마찬가지로 초창기 종교건축물의 상당수가 신성한 봉우리를 연상시키거나 본떴다. 메소포타미아의 지구라트와 아메리카의 피라미드(모두 기원전 3000년경)가 대표적인 예지만 이런 연관성은 인도네시아 불교 유적 보로부두르(780~850년경, 293~296쪽 참고)와 같이 조금 늦게 생겨난 장소에서도 발견된다.

신석기시대 유럽(기원전 3800~3500년경)에서 볼 수 있는 기다란 형태의 고분은 동굴과 산맥을 하나로 결합시킨 듯 보이며 죽은 자의 영혼을 쉬게 하는 장소인 인공 동굴이 있는 언덕과 매우 흡사하다. 이런 은유적 사고의 바탕에는 종교 부지와 신화의 문화적 연관성이 깔려 있다. 산맥은 하늘로 가는 길이거나 신이 머무는 곳이다. 동굴은 지하세계로 내려가는 통로이거나 어머니 대지 속 자궁처럼 생명, 부활과 관련이 있다.

산맥과 동굴의 상호연관성은 현재까지 인도 전통에 깊게 남아 있다. 신들의 작은 조각상으로 덮여 있

망자의 집
기원전 3600~3200년경, 아일랜드, 클래어 주, 풀나브론 고인돌

높이 쌓은 돌무더기로 덮여 있는 1.8미터 높이의 동굴처럼 보이는 매장 장소 혹은 고인돌이 이 기다란 언덕 속에 들어 있는 것으로 보아 망자의 으리으리한 집으로 보인다. 16~22명의 어른과 6명의 아이가 묻혀 있는 것으로 알려졌다.

는 힌두교 사원의 첨탑인 시카라는 메루산에 신이 살고 있다는 믿음을 반영한다. 작고 어두운 성소는 이 시카라 바로 아래 놓여 있으며 그 명칭인 '가르바그리하'는 '자궁(보존실)'이라는 뜻을 지니며 형태와 위치가 동굴을 연상시킨다. 메루산의 표식인 다른 건축물과 마찬가지로 버마의 사리탑은 힌두 모델에 시카라 첨탑이 있고 게(ge) 혹은 동굴로 알려진 공간이 파여 있다. 이런 연관성은 일신교 사상에서는 잘 드러나지 않지만 예루살렘에서 가장 신성한 건물과 장소인 바위사원, 유대교 사원, 성묘소, 성전산, 골고다가 언덕 꼭대기와 연관이 있으며 동굴(영혼의 우물)과 그리스도의 무덤도 여기에 속한다.

　일부 종교건물은 신화적인 풍경을 완전히 새롭게 창조했다. 이집트의 파라오 세티 1세(기원전 약 1294~1279년 통치)가 아비도스에 오시레이온(신 오시리스를 모신 사원)을 세웠을 때, 그 형상은 나무를 심을 수 있는 언덕과 같았다. 실제로 이것은 지하무덤과 같은 건물로 내부에는 기둥이 지탱하는 회관이 있다. 마치 산 아래 동굴과 같은 이치다. 자연적으로 솟아나는 샘에서 끌어온 물로 내부를 채웠으며 중앙에는 섬처럼 마른 공간을 남겨두었다. 고대 이집트 인들은 혼돈의 늪 한가운데 언덕이 솟아오르며 창조가 시작되었다고 믿었다. 동굴과 산맥을 건축적으로 표현하면서 이렇게 물을 더하는 방법으로 자연세계를 본보기로 삼았고, 메소아메리카와 캄보디아 앙코르와트에서도 이 같은 방식을 볼 수 있다. 앙코르와트의 경우 메루산의 이미지를 가진 위대한 사원인 바라이에 인공 수로가 주위를 에워싸는 방식으로 설계되어 있다.

지구의 에너지

많은 문화권에서 온 세상은 신성하며 바위, 샘물, 나무, 돌과 같은 풍경 속에 특정한 신과 영험한 힘이 함께 살아가고 있다고 여긴다. 신도 사원의 경우 자연 현상의 영험한 힘이 함께 작용하고 보완되기에 규모와 위치 선정에 주의를 기울인다. 가장 위대한 종교사적은 주변 풍경에 담겨 있는 신성함을 한층 강화하려는 분명한 목적이 있다. 웅장한 산맥과 동굴 피라미드, 사원, 메소아메리카와 안데스의 사원광장은 미묘한 신의 에너지로 가득 차 있으며 신의 땅으로 향하는 교점이었다. 페루 나스카의 사막 바닥

수행을 위한 안거(安居)
6세기, 태국, 펫차부리, 카오루앙 동굴사원

태국에는 최소 120곳의 불교 동굴사원이 있는데 일부는 6세기 이후부터 지금까지 사용되었다. 카오루앙 동굴사원에는 180점이 넘는 불상이 있다.

자연 건축물

서기 150년경, 멕시코, 테오티우아칸, 케
찰코아틀 피라미드

시우다델라 시에 위치한 화산석 사원
파사드의 옆면에 깃털로 뒤덮인 뱀신
이 장식되어 있다. 멀리 산맥 앞으로
'달의 피라미드'가 보인다.

은 복잡하고 미묘한 신의 에너지와 신화와 의식을 기
념하기 위한 용도로 설계되었으며 신석기시대 유럽
의 석조 건물들도 마찬가지다. 비슷한 건물이 현대적
인 맥락에서도 발견된다. 그리스와 티베트의 주요 사
원, 교회, 수도원은 옆으로 많은 부속 예배당과 사당
을 거느리고 있으며 오로지 지역 주민에게 한정된 경우 많은 곳들이 신화와 종교적 연
관성을 풍부하게 드러냈다. 일부 토착 사회는 이런 기념비적인 건물 없이도 믿음을 유
지해나간다. 호주 원주민인 아낭구(Anangu) 족에게 울루루는 꿈의 시대와 연관된 대성
당과 같은 성소로 여겨진다.

신성한 건축물과 자연 속 신성한 장소의 결합은 현재 멕시코 테오티우아칸의 웅장

한 규모에서 확인할 수 있는데, 이곳의 달의 피라미드는 근처에 있는 세로고르도 산을, 태양의 피라미드는 그 아래의 용암과 관련이 있다. 어쩌면 이런 자연적인 기능이 신성한 왕국의 중심부에서 우주의 중심축으로 기능해 지하세계와 창조의 근원으로 들어가는 입구가 될 수 있다. 특별히 쌓은 돌 수로가 운하 역할을 해 의식을 위한 물을 끌어다 주어 고대 이집트의 세티 1세의 사상을 반영했다(47쪽 참고). 자연의 풍경을 새롭게 창조한 신성한 건축은 우주의 기원과 형성에 관한 믿음을 다루는 문화권의 우주관 역시 반영한다.

인간과 우주

우주론은 우주를 체계화하고 정렬하여 외형뿐 아니라 그 속의 규칙적인 기하학 구조까지 밝히는 학문이다. 우주론은 궁극적으로 자연세계에 대한 관찰을 토대로 이루어진다. 1년은 지점과 분점, 달의 주기와 같은 천체의 움직임을 표시해 예측하도록 했다. 우주는 네 방향으로 이루어지며 직각의 규칙을 적용한다. 그리고 지평선은 완벽한 구를 이룬다. 종교건축물은 신성한 규칙을 적용해 신과 인간 모두에게 한층 더 두드러지도록 만든다.

이것이 종교건축물에서 기하학적 형태를 보편적으로 사용하는 이유 중 하나일 것이다. 고대 중국의 야외 제단에는 천국과 지상을 상징하는 원과 사각형이 사용되었고 이런 형태는 베이징의 천단(348~350쪽 참고)과 같은 건축물에서 핵심 역할을 담당한다. 모든 힌두교 사원 건축은 원시인간 푸루샤(266쪽 참고)를 지칭하는 격자 같은 지침서인 바스투푸루샤만다라스(vastu purusha mandala, 고대 인도의 건축물 배치와 방향을 결정짓는 자연과학)를 활용했다. 이는 초창기 베다 시대 제단에서도 찾아볼 수 있다.

많은 문화권이 정교한 기하학적 도식을 만들어 우주사상을 표현했다. 탄트라 힌두교와 밀교의 만다라(50쪽, 299쪽 참고)는 신성한 우주와 상상 속 건축 이미지의 도식이자 동시에 영적 수행을 돕는다. 이들은 스리랑카의 수도원에서부터 자바의 보로부두르 사원(293~296쪽 참고)의 설계에 이르기까지 다양한 장소에서 여러 가지 방법으로 건축물에 영향을 미쳤다.

A
B
C
D

신념의 축
1772년, 중국, 칠보 만다라

우주의 축을 이루는 거대한 메루산은 힌두교, 자이나교, 불교 우주관의 핵심으로 이들 건축물에 완전한 영향을 끼쳤다. 불교의 경우 '수미산'으로 불리며 소수 전통에서 은유적으로 영적인 변화를 가능하게 해주는 궁전이자 모델로 여겨진다. 그 이미지는 만다라로 알려진 신성한 도식에 사용되며 불교미술(299쪽 참고), 실제 건축물(94~97쪽, 293~296쪽 참고) 그리고 이 사진에서 보듯 정교한 예식과 헌신의 대상에도 반영된다. 이 '신념의 축'은 높이 56센티미터로 중국 청나라 시대에 만들어졌다. 산은 산호, 옥, 금으로 장식되었고, 그 위에 우주의 축으로 기능하는 불교 사리탑 A이 올라

와 있으며 꼭대기는 해와 달로 꾸며졌다. 아래로 네 개의 기둥이 지탱하는 성소 B가 보이는데 보리(菩提, 불교 깨달음의 경지-역주)를 상징하는 연꽃을 제외하고는 속이 비어 있다. 성소의 지붕에는 종과 상서로운 승리의 깃발과 양산이 놓여 실제 사원과 사리탑과 같은 모습을 보여준다. 이 가파른 아래 부분에는 피라미드와 같은 계단 C이 있는데 산으로 올라가는 길을 알려준다. 둥근 바닥 D 위에는 계단이 있다. 바닥은 건물을 보호하는 부분이자 세상을 감싸는 우주바다이자 산맥을 상징한다.

방향

신성한 건물의 상당수가 만다라처럼 기본 방위에 북, 동, 남, 서로 벽을 쌓아 올린다. 대다수의 건축에서 성소는 해가 떠오르는 동쪽이나 지는 서쪽을 보도록 설계되어 있다. 실제로 엄청난 수가 동향을 택했으며, 아메리카의 사원만이 예외적으로 일반적으로 서향을 택했다. 고대 이집트에서는 나일 강의 강둑이 어느 쪽인지에 따라 사원이 동향인지 서향인지 결정되었다. 중국은 이와 달리 북남향을 선호한다. 하지만 이건 예외적인 규칙일 뿐이다. 중국인들에게 남쪽은 따뜻하고 여름을 연상시키는 방향이며 태양의 상징이다.

모든 문화권이 방향을 정확하게 측정한 것은 아니다. 고대 그리스의 사원 중 약 80퍼센트가 대략 동서 방향에 있으며 그중 72퍼센트가 동향이다. 방향이 아주 정교한 곳도 있다. 영국 스톤헨지의 서클과 페루의 차빈 데 우안타르(기원전 1000~200년경) 유적지는 동지점과 하지점의 일출 방향을 정확하게 맞추었다. 그 배열을 계산하는 것은 곧 햇빛을 극적인 효과로 사용한다는 의미로, 아일랜드의 뉴그레인지(고대의 무덤, 기원전 3100~2900년) 가장 깊숙한 곳에 자리한 성소와 일 년 중 특정한 순간에만 빛을 받도록 설계된 아부심벨의 람세스 2세 사원(기원전 1285~1255년)이 대표적이다.

비록 태양숭배가 이단과 결합했지만 빛의 신비주의는 기독교와 이슬람교에도 남아 있다. 빛에 관한 기독교 이론은 고딕 양식 탄생의 자양분이 되어 엄청나게 큰 창문과 다채로운 스테인드글라스가 출현하게 했다. 이슬람의 경우 빛을 의미하는 코란 수라24가 미흐라브(모스크의 사방 벽 중에 메카 방향에 만들어진 아치형 벽감[니치])와 사원 입구를 장식하는 비문으로 종종 사용된다. "신은 하늘과 땅의 빛이라 그 빛을 비유하사 벽감의 등잔과 같은 것이며 그 안에 들어 있는 등불은 별처럼 환한 유리 속에 있더라."

사원이나 유대교회당은 해와 큰 관계가 없지만 성스러운 도시(메카, 예루살렘)에서 이슬람교도들과 유대교도들은 기도를 할 때 해를 향해 방향을 잡는다. 기독교회의 제단은 이론적으로 예루살렘과 나란하도록 배치하지만 실제로는 대략 동쪽을 향하고 있는데, 이 같은 전통은 초기 로마의 영향을 받은 교회 건축물에서 보이는 그리스도와 태양의 강렬한 결합의 결과가 아닌가 추측된다.

신들의 도시

도시는 신성한 풍경과 다를 수 있지만 예루살렘, 테베, 바라나시, 메카, 가야(힌두교 성지로 유명한 도시), 베이징과 같은 종교 중심지는 엄청나게 중요하다. 종교건축과 도시는 긴밀한 연관이 있다. 메소포타미아에서는 사원을 짓는 일이 그 자체로 초창기 도시화의 일부였으며 중세 유럽에서는 동남아시아(현재 캄보디아 중심)의 크메르 왕국과 마찬가지로 커다란 종교건물이 가장 중심이 되며 도시화를 결정했다. 초기 이슬람의 경우 통치자 칼리프는 도시마다 오로지 하나의 자미 마스지드(가장 큰 이슬람 사원으로 금요일의 집회를 여는 모스크)를 허락했으며, 이런 건축물을 보유한다는 것이 곧 도시화의 상징이었다. 오늘날 유럽에서 대부분의 도시 중심부에 대성당이 있는 것도 같은 맥락이다.

종교건축은 도시 자체의 이미지가 될 수 있다. 예를 들어, 모든 교회는 천상의 예루살렘을 떠올리게 한다. 중국에서 황도의 배치는 그 자체로 종교건축이 되며, 축은 남쪽에 도로는 북쪽에 놓고 중심부의 궁궐과 주변 사원 건물은 모두 황제가 천상과 인간계의 조화를 이루는 중심부에 위치한다는 점을 알려주는 신성한 패턴을 사용한다 (330~331쪽 참고). 도시의 현대화가 진행된 지 수십 년이 지났지만 오늘날까지도 베이징에는 마지막 황도가 보존되어 있다.

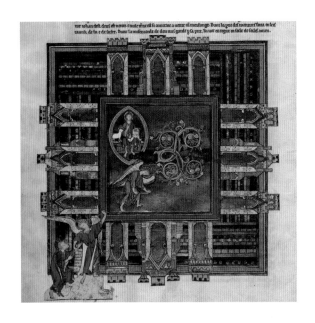

→ 이슬람 지구라트 신전
848~852년, 이라크, 사마라

사마라에 있는 무타와킬 대모스크는 규모로 보아 세계 으뜸이다. 높이가 53미터에 달하는 거대한 첨탑은 이미 지역에서 유물로 취급받는 메소포타미아 지구라트를 본뜬 것으로 추정된다. 이 사원은 티그리스 강과 유프라테스 강이 감싸고 도는 산맥을 연상시킨다.

← 천상의 예루살렘
1250년경, 영국, 캠브리지, 트리니티 칼리지 묵시록

중세 기독교에서 그리스도가 죽고 부활한 장소(예루살렘)는 귀중한 돌을 쌓아올려 웅장한 천상으로 숭배하며 신성한 곳으로 여겼고 교회 설계에 막대한 영향을 미쳤다. 유대교, 기독교, 이슬람교 모두 최후의 심판인 묵시록을 믿으며 그 시간이 끝나면 진정한 예루살렘(성지)이 시작된다고 여긴다.

천국과
사후세계

사랑하는 가족의 죽음은 사람들에게 큰 슬픔으로 남지만, 죽음이 생의 마지막이라는 믿음은 근대사회에 들어서기 전까지 매우 드문 사상이었다. 대부분의 종교는 사람들에게 사후세계를 가르쳤으며 따라서 종교건축은 종종 세속의 삶을 마무리한 사람들을 기념하는 곳이자 영혼이 영원히 머무는 장소로 대변되었다.

죽음은 어디에나 존재한다. 기원전 8000~7000년 현재 터키에 해당하는 차탈회육 (Çatalhoyuk) 마을에서는 죽은 사람을 집 바닥에 묻어 고대 무덤가옥을 구성했다. 중국 사원은 선조들을 기리고 추모하기 위한 장소에서 기원한 것으로 이 같은 공자의 전통 관습은 오늘날까지 이어진다. 고대 이집트와 아메리카 등 여러 곳에서 사원은 부분적으로 왕궁으로 설계되어 망자가 거주할 수 있도록 했다. 폐허가 된 도시 찬찬(서기 800~1100년 페루에 세워짐)의 중심부에는 스페인 사람들이 세운 시우다델라(성채)가 열 곳이나 있는데, 각각은 치무족(Chimu)의 왕을 기리기 위한 용도다. 당시 사람들은 왕이 죽은 뒤에도 계속 왕궁에 거주한다고 믿었기에 후계자를 위한 새로운 왕궁을 지어야 했다.

묘와 천국으로 가는 길

사원무덤은 창조주의 사후세계에 대한 믿음을 담고 있다. 그래서 치무족의 왕궁은 부분적으로 무덤이다. 사후세계에 대한 믿음이 강한 기독교 양식과 이슬람 양식이 잘 혼합

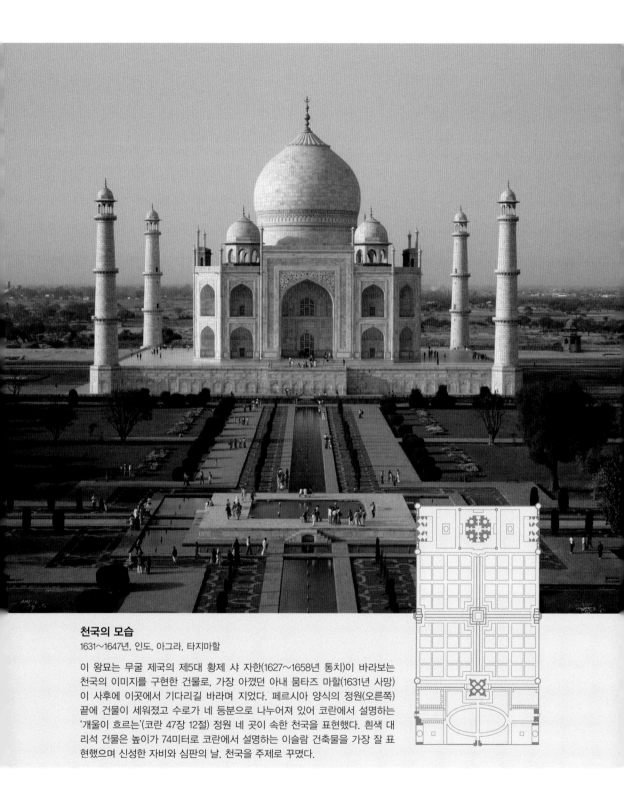

천국의 모습
1631~1647년, 인도, 아그라, 타지마할

이 왕묘는 무굴 제국의 제5대 황제 샤 자한(1627~1658년 통치)이 바라보는 천국의 이미지를 구현한 건물로, 가장 아꼈던 아내 뭄타즈 마할(1631년 사망)이 사후에 이곳에서 기다리길 바라며 지었다. 페르시아 양식의 정원(오른쪽) 끝에 건물이 세워졌고 수로가 네 등분으로 나누어져 있어 코란에서 설명하는 '개울이 흐르는'(코란 47장 12절) 정원 네 곳이 속한 천국을 표현했다. 흰색 대리석 건물은 높이가 74미터로 코란에서 설명하는 이슬람 건축물을 가장 잘 표현했으며 신성한 자비와 심판의 날, 천국을 주제로 꾸몄다.

된 건물로, 더없이 행복한 천국으로 가는 것만이 유일한 순리로 여겨졌다. 역사적으로 매장은 기독교와 이슬람교에서 생을 마감한 자를 부활시키는 데 있어 꼭 필요한 의식이었다. 이와 대조적으로 힌두교와 불교에서는 환생을 믿었고, 매장보다 화장을 선호했다. 물론 불교 사리탑은 고인을 기리기 위한 기능을 하지만 묘를 세우는 일은 드물다.

기독교회는 묘가 드러나도록 매장하는 것을 선호하며, 울타리를 친 웅장한 기독교와 이슬람의 묘는 중앙집중형 설계의 중심부에 무덤이 자리하고 둥근 지붕으로 덮는 것이 특징이다. 이 형태는 특히 로마 황제의 묘를 모방했다. 이런 건축물의 인상적인 규모는 이슬람 사람들의 사랑을 받았기에 급기야 무함마드가 호화로운 장례 풍습을 금지시키기에 이른다. 그래서 현재까지 남아 있는 많은 무덤들이 사원, 병원 혹은 마드라사 옆에 한층 대중적인 건물로 존재하게 되었다.

교회와 이슬람 사원은 신자들에게 천국을 경험하도록 하는 데 목적이 있다. 그래서 돔과 아치형 지붕은 천국의 범주를 드러내는 가장 강력한 요소로 이런 건축물에 빠지지 않고 등장한다. 두 종교 모두 사후세계는 정원 같은 공간에 수많은 아름다운 건물들이 있는 모습으로 표현되며 이 이미지는 이슬람 사원 내부 장식에 지대한 영향을 미쳤다. 시간이 흐르면서 특히 페르시아의 영향을 받아 천국을 형상화한 것 같은 실제 정원을 만드는 일이 사원과 묘 설계의 한 부분이 되었다. 인도 타지마할이 대표적인 예다. 정토신앙에서 이와 비슷한 비전을 가져 아름다운 건물이 세워진 멋진 정원을 천상의 모습으로 묘사했고, 이곳에서 영혼이 한층 더 쉽게 득도할 수 있다고 보았다. 천국의 이미지는 동아시아 종교건축에 폭넓은 영향을 끼쳤다(300쪽 참고).

힌두교 사원에서 여러 신의 조각상으로 이루어진 시카라는 건축 이미지로서 메루산을 지칭하지만, 평범한 사람이 이런 곳에 머물 수는 없다. 그럼에도 불구하고 힌두교 사원은 기독교와 이슬람교의 믿음과 유사한 영혼의 숙명과 같은 일부 사상을 반영하고 있다. 힌두교인들은 사원을 세우면 다시 태어날 때 더 좋은 삶을 살 수 있다고 믿는다. 사원 자체가 묘를 지칭하거나 사후세계를 보장해주는 것을 의미하지는 않지만, 죽음에 대한 특

불국정토
1700년경, 중국, 티베트, 천 위에 황금빛 수성 도료

대승불교와 밀교는 여러 종류의 우주 혹은 불국정토가 있으며 각각은 특정 부처가 관장하고 있다고 믿는다. 서방극락정토는 아미타불이 통치한다. 이 축복받은 땅에서는 쉽게 득도의 경지에 오를 수 있다. 정원과 같은 공간에 사원과 멋진 건물들이 드문드문 서 있는 모습이다.

정한 믿음이 그 탄생에 동기를 부여했다. 마찬가지로 불교의 회향은 자신이 공덕을 쌓으면 산 자든 죽은 자든 상관없이 다른 사람에게 그 덕이 돌아간다고 전한다. 이 같은 믿음 덕에 세속적으로 사원이나 수도원을 세우는 일을 장려했다. 중세 유럽 기독교에서 인간의 영혼이 생전에 좋은 일을 많이 해 천국으로 가기 전 몸을 정화하며 기다리는 장소인 연옥은 가장 웅장한 종교건물 상당수에 지대한 영향을 끼쳤다. 모든 교회에 영향을 주었을 뿐 아니라 챈트리 예배당(개인이 사후 자신을 위한 기도를 바치도록 헌금을 내어 지은 예배당)이라 불리는 건물이 생겨나게 했다. 이곳은 교회 안에 무덤과 제단이 있는 작은 구조물로, 사제가 특정 개인의 영혼을 위해 예배를 들이는 등 예배와 매장의 결합이 분명히 드러나는 공간이다.

신의 묘사

　신이 자신을 대변하는 곳에 머문다는 사상은 초기 사원의 두드러진 기능 중 하나다. 메소포타미아, 이집트, 그리스에서 이런 건축의 궁극적인 목표는 성스러운 존재를 모실 적절한 장소이자 이상적인 가옥으로 기능하는 것이다. 이러한 전통은 여전히 힌두교에서 명맥을 유지하고 있으며, 신의 조각상을 모신 사원에서 조각상을 제대로 대접하면 그곳에 신이 깃든다고 믿는다.

신성한 이미지

이러한 문화권에서는 건축이 아무리 훌륭하게 설계되었다고 해도 그저 배경에 그칠 뿐이며 가장 중요한 것은 그 안에 들어가는 조각상이다. 이미지 자체가 신성하지 않더라도 이는 부인할 수 없는 사실이다. 기독교의 성자와 불교 보살의 주요 이미지는 그 자체가 신은 아니지만 일부 교회와 사원을 다스리는 역할을 할 수 있다. 이들 종교에서 이미지의 중요성은 그들에게 바쳐진 많은 건축물을 통해 알 수 있다. 성 안드레에게 바친 웰스 대성당(79~82쪽 참고) 등 특정 성자에게 바쳐진 건물이나 대한민국의 법주사(333쪽 참고)처럼 '불교의 법이 머무는 곳'이라고 해서 특정 개념에 헌사된 곳도 있다.

　이처럼 이미지를 만들어 내는 것 자체를 종교의식이라고 볼 수 있다. 인도와 중국 종교 조각에서 완성은 조각상의 눈에 색을 칠하는 행위로 마무리되는데, 그 순간을 의식으로 여겨 조각상이 예술 작품으로 완성된 것뿐만 아니라 잠재적으로 헌신의 대상으로 효력이 발생했다는 뜻을 지니기도 한다. 가끔 구체적인 규범이 이런 이미지를 창출하는 지침으로 작용하기도 했다. 고대 이집트와 현재 힌두교의 경우 개별 조각상의 정확한 비율까지 문서로 명시한다. 신을 부정확하게 묘사하면 성상의 효력이 떨어진다고 믿었기 때문이다.

신의 도상학

여러 종교에서 신과 여신은 이미지로 인식될 수 있어야 하는데, 여러 측면 중에서 특히 한 가지를 두드러지게 만드는 작업을 중요시 여겼다. 이집트의 신 오시리스는 녹색 혹은 검은 피부로 재생을 상징하지만, 그의 영혼이자 본질로 숫양의 상형문자로 대변되는 바(ba)는 가끔 양머리를 한 신 바네브제드로 별도의 추앙을 받기도 한다. 힌두교의 비슈누는 푸른 피부에 팔이 네 개인 인간 혹은 열 개의 화신 중 하나인 야생돼지 바라하로 표현된다. 괴물이나 팔이 여러 개인 모습으로 묘사되는 까닭은 신이 지닌 엄청난 힘을 전달하기 위해서다. 이런 신체 묘사가 실제 모습이라고 믿게 하기 위해서가 아니라 그들의 자질과 힘을

아름답게 변모한 이미지
1450년경, 러시아, 스몰렌스크 성상화, 호데게트리아 마리아상

성모가 아들 그리스도를 가리키고 있는 이 그림은 그리스도가 구원의 길이라고 알려준다('호데게트리아'는 길을 가리키는 인도자를 지칭함). 성 누가가 마리아를 직접 보고 그린 것으로 알려졌으며 러시아 스몰렌스크 지역에서 널리 숭배 받고 있는데, 이 작품도 많은 사본 중 하나다.
성상화는 엄격한 규칙에 따라 그려진다. 이미지 그 자체가 영적으로 빛나 영원한 삶을 강조하므로 빛과 그림자가 드러나서는 안 된다. 신이 실재하는 것과 같은 이미지와 행동을 그림으로써 예술가와 보는 이 모두 한층 더 가까이에서 신을 느낄 수 있도록 한다.

상징하는 방식으로 기능하는 것이다.

평범한 신도가 종교적 이미지를 해석할 수 있도록 한층 실질적인 방식으로 묘사한다. 불교에서 보리를 얻은 자들은 머리에 나발이 있어 두드러진 차이를 보인다. 석가모니 역시 왕자로 살면서 오랫동안 꼈던 귀걸이 때문에 늘어진 귓불이 특색이다. 기독교 성자도 특성에 따라 식별되는 경우가 많다. 알렉산드리아의 성녀 가타리나가 자신이 순교한 바퀴수레와 함께 표현되거나 성 안드레가 X자형 십자가를 든 모습(82쪽 참고) 등도 예로 들 수 있다.

이런 조각과 이미지는 헌신에 집중하기 위한 용도이지만 교리와 지침을 강화하기 위한 목적도 있다. 프랑스 샤르트르 대성당처럼 유럽 기독교 건축 입구에 새긴 난해한 주제나 자바의 보로부두르 불교 사원의 갤러리 벽 부조의 내용(293~296쪽 참고)처럼 종교지도자가 그 내용을 보는 이에게 설명했을 가능성도 있다.

숭고한 아름다움

종교 예술은 자연의 형태를 찾아보기 거의 어렵다. 고대 그리스나 힌두교처럼 주로 인간의 형태로 묘사되거나 상당히 양식화되어 인체와 의상을 두드러진 그래픽 형태 위로 배열해 선과 악, 왕과 평민 등을 알 수 있도록 얼굴 형태를 표준화하기도 한다.

색상도 마찬가지로 패턴을 강조하며 가끔은 의미를 지니기도 한다. 밀교에서는 파랑, 노랑, 빨강, 초록이 반복적으로 사용되며 각각은 다른 방향, 요소, 부처, 신체 일부, 치유와 같은 훌륭한 자질, 만트라를 지칭한다. 일반적으로 색상은 금을 섞어 강렬하고 풍부하게 연출하며 파랑과 초록은 가까이 배치한다. 규칙을 따라 무난한 패턴 효과를 낸 그리스의 기독교 성상화와 그 색채, 그래픽 패턴과 양식화된 이미지는 보는 이에게 강렬한 효과를 주어 '상징적인' 예술로 불리게 되었고, 덕분에 그 효과가 종교 예술에도 널리 등장하게 되었다.

이처럼 이미지의 두드러진 시각적 효과는 표현하고자 하는 인물이나 장면에만 의존하는 것이 아니다. 복잡하고 추상적이지만 조화로운 만다라 혹은 장미꽃무늬 창과 같은 형태는 특유의 기하학적 패턴과 강렬한 색상이 조화되어 장면의 특정한 의미에 대해 알지 못하는 사람에게도 강한 인상을 남긴다. 바로 이러한 점이 이 책에 등장하는 건축물의 대다수가 처음부터 밝게 채색된 이유를 설명하는 데 도움이 될 것이다. 아주 특별한 경우에만 원본 채색이 보존되는데 색이 건물의 구조와 어떤 면에서 통합되는 경우를 예로 들 수 있다. 페르시아 전통에서 후기 사원들의 타일 작업이나 동아시아 건축물이 목재의 부식을 막기 위해 처음부터 두꺼운 페인트를 입히는 것 등에서 찾아볼 수 있다. 이 책에서 우리는 전 세계 수천 개의 종교건축물이 잃어버린 눈부시게 감각적인 효과를 조금이나마 살펴볼 수 있을 것이다.

해탈한 자의 세례
900년경, 인도, 카르나타카 주,
스라바나 비라골라

12년마다 열리는 마하마스타카비세카(Mahamastakabhisheka) 축제에서 18미터 높이의 거대한 돌로 만든 바후발리(깨우치고 힘을 가진 영혼)가 우유 세례를 받고 있다. 최초의 티르탕카라 왕가의 아들인 바후발리는 주변에서 덩굴식물이 자랄 때까지 숲속에 가만히 선 상태로 명상을 했다고 전한다. 이로써 그는 해탈을 얻었고 신도들도 그처럼 되고자 헌신한다.

신성한 말

　"……또 위로 하늘에 있는 것이나 아래로 땅에 있는 것이나 땅 아래 물속에 있는 것의 어떤 형상도 만들지 말며(출애굽기 20장 4절)"와 같은 우상숭배를 금지하고, 이런 형상을 숭배하는 것도 금하는 것이 십계의 규율 중 하나로 유대교와 기독교에서 중요하다. 우상숭배는 코란에서도 금지되며 다른 종교 전통에서도 우상의 이미지를 사용하는 것을 반대한다. 비록 이 규정을 얼마나 강하게 적용시키는지는 역사적으로 다양하지만 유대교, 기독교, 이슬람교 모두 예배를 통해 우러러보고 기도를 통해 도달할 수 있는 보편적인 신을 가지고 있지만 그 신은 이미지 속에 살지 않는다.

성전

대신 주요 일신론 신앙은 신의 '말'을 전하는 것을 상당히 중요하게 생각한다. 유대교, 이슬람교를 비롯해 많은 기독교 교파들이 신성한 언어에 집중한 건축물을 만들었다. 비국교도 기독교 예배당과 집회 장소는 내부적으로는 빈약한 건물인 경우가 많지만, 가끔 설교가 이루어지는 설교단 앞을 채색한 인용구로 화려하게 장식하기도 한다. 제단은 상대적으로 중요성이 덜하다. 따라서 이런 건물들은 기도자가 자연스럽게 토라(유대교에서 '율법'을 이르는 말) 두루마리를 읽을 수 있도록 히브리어 명문이 새겨진 유대교회당과 흡사하다. 그리고 사원의 경우 코란의 명문과 금요일 집회를 위한 민바르(이맘이 금요일 집단 예배 시 설교할 때 사용하는 모스크 내부의 설교단, 236~237쪽 참고)와 비슷하다. 토라의

하늘에 보내는 메시지

1302~약 1644년, 중국, 베이징, 공묘

기도자들이 매달아 놓은 명패에는 건강과 직업 운 등을 기원하는 소망이 적혀 있다. 중국 문화에서 서예는 신, 정령, 조상을 일깨우거나 소통하는 용도로 사용돼 왔다.

두루마리, 성경, 코란 및 다른 성스러운 책들은 이 같은 경배의 장소에서 중심 역할을 담당한다. 이런 종교 전통에서는 풍부하고 부분적으로 상징적인 패턴이 주로 장식 예술의 이미지를 대신한다.

특히 이슬람의 경우 건축예술 전체를 코란을 알리는 용도로 사용한다. 초기에 유대교도 이와 마찬가지로 숭배심이 넘치는 행위를 했다. 신성한 말은 하느님이 모세에게 알려준 것이자 신이 석판에 기록한 것으로 예루살렘 성전 지성소의 중심이었고, 여전히 유대교회당에서 토라 두루마리는 유일하게 신성한 대상으로 남아 있다. 이런 경우에는 종종 새겨진 문구가 일종의 예술 형태가 되어 신에 대한 이미지를 보았을 때와 같은 강렬함을 이끌어낸다. 위대한 사원에서 양식화된 글귀를 보는 많은 유대교 신자들은 글을 읽고 쓸 줄 아는 능력이 그리 높지 않다. 아름답게 새겨진 성서의 구절은 특별하고 완전한 메시지를 전하는 신성하고 마력이 있는 존재로 믿어지므로 보는 것만으로도 아름답고 신비로운 경험이 될 수 있다.

글로 된 예술과 이미지 예술 사이에 모순이 존재할 필요는 없다. 여러 전통에서 두

가지가 공존한다. 중국 문화는 이슬람 문화와 마찬가지로 서예가 가장 중요한 예술 형태다. 중국 사원에서 명문은 흔히 볼 수 있으며 산둥 지역에 있는 타이산 산의 경우 황제가 희생의식의 일부로 비문을 남겨 이것이 신성한 풍경의 일부가 되었다. 신이나 선조의 이름을 적은 '위패'는 중국 제단에 자주 등장하는데, 베이징 천단공원의 유교전통과 중국 시골 지역에 산재한 고대 사원에서 흔히 볼 수 있으며 사람들은 다른 전통의 조각상에게 하듯 그 앞에서 절을 하고 술을 올린다.《법화경》처럼 유명한 일부 불교 경전은 암송하면서 보리의 경지로 나아갈 수 있다고 믿으며 그 효용에 대한 믿음은 불교 사원의 사리탑이나 제단에 안치될 정도다. 일본 불교 니치렌종도 마찬가지다. 고대 이집트에서 상형문자는 표음문자이자 표의문자이며 이런 형태의 글은 성문예술이라고 지칭한다. 이집트 인들은 이 마법과도 같은 지식이 지혜의 신 토트가 전해준 것이라고 믿고 있어 '신성한 언어'라고 부른다. 신성한 언어는 죽은 조상의 정령이나 신에게 도달할 수 있는 힘을 가지고 있으며 장례에 등장한 물건을 움직일 수 있다고 여겼다.

강렬한 그래픽, 복잡한 패턴과 색상에서 비롯되는 추상적인 힘이 종교건축물에서 볼 수 있는 종교 이미지와 기하학적 형태에 내재되어 있으며 기독교의 복음과 이슬람의 코란 구절, 불교 경전과 같은 신성한 글귀 속에도 존재한다. 힌두교에서는 구어를 강조하며 특정한 구절과 개별 음성(만트라)이 신의 에너지를 전달한다고 믿는다. '옴'은 그중에서도 가장 신성한 음절로 완전한 소리를 지칭한다.

신의 이름
1384년, 스페인, 카탈루냐, 솔소나, 스페인 히브리어 성경

유대인에게 야훼의 4자음 문자인 하느님의 이름(YHWH)은 너무 신성해 입에 올릴 수 없으며 십계는 신의 이미지를 수록하는 것을 철저히 금하고 있다. 그래서 히브리어 성경에 쓰인 말은 엄청난 중요성을 지니며 토라의 두루마리는 유대교회당에서 가장 중요한 대상이다. 이 페이지는 하느님의 전지전능함을 기록한 예레미아서와 시편 구절을 가져온 것이다.

유혈 사태를 통한 신성화

서기 725년경, 멕시코, 치아파스, 약스칠란, 23번째 건물, 24번째 상인방

약스칠란 도시국가는 현 멕시코 남부 치아파스의 우수마신타 강 남쪽 제방에 위치한 마야 문명의 주요 유적지다. 고전기(서기 250~900년경) 시대에 해당되며 도시 중앙 광장에는 여전히 많은 건물들이 남아 있다. 이 석회암 상인방은 일련의 전쟁 승리 후에 왕 이참나 발람 2세(Itzamnaaj Balam II, 681~742년 통치)를 위해 지어진 낮은 언덕 위 사원의 23번째 건축물로 마야 예술의 걸작으로 알려졌다. 하중을 받는 상인방의 위치는 문 바로 위로 마야인들이 장식적인 조각을 드러내기 가장 좋아하는 장소다.

사원은 45년간의 통치기간 중 맞이한 왕비 중 한 명인 카발 숙에게 바친 것이다. 이 상인방에 묘사된 왕비는 마야의 장주기 달력으로 9. 13. 17. 15. 12(그레고리력으로 709년 10월 28일 목요일)에 유혈 의식을 진행한다. 의식에는 남편의 취임을 기념하기 위한 목적도 담겨 있는 것으로 보인다. 아내이자 통치자의 어머니로서 여성들은 법정에서 강력하고 명망 높은 자리를 차지한다.

자신의 피를 뿌리는 왕비

725년경, 멕시코, 치아파스, 약스칠란, 23번째 건물 문의 24번째 상인방

대담하게 새겨 넣은 조각에 붉고 푸른 염료를 써서 부족 의식을 평면적으로 묘사한 이 상인방은 마야 종교 예술의 좋은 본보기다. 일부는 10센티미터 두께에 110×80센티미터 크기로, 현재 영국 대영 박물관에 소장 중이다. 지역 마야인들이 종교적인 목적으로 방문하기도 하지만, 약스칠란은 지금까지도 고립된 상태로 남아 있다. 24번째 상인방은 25번째, 26번째와 한 세트를 이루며 건물의 남동쪽, 중앙, 서쪽 출입구 위에 자리해 이참나 발람 2세와 왕비가 행한 일련의 의식을 잘 보여준다.

피를 흘리는 당사자에게 그다지 치명적이지 않은 자발적인 희생은 마야 사회의 중산층 지식인들에게는 중요한 의무였고, 사적으로나(여기에 묘사된 것처럼) 야외 광장의 제단 위에서 공적으로 행해졌다. 신이 최초의 인간을 만들기 위해 신성한 생명의 액체인 피를 스스로 낸 것처럼 마야의 귀족층이 상호간의 희생적인 행위를 하면 신에게 생명을 되돌려줄 뿐 아니라 그들의 호의를 얻을 수 있어 생명을 영속시키고 우주의 질서를 지킬 수 있다고 믿었다.

❶ 이참나 발람 2세가 배우자 위에 서서 횃불을 들어 왕비의 행위를 밝혀주고 있다. 왕은 참회의 의미로 머리를 하나로 높이 묶었고 옷깃에 걸린 밧줄을 통해 아내의 의식이 끝나면 그 역시 피를 뿌릴 것이라는 점을 알려준다. 왕은 구슬이 달린 목걸이, 태양신의 가슴띠, 팔찌와 무릎 밴드, 코걸이를 비롯해 탄생, 물, 지하세계, 재규어 가죽을 나타내는 4엽 무늬가 들어간 정교한 허리띠를 차고 있으며 재규어 가죽 샌들을 신은 것으로 보인다. 왕비는 주름 직조로 이루어진 케이프에 옥과 조개 껍데기로 만든 장신구를 차고 있다.

❷ 왕이 전쟁 포로로 보이는 희생자의 머리가죽을 쓰고 있는 것으로 보아 그의 높은 지위와 의식, 전쟁에서의 용맹함이 드러난다. 전쟁 포로를 희생시키는 행위는 신에게 지속적으로 제물을 바치기 위한 용도다.

❸ 숙 왕비는 남편 앞에 무릎을 꿇고 앉아 송곳이나 '구멍 뚫는 도구'가 낸 혀의 구멍에 가시가 달린 밧줄을 집어넣고 있다. 밧줄에도 흑요석 조각이 박혀 있다. 왕비의 피는 아래 놓인 바구니로 떨어진다. 남성과 여성의 자발적 희생의식은 다르게 진행된다. 남성은 생식기에 피어싱을 하고 여성은 귓불이나 혀에서 피를 낸다.

❹ 숙 왕비의 머리장식은 전쟁, 희생, 테오티우아
칸(멕시코의 피라미드 유적)의 고결함과 관련이
있다. 머리장식 맨 위쪽에는 전쟁, 폭풍, 번개, 다산
의 신인 험악한 트랄로크의 이미지가 새겨져 있다.
트랄로크는 마야에서 비의 신 착(Chac)으로 알려
져 있다. 왕족의 여성이 이런 의상을 입고 희생의
식을 치르는 행위는 자신의 왕국을 다시금 견고하
게 하고, 적을 무찔러 줄 전쟁의 신과 결속을 다지
는 의미로 볼 수 있다.

❺ 밧줄이 떨어지는 바구니에는 피에 젖은 나무껍
질 종이와 혀에 구멍을 낼 때 송곳으로 쓴 가오리
의 등뼈가 놓여 있다. 신에게 피를 전하기 위해서
이것들을 모두 태워 연기를 피운다.

❻ 명문의 첫 세 가지 상형문자는 의식이 행해진
날짜(5 Eb 15 Mak)와 내용을 담고 있다. '날카로
운 창으로 이룬 왕의 속죄 이미지'로 왕이 한 손에
횃불을 들고 있어 자신 역시 피를 흘릴 것을 알려
준다.

사람과 신성한 공간

역사의 창

종교건축 문서는 역사를 기록하므로 과거 종교의 특성을 담은 산증인이 되어 준다. 단순하고 가끔은 사적인 기도실부터 극적으로 과장된 예배를 위한 웅장한 포럼에 이르기까지 건축물 설계는 주어진 신앙의 교리뿐 아니라 내부 위계질서와 권위에 대한 사상까지 담고 있다.

최고로 야심찬 건물은 보통 왕족 후원자나 부유한 개인이 건설 자금을 댄다. 가끔은 공동체 전체가 합심해 경배의 장소를 짓기도 한다. 여기에는 독실한 신앙심과 더불어 정치적인 목적도 담겨 있다. 설계자는 이름이 알려지지 않는 경우가 많지만, 건물 그 자체는 그들의 천재성을 드러내는 기념비가 된다. 종교 사상을 실제로 옮긴 장인집단은 거대한 건축물이 자기 생전에 완공되지 못할 것을 잘 알고 있다. 오랜 세월에 걸쳐 여러 명의 후원자들이 반복적으로 후원하면서 종교건축물은 대체되거나 여러 차례 연장되고 결과적으로 엄청나게 복잡한 구조를 가져 종교적 믿음이 변하는 유형을 역사적으로 돌아볼 수 있는 역할을 해준다.

국왕의 순방
1563년, 〈바벨탑〉, 대 피테르 브뤼헐(네덜란드 화가)

바벨탑은 메소포타미아의 지구라트이지만, 브뤼헐은 이를 16세기 건축물로 재창조했다. 왕이 신하와 거장 석공을 데리고 자신의 작품(일부 설계를 로마 폐허 유적을 토대로 함)을 돌아보고 있다. 주변에 보이는 수많은 일꾼들은 허영심 넘치는 이 거대한 프로젝트를 위해 엄청난 노동력이 필요하다는 점을 알려준다.

의식과 행위

대부분의 종교건축의 주된 기능은 숭배의식을 할 장소를 제공하는 것이다. 실제로 의식의 한 요소로 건축이 이루어지며, 많은 종교들이 부지를 정하고 주춧돌이나 축성을 예식 행사로 여겼다. 그러나 종교의식은 일반적으로 단순한 형태부터 정교한 것에 이르기까지 매우 다양하다.

신성한 연극

유대교 사원에서는 금요일마다 열리는 설교에서 성직자인 이맘의 주도하에 하루 다섯 번 수많은 신도가 모여 함께 기도를 올린다. 건축가는 많은 사람이 한자리에 모일 수 있는 넓은 공간을 만들어야 하고, 동시에 건물 어디서나 이맘이 잘 보일 수 있도록 해야 한다. 이와 대조적으로 기독교 교회는 역사적으로 하루에 8~9시간 종일 예배를 보았는데, 특히 일요일이나 다른 주일에 행해지고, 평신도들의 참석 여부와 상관없이 진행되었다. 성찬식은 주 제단 위에서 행해지며 12개 이상 되는 소예배당에서도 이루어지는데 각 예배는 청각, 시각, 후각의 감각과 행동이 개입된다.

많은 대형 기독교교회의 동쪽 끝에는 특별히 극적인 예배식을 위한 장소가 마련되었다. 역사적으로 기독교 대성당과 수도원에서 이 공간은 하위분할이 이루어져 60명의 수도사가 노래를 부르거나 기도할 수 있는 성가대가 놓이고, 그 뒤로 주 제단이 서 있는 사제석 혹은 성소가 자리한다. 두 공간 모두 옆 통로와 건물 서쪽 부분에 가려져 있다.

정초 새벽 기도자들
중국, 쓰촨 성/간쑤 성, 세르탕 수도원

티베트 인들이 몬람(티베트 문화권의 최대 축제) 기도 기간에 커다란 부처 이미지를 펼쳐 신자와 주최자 사이의 공간적 구분을 하는 겔루파(티베트 불교의 최대 종파) 승려들의 모습을 지켜보고 있다.

이런 일반적인 배치는 정교한 예배를 보는 다른 종교와 비교해 볼 수 있다. 고대 이집트는 다주식 홀과 사원 내 커다란 지붕이 있는 공간에서 주로 의식을 행하고 성소에 들어갈 수 있는 신부들이 행진하는 길로 사용했다.

교회와 이집트 사원 모두 성소 및 그와 관련된 이미지 혹은 제단은 의식 행위에서 가장 중요한 부분이 된다. 이 작은 공간은 실질적으로 상당히 다양한 부분을 포함한다. 이슬람의 경우 미흐라브는 단순히 텅 빈 니치로 신도들의 집중을 도와준다. 여기에 몇 가지 다른 내부 장식이 필수지만 정교한 설교단과 왕실의 신도석이 근처에 세워진다. 기독교회의 공들인 예배는 이와 대조적으로 계속 발전하는 다양한 도구로 성소를 채운다. 그리스정교회의 성화벽과 같이 정교한 장막은 제단에서 이루어지는 행위가 바깥에서 보이지 않도록 해준다. 영국 교회에서는 석조 사제석과 같이 특별한 좌석이 공식 미사에 사용된다. 성찬식에 사용하는 성별한 빵과 포도주는 특히 신성하게 여겨 성막이라고 불리는 특별한 공간에 보관하거나 따로 놔둔다. 성막은 초기 유대교에서 하느님이 거주한 천막을 지칭하는 용어다. 그리스정교회 전통에서는 성막 대신 작은 금속 교회상을 쓴다. 중세 기독교에서 독일은 세크라멘트사우저(sakramentshauser)라고 부르는 작은 첨탑과 같은 석조 건축물로 유명했다.

이런 내부 구조물은 성소에서 벌어지는 행사가 특별하다는 점을 잘 드러낸다. 예배에 참석한 사람은 특별한 옷을 입고, 정교한 예배의식을 치르고 신성한 작품을 암송하거나 부른다. 조명과 향이 두드러진 분위기가 행사를 무르익게 해주고 의식 자체를 정교하게 설명하니 종교건축물을 완전히 감상하지 않기란 거의 불가능하다. 널리 알려진 예배 행위 중 행렬은 건축에 특별한 영향을 끼쳤다.

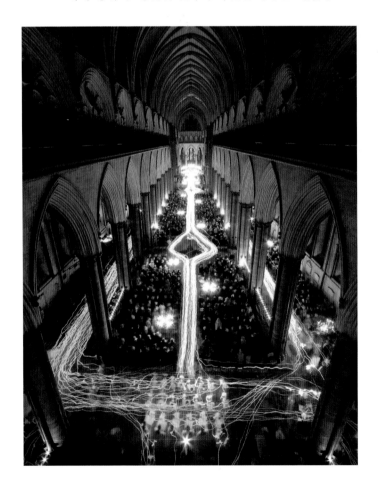

어둠에서 빛으로
1220년부터, 영국, 윌트셔,
솔즈베리 대성당

기독교인에게 한 해의 가장 신성한 행사는 크리스마스와 부활절이다. 크리스마스 한 달 전부터 대림절이 시작된다. 이 사진은 솔즈베리 대성당에서 2001년 크리스마스 준비를 하는 모습이다. 엄청난 행렬이 1,300개의 촛불을 들고 교회 전체를 돌았으며, 그 모습을 수많은 신도들이 지켜보았다.

행렬

신성한 여정 혹은 순례는 이슬람교의 하지(hajj)부터 불교와 힌두교에서 티베트의 카이라스 산으로 가는 여정에 이르기까지 많은 종교에서 중요한 기능을 한다. 숭배 장소는 이 같은 길을 따라 자리하며 궁극적인 목적지 주변에 밀집하지만 순례 건축물의 형태는 다른 건물과 크게 두드러진 차이를 보이지 않는다. 모든 이슬람 숭배의 구심점 역할을 하는 독특한 건물인 메카의 카바(235쪽 참고)만이 예외다.

순례의 하위 행사로 행렬 예배가 있다. 많은 전통에서 종교건축물에 이를 위한 공간을 구축하고 길을 확장하거나 신성하게 만드는 일은 중요하게 여겨졌다. 행렬은 평범한 사람들이 참여해 보편적인 종교 경험을 체험할 수 있는 방법이 되었다. 고대 이집트의 범선 모양 예배당이나 독립된 힌두의 만다파와 같이 숭배 대상을 위한 영속적인 중간 기착지가 루트를 따라 자리하기도 한다. 고대 이집트의 행렬은 고대 중국과 캄보디아의 불교처럼 한층 배타적인 형태를 띠지만 일부는 수많은 관중들이 지켜보는 가운데 이루어진다. 간혹 돌로 만든 형상들이 늘어선 길을 따라 행렬이 이어지는 경우도 있다. 신석기시대 유럽의 위대한 기념비로 향하는 길에 조각하지 않은 돌을 세워 둔 것과 마야 도시의 신전으로 가는 삭베(sacbe, 마야 도시국가의 내부에서 각 건축물 사이나 국가 사이를 연결했던 포장 도로길)에서 유래된 것이다. 행렬은 경우에 따라 극적인 행사가 되기도 한다. 아테네 사람이 신년 파나테나이아(147~149쪽 참고)를 위해 100마리의 양과 소를 몰고 신성한 길을 따라 아크로폴리스로 갔을 때 분명 엄청난 구경꾼들이 모였을 것이다. 이런 경로는 도시 배치에 있어 근본적인 역할을 담당했다. 고대 바빌론과 중국에서 수도의 가장 중요한 도로는 황제가 가장 중요하게 여기는 행사의 연례 행진을 위한 공간에 최소 일부는 속하도록 설계되었다(122~123쪽 참고).

경배의 장소 안에서 더 체계적이고 배타적인 예배 행렬이 내부의 독자적인 루트를 따라 건물 자체를 도는 방식은 이집트의 다주식 홀과 교회 신도석, 파사드, 회랑, 주보랑의 설계를 설명해주는 부분이다. 신부가 근엄한 예배 행렬에서 주 제단 뒤로 지나가며 성수를 건물의 양옆 제단에 뿌릴 때 주보랑(교회 건축에서 측랑이 내진부로 연장되어 생긴 내진과 후진을 감싸는 회랑)을 이용한다. 또한 교회의 성지에 평신도가 닿게 하는 용도이기도 하다. 오늘 날 신도석은 평범한 활동과 주로 연계되지만 과거에는 그리고 지금

도 가끔은 공식적인 행렬에 사용되기도 한다. 초기 기독교 시대에는 신도석을 따라 이어지는 복도만이 신자들에게 개방되었다. 일부 중세 교회의 신도석은 바닥에서 시작하는 행렬의 시작 지점이 되기도 했다.

　행렬보다 격식이 덜하지만 수행이나 의식화된 걷기도 이루어진다. 힌두교에서는 이를 '파리크라마'라고 부르며 기독교 교회처럼 힌두교 사원 성소 뒤쪽으로 회랑이 있다. 인도 카주라호(11세기 초)에 있는 칸다리야 마하데오(사원)가 대표적이다. 순행은 불교의 신성한 건축에 전적으로 영향을 미쳤다. 독송을 동반하는 이 의식은 영혼이 득도에 도달하는 것을 돕는다. 초기 불교 탑당굴의 회랑과 산치(Sanchi)의 대 사리탑 같은 사리탑을 에워싼 울타리와 단상이 순행에 사용되는 장소이며(274~277쪽 참고) 자바의 보로부두르 사원을 오르는 루트와 중국 산시 성 불광사의 탑돌이 등이 대표적이다. 순행은 참가자 사이의 경계를 흐린다. 모든 이슬람교도는 카바를 도는 하지 순례를 통해 하나가 된다. 이처럼 다른 방식으로 헌신하는 행동이 건물의 다른 부분과 신성한 영역을 분리해 주었지만, 동시에 평신도들이 모일 수 있는 특별한 장소를 제공하기도 했다. 신자들이 모여서 이루어지는 행사는 종교건축에 큰 영향을 미쳤다.

신도

이 책에 등장하는 많은 종교건축물이 예배에 집중할 수 있는 작고 선별된 성소와 그 행사를 평신도들이 관람할 수 있는 커다란 연계 공간을 지니고 있다. 그러나 간헐적으로 평신도가 이런 의식에서 중요한 역할을 하는 경우도 있다. 이집트 사원의 탑문 주위 공간(그리고 그 뒤쪽 안뜰)부터 고대 아메리카의 광장에 이르기까지 수많은 공간이 많은 신도들이 모일 것을 염두에 두고 설계되었으며, 의식은 그들의 참석 여부와 관계없이 계속 진행된 것으로 추정된다. 힌두교에서 다르샤나의 율법을 전달하고 가르바그리하에 머무는 신과 소통하는 이런 예식은 평신도들에게 큰 인기를 끌었고, 교회의 신도석과 같은 만다파는 그들이 머무는 공간이 되었지만 의식은 여전히 신도의 참석 여부와 상관없이

신의 마차
인도, 타밀나두 주, 마두라이,
미나크쉬 암만 사원

정교하게 세운 경배 장소에는 야외 행진에 사용되는 신성한 이미지를 보관한다. 이 사진에서 보듯 사원 도시인 마두라이에서 한 달 동안 이어지는 신들의 결혼 축제 기간에 마차가 미나크쉬(시바의 배우자)와 순다레스와라(시바의 형상)를 태우고 간다.

이루어졌다. 이런 관점에서 볼 때 고대 그리스의 디오니소스 의식을 위해 지어진 극장은 새로운 건축이다. 초기 드라마는 특별한 의미를 담고 있지 않았을 것이며 극 역시 관객이 없다면 기능할 수 없었을 것이다. 한참 뒤에 특정 의식을 부각시키지 않은 크고 독립적인 '100개의 기둥이 있는' 만다파가 일부 인도 사원에 세워져서 수많은 대중 앞에서 종교 무용과 극이 상연된 것으로 보인다.

그러나 유대교, 기독교, 이슬람교는 신도들이 한자리에 모여 활동하는 것이 의무였고 특히 안식일은 예배의 연장이었다. 신도들은 특정한 순간에 암송이나 찬송을 하고 기도를 하고 자리에서 일어나거나 앉거나 무릎을 꿇어야 한다. 종교건축은 경배의 지정된 기능을 수행할 수 있도록, 수많은 신도들이 모일 수 있는 커다란 공간을 탄생시켰다.

유대교회당에서 처음 시작된(물론 이와 거의 비슷한 시기에 불교의 탑당굴이 평신도보다는 승려를 중심으로 한 집회 장소로 기능했음) 집회는 교회와 사원의 외관에 상당한 영향을 끼쳤고 종교건축에서 가장 인상적인 성취인 내부의 거대한 공간을 창조하는 데 기여했다. 그 속에서 이루어지는 예식은 아주 다양하지만 다른 공간과의 경계를 한층 구분지었다. 여러 종교에서 남성과 여성은 따로 앉았는데, 일부 유대교회당과 사원의 특별한 회랑이 그 기능을 담당했다. 아니면 일부 유대교회당과 초기 교회처럼 주요 공간의 양옆으로 두 성별이 따로 자리하는 단순한 형태를 띠기도 했다. 분리와 계층 구조는 여러 전통에서 계속 이어져왔다.

돌에 새긴 설교

약 1220~1240년경, 영국, 서머싯, 웰스 대성당

12세기 초에 완공된 웰스 대성당의 서쪽 입구는 아마도 애덤 록(1229년 사망)이라는 석공이 설계한 것으로 보인다. 유럽 중세시대 조각상 중 가장 큰 작품을 소유하고 있는데, 총 176개의 구성 조각상 중 127개가 지금도 남아 있으며 대부분 실물보다 훨씬 크다. 밝게 채색되었으며 의상 무늬까지 두드러진다. 조각상의 생동감이 건물에 특별한 통찰을 제공해준 것이 틀림없다.

석상이 새겨진 벽이 성당으로 가는 길을 주도하지만 그 형태는 교회 뒤쪽으로 연결되지는 않으며 탑(약 1392년 그리고 약 1425~1436년경에 추가)을 위해 설계한 것도 아닌 듯하다. 일부 조각상은 1540년대와 1650년대에 발생한 성상파괴주의로 유실되었으나 대부분은 그 자리에 남아 있다.

그리스도가 예루살렘에 입성한 것을 기념하는 종려주일에 이곳의 파사드는 도시의 벽을 대변한다. 천지창조부터 최후의 만찬까지 성경 이야기에 따라 조각상들이 배치되어 영원에 대한 비전을 알린다. 웅장한 건축적 요소는 대성당이 마치 요한계시록 21장 2절 '그리고 거룩한 도성 새 예루살렘이 신랑을 위하여 단장한 신부처럼 차리고 하늘로부터 하느님에게서 내려오는 것을 보았습니다'를 구현한 것으로 보인다.

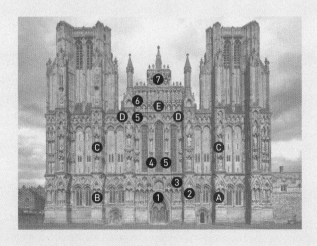

서쪽 입구
약 1220~1240년경,
영국, 서머싯, 웰스 대성당

서쪽 입구의 30미터 높이 유색 조각상은 대성당을 천상의 예루살렘을 지상에 구현한 모습으로 만들어준다. 파사드는 여러 구역으로 이루어져 있다. 아래쪽 가로선을 따라 Ⓐ 구약성서를 쓴 4엽 무늬와 Ⓑ 신약성서를 쓴 4엽 무늬가 있다. Ⓒ 중앙의 가로선에는 신성한 왕족들이 모여 있는데 상당수가 국가적으로 중요하거나 웰스 대성당과 관련이 깊은 인물로 그들의 이야기가 지금까지 전해온다. 그 위 구역인 Ⓓ는 시간이 끝나는 지점이라 최후의 심판과 부활의 이야기, 또한 그 위로 우주의 지배자인 그리스도의 모습이 보인다. 그 바로 아래부터 수직으로 중앙 부분 위로 올라가는 Ⓔ는 그리스도의 역할을 담았으며 성모마리아가 인간과 함께한, 신과 영원한 역사를 보여준다.

❶ 서쪽 입구의 중앙 문은 주교나 왕의 방문 혹은 종려주일 의식과 같은 중요한 행사가 있을 때만 개방한다. 이런 날에 성직자들은 그리스도를 상징하는 성체를 들고 정문 바깥 묘지에서부터 입구까지 행진한다. 문 앞에 도착하면 교회 안으로 들어가게 해달라고 요청한다. 문 바로 위에는 (한때 밝게 채색된)그리스도를 안고 있는 성모마리아의 조각상이 있다. 현재 소실된 금박을 입힌 청동별이 조각상과 함께 있었다. 그 바로 위에는 그리스도가 주는 천상의 왕관을 쓴 성모마리아의 조각상이 자리한다. 원래는 두 성상 위에 모두 빛나는 금속 광륜이 있었고, 태양과 달이 그들 주위를 감쌌다.

❷ 서쪽 입구 아래쪽을 일련의 천사들이 메우고 있다. 그 뒤쪽으로 가려진 곳은 내부로 들어갈 수 있는 통로가 되는 둥근 창문과 같은 개방구다. 성직자들이 행진을 하며 열어달라고 하면 내부에서 성가대가 '글로리 라우스 찬미가'를 부르며 화답해 천사들이 마치 살아난 것 같은 광경을 연출한다. "천사들이 높으신 주를 찬양하며……."

❸ 천사들 위에는 세상의 처음에 일어난 핵심 사건을 묘사하는 장면들이 일렬로 들어서 있다. 하느님이 아담을 창조한 것부터 부활과 천국으로 올라간 그리스도까지 모두 살펴볼 수 있다.

❹ 중앙 부분은 솔로몬과 시바의 여왕이 자리한다. 구약 성서에 등장하는 두 사람은 그리스도와 교회의 결합을 상징하는 표상으로 성유를 바른 자와 메시아에게 전하는 자로 표현되었다. 여왕의 방문은 동방박사의 경배의 전조가 되었다.

❺ 중앙의 상단 부분은 시간의 마지막에 죽음에서 부활해 그리스도가 돌아오는 장면을 묘사한다. 중세 관찰자들은 파사드의 정면 양옆으로 묘지가 위치한다는 사실을 곧장 알아차릴 것이다.

❻ 박공에 새겨진 인물은 영원한 천국을 묘사한다. 사도도 이곳에 자리한다. 웰스 대성당이 헌사한 대상인 성 안드레가 자신이 순교한 X자형 십자가를 들고 있다. 그 아래로 천사상과 트럼펫 소리를 전하기 위한 둥근 창이 나 있다. 박공은 정면 전체를 축소한 비율이다.

❼ 맨 위에는 긴 옷을 걸친 우주를 통치하는 그리스도와 그 옆으로 세라핌으로 알려진 천사들이 자리한다(전통적인 천사의 계층 서열은 세 분류로 나뉜다. 세라핌이 그중에서도 제일 하느님과 가까움). 1985년 데이비드 웨인이 훼손된 원작을 대체하는 새로운 그리스도의 이미지를 조각해 넣었다.

접근과 계층

　종교건물 내 계층은 종종 많은 대중들이 접근할 수 있는 신성한 영역부터 소수의 몇 사람만 갈 수 있는 신성한 부분에 이르기까지 내부 공간을 나누는 형식으로 표현된다. 종교에 따라 극소수에 해당하는 인물은 차이가 있다. 많은 사회에서 종교적 권위와 정치적 영향력은 함께하는 경향이 있는데, 둘 모두 신이 내린 자리라고 여겨지기 때문이다. 따라서 신성한 공간과 왕과 관련된 공간 사이의 연관성은 매우 크다.

종교와 계층

일부 종교는 계층적 관계를 적용시키지 않고 건물을 지었다. 불교 사원은 숭배자들을 구별하지 않으며 하루에 일정 시간 동안 종교 활동을 할 수 있는 일부 공간을 마련해 두었다. 이와 반대로 소수 밀교는 상당히 배타적인 사원 공간을 가진다. 퀘이커교도처럼 종교적 계층을 거부하는 비국교도 기독교 집단의 경우 간혹 단순한 회관 안에 장로의 벤치를 따로 마련해 두기도 한다. 수니파의 평등주의 특성은 메카의 위대한 성지인 하지에 표현되는데, 전 세계 신앙 공동체가 신 앞에서 하나가 되는 경험을 장려한다. 그럼에도 불구하고 사원 설계에는 칼리프와 이맘의 권위가 큰 영향을 미쳤다.

감싼 공간

숭배의 공간에 접근할 수 있는 사람은 의식적으로 순결해야 한다. 이런 성소 바로 앞이나 안에는 씻을 수 있는 장소가 마련되어 있는데 힌두교 사원의 정교한 수조나 고대 이집트의 신성한 호수 등이 대표적이다. 손가락을 집어넣고 십자가를 그을 수 있는 성수반은 기독교회 입구나 근처에 놓여 있다. 세정은 이슬람 기도자들의 준비 과정에서 가장 중요한 부분으로 사원 안뜰에 주로 씻는 공간이나 분수대가 자리한다.

교회에서 신부나 수도사와 평신도는 입구를 따로 쓰는 경우가 많고 일부 입구는 왕, 주교 혹은 수도원장만이 사용할 수 있거나 중요한 의식이 거행될 때만 이용한다. 그 뒤에 자리한 신도석은 모두에게 개방되지만, 동쪽에 자리한 칸막이가 성소로 시각이 집중된다. 힌두교 사원의 만다파는 평신도들이 제물을 바칠 수 있도록 만든 공간으로 시각적으로 뒤에 위치한 성소에 압도당한다.

왕과 성자
1246년경부터, 영국, 런던, 웨스트민스터 사원

웨스트민스터 사원은 영국 왕의 대관식과 장례를 위해 지어진 건물로, 가장 신성한 영역은 성골함 안치소다. 주 제단 뒤에 봉인된 참회왕 에드워드의 묘 주위로 왕족의 무덤이 자리한다.

사제와 권력

성소의 배타적인 특성은 종교 권위에 대한 사상을 반영하고 있다. 여러 문화권에서 사제는 엘리트로 일반 사람들과는 다르다. 기독교 신부는 독신주의자이고 힌두교 브라만은 카스트라는 특별한 지위에 속해 있다. 종교건축은 칸막이, 문, 부수적인 공간을 통해 성소를 건물 내 다른 공간과 분리하는 경향이 있다.

이슬람의 이맘과 유대교의 랍비는 하나의 계층이라기보다는 공동체 내에서 존경받는 인물로 보는 것이 타당하다. 비마(bimah, 랍비가 예배를 주관하는 강단)와 성궤의 경계를 유대교회당의 다른 공간으로부터 분리하거나 사원의 기도실에서 민바르와 미흐라브를 분리하는 등 공간을 통한 계층은 폐쇄와 독점적인 접근을

언어의 위력
1609~1616년, 터키, 이스탄불, 술탄 아흐메드 1세 모스크

금요 설교가 이루어지는 민바르는 기도자들의 시선이 집중되는 미흐라브와 연결된 자리에 위치해 이슬람에서 코란의 말씀이 얼마나 중요한지 잘 보여준다. 또한 초기 이맘은 주로 칼리프여서 정치와 종교적인 권력을 모두 쥐고 있었다.

강조하는 경향이 크다.

계층에 내재된 사상은 권위와 밀접한 관련이 있다. 신성한 건축물에 빈번하게 등장하는 축성 평면 배열은 상당히 계층적이라고 볼 수 있는데, 많은 사람들을 모아 건물의 한쪽 끝을 바라보게 하고 그곳은 이미지나 의식과 같은 시각적인 집중이 이루어지는 장소로 한층 더 규모가 작고 선별된 사람들과 마주하도록 만들기 때문이다.

신성한 왕

축성 건축과 권력의 결합은 정치를 함축하고 있다. 특히 왕권과 긴밀한 연관이 있는 건축물이자 서기 312년경에 처음 지어진 기독교회의 바실리카가 그렇다. 최초의 이맘 역시 종교지도자이거나 칼리프여서 미흐라브와 마크수라의 왕족 좌석과의 깊은 관련성을 잘 설명해준다. 여러 전통에서 왕은 일종의 사제이며 심지어 신격화되기도 했다. 한 도시의 왕궁과 예배를 보는 주요 장소는 서로 연결되어 있는데 메소포타미아의 에쉬눈나, 아바스 왕조 시대의 바그다드, 기독교 전통의 성 소피아 성당(102~105쪽 참고)과 샤를마뉴의 아헨이 좋은 예다. 스페인의 에스코리알(1563년)과 티베트의 포탈라 궁(1645년부터) 등 일부 사례의 경우 수도원과 왕궁을 구별하기 어렵다. 그리고 베이징 자금성(1420년)과 같은 왕궁은 신성함의 중심지이자 정치적 권력의 본거지이기도 했다. 왕권에 대한 믿음은 고대 이집트부터 중세 유럽에 이르기까지 경배의 장소가 존재하는 이유를 알려주며 랭스 대성당과 웨스트민스터 사원은 대관식을 위한 용도로 지어졌다. 중국 왕실의 야외 제단은 황제가 인간과 신 사이를 중재하는 인물이라는 점을 알려주는 의식을 행하기 위해 특별히 마련된 장소다. 일반 사람들은 이곳에 접근할 수 없다.

고대 이집트부터 앙코르에 이르기까지 많은 통치자들이 사원을 지을 때는 단지 자신의 세속적인 권력과 부를 드러내는 것에서 그치지 않았다. 이들은 살아 있는 신으로 대접받았기에 신성한 의무를 충실히 행했다.

후견인,
권력과 독실함

　웅장한 건물들은 일반적으로 수도원이나 종교단체와 같이 부유하고 권력이 큰 후원자들이 비용을 지불해 세웠다. 그래서 영적이면서도 상당히 정치적인 모티프를 담고 있는 경우가 많다. 로마의 콘스탄티노플 황제(306~337년 통치)나 일본 나라 시대 쇼무천황(724~756년 통치)은 종교를 국가 건설의 한 방편으로 활용했고 상징성을 지니거나 지정한 종교의 실질적인 본거지 역할을 하는 건물을 지었다. 로마의 산 피에트로 바실리카(324년 축조 시작)와 나라의 도다이지(745~749년 축조)가 대표적이다.

영감을 주는 기관으로서의 역할

불교와 기독교 모두 수도원처럼 부유한 독립협회를 발전시켜 이곳의 지도자들이 그들의 야심찬 건축 계획을 전하는 능력 그 이상을 가지고 있다는 점을 입증했다. 이런 협회는 종종 땅을 보유하고 있어서 소작인에게 영속적으로 수입을 거둬들였다. 협회는 한번 자리를 잡으면 독립적으로 잘 운영된다. 앙코르의 사원들은 3,140개의 마을을 보유하고, 2,740개의 공공 기관을 지원하며, 2,002명의 직원과 615명의 무희를 거느려 건물 유지 보수비를 감당할 수 있었다. 유럽의 많은 대성당은 주로 주교나 그 지역에 사는 수석 사제들에게 대다수의 자금을 지원받는데 엑서터의 대성당을 건축할 때 지역 수석 사제들이 이 프로젝트를 위해 자신의 수익 절반을 기부하는 데 모두 동의했다.

　힌두교와 이슬람교처럼 강력한 내부협회 체계가 부족한 종교의 경우 신전이나 사원을 짓는 데 들어가는 비용은 일반적으로 독실한 지역 통치자나 남녀를 가리지 않고 부유하고 헌신적인 평신도가 지원한다. 그렇게 하면 종교적으로 은혜를 얻는다고 여겼다. 그러나 신전이나 사원이 소득을 꾸준히 얻을 수 있도록 일종의 기부 형태로 자금을 모으는 경우가 더 많다. 이슬람의 경우 이 같은 행위를 '와크프'라고 칭하며 법적으로 조례를 마련해 놓았다. 마그레브와 같은 법적인 학파가 우세한 일부 지역에서는 통치자만이 와크프 기부를 할 수 있었다. 와크프는 건축에 직접적인 영향을 미쳤다. 예를 들어, 가족의 신탁기금 와크프는 그 소득을 후손에게 제공할 수 있으며 새로운 사원, 마드라사, 수피교 수녀원이나 다른 자선 단체에 투자할 수 있었다. 그래서 성공한 세대는 후손에게 유산을 남기는 방법으로 새로운 와크프를 만들고자 하는 강렬한 동기가 생기는 것이다. 맘루크 시대(1250~1517년) 카이로에 수많은 종교협회가 밀집한 것이 이 점을 어느 정도 설명해준다.

독실한 평신도와 건축

평신도가 웅장한 건축물 프로젝트에 자금을 지원하는 역사적인 공헌을 했는지 그 여부는 알기가 어렵다. 특별한 경우를 제외하고는 정보를 거의 얻을 수 없기 때문이다. 물론

그런 일이 일어났다는 점은 확실하다. 초기 불교 사리탑 벽에는 수많은 상인들의 이름이 새겨져 있고 중세 프랑스 연대기는 샤르트르 대성당과 같은 초기 고딕 대성당이 수공업 길드로부터 노동력, 물자, 현금 기부금의 일부를 충당했다고 알려준

교회를 내주는 후원자

1303년, 이탈리아, 파도바, 아레나 예배당(스크로베니 예배당)

은행가인 엔리오 스크로베니가 자신의 저택 옆에 지은 이 예배당은 화가 지오토(약 1270~1337년)가 장식했다. 예배당 안쪽 벽화에는 스크로베니(왼쪽)가 묘사되어 있는데, 전형적인 중세 후원자의 모습으로 예배당을 헌정인에게 바치는 모습이다(복음전도사 성 요한, 성모마리아, 막달라 마리아로 추정됨).

다. 종교건축물에는 비용이 상당히 많이 들어간다. 영국 헨리 3세 국왕은 1246~1272년 사이 웨스트민스터 사원을 짓는 데 42,000파운드를 썼다. 참고로 당시 그의 연 수입은 대략 35,000파운드였다. 따라서 아주 특별한 경우에만 개인 기부가 주요 건축물 예산에 실질적으로 영향을 미칠 만큼 중요하게 작용했다.

경건한 재단
1356년부터 지금까지, 이집트, 카이로, 사원과 마드라사

이슬람의 경우 기부는 종교적인 의무다. 그래서 세월이 흐르면서 카이로에 후원자들이 넘쳐났고 도시의 하늘을 가득 채우는 돔과 뾰족탑이 달린 웅장한 건물들이 많이 들어섰다. 이 사진은 (전경)콰니배이 모스크(1503~1504년), (배경 오른쪽)알 리파이 모스크(1869~1912년), (배경 왼쪽)술탄 하산 모스크(1356~1362년)의 모습이다.

　실제로 이런 일이 발생한 것은 깊이 뿌리내린 종교 부흥이나 지역 숭배 문화가 번영했기 때문으로 추정된다. 성자로 널리 칭송받는 영국 에드워드 2세 국왕의 무덤을 만들기 위해 글로스터 대성당의 동쪽 끝을 재건축할 때도 모금을 받았다. 아주 오랜 시간 동안 누적된 자금은 특정 장소에 부여된 깊은 신성성을 반영한다. 작은 기부가 수백 년 동안 이어지면서 티루말라 벵카테스와라, 안드라프라데시와 같은 인도 남부의 사원 도

시를 엄청나게 부유한 단체로 변모시켰다. 중세 샤르트르의 길드가 샤르트르 대성당에 스테인드글라스 창문을 단 것처럼 모든 경우에서 기부자는 건물 장식에 영향을 미치기도 했지만 건축 그 자체에 영향을 줄 수는 없었다.

도시의 자부심과 대중 기부

도시 기업이 건물을 짓는 자금을 모금할 수 있게 되면서 공동체의 독실함은 곧 도시의 자부심이 되었다. 피렌체의 대성당은 '오페라'라는 조직에서 자금을 댔다. 귀족이나 왕자 대신 부유한 상인과 은행가로 이루어진 조직이 출현하면서 새로운 계층이 종교건축의 주요 설계에 직접적으로 관여하게 되었다. 이 조직은 이탈리아 르네상스 건축의 부흥을 이끌어낸 브루넬레스키의 혁신적인 작업에 기꺼이 자금을 지원하면서 시에나와 같은 근처 라이벌 도시의 업적에 뒤지지 않겠다는 욕망도 함께 드러냈다.

상대적으로 지위가 낮은 개인 집단은 한층 규모가 작은 건축물에 자금을 보탰다. 초기 유대교회당의 모자이크 바닥에 새겨진 명문을 통해 시민들과 랍비가 함께 자금을 지원했다는 사실을 알 수 있다(177~180쪽 참고). 중국 도교 사원과 같은 여러 사원은 지역 주민과 승려로 구성된 기관이 운영한다. 건물을 지으려면 왕실이나 시의 허락이 필요한데 이런 집단은 일을 착수하거나 자금을 모으는 일이 어렵지 않았다.

그렇다고 해도 웅장한 건축물을 짓는 데 가장 큰 몫을 차지하는 것은 부유하고 권력이 큰 인물들이다. 사회와 정치적 영향력이 합법적이고 현 상황에 도움이 되지만 그런 후원자들을 비난하거나 불손한 동기가 있다고 볼 필요는 없다. 많은 사람들이 본질적으로 독실한 개인으로, 정말로 자신의 운명을 믿고 있으며 신의 호의를 얻고 싶은 마음이기에 종교건축이 신의 호의를 얻을 수 있는 가장 좋은 방법이라고 여기는 것이다. 이런 신성한 의무감을 지니고, 신의 영광을 얻고자 하는 욕망이 종교건축에 담겨 있기에 왕과 순례자 모두에게 깊은 감명을 주는 것이다.

순례자를 위한 모델
6~7세기에 시작된 것으로 추정, 인도, 비하르 주, 부다가야, 마하보디 사원

부처가 득도한 장소에 세워진 마하보디 사원은 불교에서 가장 신성한 곳이다. 수백 년 동안 이어진 기부 덕분에 수차례 다시 짓고 재단장을 했고 네 개의 작은 시카라 탑이 모여 메루산을 이루는 형태는 이곳을 방문한 순례자들이 고향으로 돌아가 널리 전파한 덕분에 아시아 여러 지역에서 비슷한 형태를 찾아볼 수 있게 되었다.

예술가와 수공예가

위대한 건물을 축조하는 일은 특별한 행사다. 부지를 다지고 돌을 캐고 수송해 조각하고 건물을 세워야 한다. 뛰어난 장인의 기술이 중요하고 들어가는 노동력도 어마어마하다. 이 모든 것이 기계의 도움을 거의 받지 않고 이루어졌다. 놀랍게도 콜럼버스가 아메리카 대륙을 발견하기 이전, 그곳에서는 돌을 자르는 금속도구나 바퀴가 달린 운송수단을 전혀 사용하지 않고 대규모 건물을 지었다. 이 작업에 참여한 수공예가의 이름이나 지위는 거의 알려지지 않았다. 인도에서 지식과 기술은 아버지에서 그 아들로 이어진다. 고대 이집트에서는 사원이 수공예가를 직접 고용했다. 테베 왕가의 계곡(신왕국 시대 왕릉이 집중된 좁고 긴 골짜기) 근처 데이르 엘 메디나에 이들이 모여 사는 거주지가 남아 있어 당시 그들의 삶을 들여다볼 수 있다.

특정 기술은 다른 것보다 더 가치 있게 여겨졌다. 서예가의 이름은 종종 사원 벽에 기록으로 남아 있다. 인도 굽타 시대(약 320~550년) 조각가들은 상당히 존경받은 것으로 보인다. 고대 중국의 사례에서 알 수 있듯 건물 설계자는 기술이 뛰어난 수공예가보다 더 나은 대우를 받았지만, 일반적으로 공예가가 더 높은 지위를 얻었다. 건물의 축조는 카스트의 다른 사람들에 의해 이루어지지만 힌두교 사원의 설계는 브라만 승려가 담당한다. 14세기가 되기 전까지 유럽의 위대한 대성당을 축조한 거장 석공의 이름은 거의 알려지지 않았지만, 그 사람들이 상당히 높은 지위를 누렸다는 점은 사실이다. 그럼에도 불구하고 르네상스에 들어서야 건축에 대한 기준이 현대적인 수준으로 높아지기 시작했다. 그전까지는 누가 그 건물을 '지었느냐'에 대한 생각이 오늘날 우리의 생각과는 상당히 달랐다.

문화권을 넘어 살아남은 기록들은 항상 왕이나 다른 후원자가 '축조'를 명했고 설계자의 이름은 무명으로 남아 있다고 알려준다. 특히 창의적인 과정에 있어서 후원자가 건물의 콘셉트를 잡은 것으로 보인다. 파리 성 디오니시오 예배당(1140년 축조 시작)이 빛을 활용하는 방식은 수도원장인 쉬제르의 신학 사상에서 영감을 받았다는 주장이 있으며 보로부두르(약 780~850년경, 293~296쪽 참고)는 불교 우주관과 철학사상에 대한 심오한 이해가 있는 사람이 설계에 관여하지 않았다면 생겨나지 못했을 것이다. 이런 사상을 건축으로 구현하는 것이 설계자의 능력 중 하나다. 간혹 설계자는 상당히 지위가 높은 개인이었다. 성 소피아 성당을 설계한 과학자이자 수학자인 트랄레스의 안테미오스와 밀레투스의 이소도루스 혹은 역사에 처음으로 이름을 올린 건축가로 왕의 재상이었던 이집트의 임호테프(기원전 2600년경)가 대표적이다. 더 보편적으로 한 후원인이 특정 건축가를 선호하는 경우도 있었다. 티무르왕조의 황후 고와르 샤드는 과밤 알 딘 시라지를 고용해 이란 마슈하드(236~237쪽 참조)와 아프가니스탄 헤라트에 신전을 짓도록 명했다.

오늘날 이런 멋진 건축물들과 그 축조를 위해 들어간 수많은 세월들이 종교가 중심적인 역할을 하는 사회에서 영원한 기념비가 되고 있다.

아즈텍 기독교 예술
1753년경, 멕시코, 테포초틀란, 산 프란치스코 자비에르 교회

아메리카 대륙 정복 이후 많은 종교 이미지가 토착 수공예가들에 의해 만들어졌고 이들의 신념에는 그리스도 선교 이전의 중요한 믿음이 담겨 있었다. 그렇게 탄생한 예술은 아름답고 가끔은 도상적으로 두드러진다. 산 프란치스코 자비에르 예수회 교회(1670~1682년)의 로레토 예배당 내부에 있는 이 천사는 케루빔과 태양, 달과 별, 지역 토착민이 특별한 관심을 두고 있는 천상의 대상에게 둘러싸여 있다. 지구상의 다른 곳에서는 수공예가가 작업을 직접 찾아다녔고 인도 힌두교 건축가들이 사원 설계에 관한 논문을 쓴 것처럼 일부 기독교 수공예가는 중동 우마이야의 위대한 사원을 축조하는 데 확실하게 도움을 준 것으로 보인다.

우유의 바다를 휘저어

1113년 이후, 캄보디아, 앙코르와트

앙코르는 크메르 왕조의 수도로 자신을 반신이라고 여기는 통치자들에 의해 9세기부터 엄청난 규모의 사원이 지어졌다. 가장 큰 것이 앙코르와트(사원수도)다. 크메르 왕조의 통치자 중에서 시바가 아닌 비슈누에게 더 헌신적이었던 수리야바르만 2세(약 1113~1150년 통치)의 명으로 세워졌다.

사원의 주 출입구인 동쪽은 세 번째 문이라고 알려진 202×114미터 크기의 벽 안에 자리하고, 2미터 높이의 저부조로 이루어진 700미터의 갤러리가 이어진다. 주제는 선과 악의 사투로 비슈누 군대와 영웅의 행동을 묘사했다. 90미터 높이의 부조 하나는 신하들로 둘러싸인 수리야바르만 2세를 신격화했다. 이 사원이 비슈누와 죽은 왕(사후에 비슈누의 신전에 사는 자라는 뜻으로 파라마비슈누로카[Paramavishnuloka]로 불리게 됨) 모두가 거주하는 웅장한 장소로 볼 수 있다. 부조는 반 시계방향으로 보도록 설계되었으며, 장례 의식에 사용된 것으로 추정된다.

앙코르와트 건물
1113년 이후, 캄보디아, 앙코르와트

1,500×1,300미터 규모의 거대한 직선 해자가 앙코르 구조물을 감싼 형태는 우주의 물이 세상을 감싸는 것을 상징하는 듯하다. 1.4미터 높이의 토대 위에 세워진 사원은 세 부분으로 나뉘어져 있고, 그 위에 서 있는 다섯 개의 시카라가 메루산 봉우리를 의미한다. 가장 높은 4미터 높이의 비슈누 조각상은 땅에서 58미터 높이에 위치한다. 그 바로 아래 위치한 우물은 수심 23미터로 금, 깨끗한 흰 모래, 사파이어가 담겨 있는 신성한 토대를 포함한다.

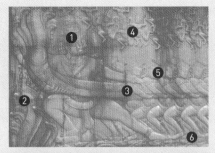

❶ 선과 악의 힘으로 이루어지는 창조의 행위를 지칭한다. 비슈누가 머리가 여러 개 달린 악마 아수라와 그의 추종자를 설득해 악마들과 불멸의 감로를 만든다. 그런 다음 만다라 산을 뒤집어 우주 바다를 휘젓는 용도로 썼다.

❷ 세상의 뱀인 바수키가 물 아래 누워 있다. 바수키를 밧줄로 써서 신성한 산을 감싸려는 중이다. 이 이야기는 위대한 힌두교 서사인 라마야나와 마하바라다를 비롯해 푸라나(고대 시대의 이야기)에 다양한 설화로 전해지고 있다.

❸ 바수키가 몸을 감아 아수라와 악신들을 끌어당긴다. 그렇게 한 보상으로 감로를 얻으려는 것이다.

❹ 우유를 휘저어 생긴 우주 바다에 천국의 정령인 아프사라스가 생겨나고, 그들이 신의 유희를 위한 춤을 추며 하늘로 솟아오른다. 휘몰아치는 세상은 또한 비슈누의 여성형인 락슈미 혹은 샤크티를 탄생시켰다.

❺ 악마의 얼굴을 한 92명의 낮은 악신이 천사의 얼굴을 한 신들(사진에는 보이지 않음)의 맞은편에 47미터 길이의 부조로 등장한다. 이 이야기는 최소 세 번은 조각이 된 것으로, 앙코르와트 이외의 지역에서는 규모가 작지만 크메르 문화에서 뱀이 얼마나 중요한지 잘 보여준다. 부조는 생명의 근원인 해가 떠오르는 동쪽을 향한다.

❻ 물고기와 이상한 동물들이 휘몰아치는 바다에서 한데 뭉쳐 있다. 뒤집어진 산으로 이야기가 옮겨가면서 이들은 더욱 폭력적으로 다루어진다.

시간에 따른 변화

신을 숭배하는 위대한 장소는 복잡한 구조물이라 긴 시간에 걸쳐 확장되고 재건축이 이루어진다. 마야와 아즈텍 사원 피라미드는 주로 후대 통치자가 기존의 체계를 냐두고, 그 위에 추가로 층을 올리는 방식으로 확장하는 경우가 많았다. 1978년 멕시코 시티의 고고학자들이 테노치티틀란의 템플로 마요르를 살피다 그 구조 안에서 1300년대 초에 세워진 것으로 보이는 일곱 개의 오래된 사원을 발견했다. 이와 대조적으로 크메르의 왕들은 자신을 위한 웅장한 사후 신전을 짓지 않고 도시 전체를 완전히 새롭게 구축했다. 그래서 앙코르는 거의 같은 지역에 세 번 연속으로 수도가 된 가장 최근의 부지다. 그곳의 사원은 지금까지도 남아 있고, 도시의 나머지 부분은 오로지 고고학적 접근으로만 판별할

재건축 의식
1929년, 일본, 미에현, 이세신궁, 시키넨 센구 의식

예술가 와카나리 타카토리(1867~1935년)가 12개의 두루마리에 이세의 58번째 재건축 의식을 묘사했다. 그림 속에서 여신 아마테라스의 신성한 상징이 새로운 신사로 전해지고 있다. 지난 20년 동안 이곳은 흰 자갈과 '신성한 기둥' 역할을 하는 흰 사이프러스 가지가 있는 작은 헛간만이 놓인 채 봉인되어 있었다.

수 있을 만큼 허물어졌다.

이 같은 변화의 방식이 거의 눈에 띄지 않는 경우도 있다. 건축양식에 변화가 거의 없고 건물 자체가 나무로 만들어진 동아시아의 사원은 이음새 없이 확장될 수 있는 구조다. 다른 극단적인 예를 들자면 서구 유럽에서 11세기부터 진행된 급격한 양식적 혁명은 각기 다른 시대의 작품처럼 보이는 많은 교회들을 남겼다. 9~11세기 샤르트르 대성당(1194년 축조 시작)의 지하실과 같은 공간은 특히 고대의 양식이 고스란히 남아 있다. 이란 이스파한에 있는 금요일의 모스크 같은 일부 사원 역시 이런 다양한 단계적 특성을 지녔다.

종교건물들의 양식을 신중하게 연구하면 종교 자체의 역사에 대해 많이 알 수 있다. 카르나크에서 일신론을 도입하려고 했던 왕 아크헤나텐(기원전 1353~1337년 통치)이 세운 사원은 후대 왕들에 의해 무너졌다. 그의 업적은 천 년이 넘게 여러 왕들에 의해 증축되고 확장한 대신전(129~136쪽 참고)이 지닌 복잡한 이야기를 연결해주는 실마리가 되어 준다.

가끔 과거의 신성한 장소를 이어나가려는 분명한 시도가 보이는데, 미케네의 웅장한 거석벽(기원전 약 1500~1200년경)은 기원전 6세기 델피와 아테네 아크로폴리스에 세워진 건물들 중에서 상당히 눈에 띤다. 한편, 반대 종교의 경배 장소는 무참히 파괴되었다. 스페인 정복자들이 세운 교회는 주로 콜럼버스가 아메리카 대륙을 발견하기 이전에 세운 신전 위에 자리하며 가즈나조 왕조의 술탄 마무드는 1024년에 힌두교 사원의 링가 제단을 부수어 아라비아로 가져오면서 그 돌들을 메카에서 메디나로 이어지는 포석으로 깔아 순례자들이 짓밟도록 했다. 그러나 신성한 장소와 이단이 결합하는 행위는 기독교와 이슬람교에서 더 자주 드러난다. 교황 그레고리오 1세(590~604년)는 아

우구스티누스가 이끄는 선교사들을 영국으로 보내 그곳에서 발견한 이단의 성소를 파괴하는 대신 다시 바치라고 지시한 것으로 유명하다. 메카의 카바는 수백 년 동안 이단의 숭배 장소로 여겨졌다. 상황은 복잡할 수 있다. 영국 웨스트 케넷에 있는 신석기시대 긴 무덤의 입구는 거대한 돌로 가로막혀 있고 주위에 거대한 돌이 원형으로 배치되어(113~116쪽 참고) 무덤의 신성함을 영원히 유지하는 효과를 준다. 종교적인 실천에서 근본적인 변화를 주려는 의도가 있다고 하더라도 특정한 성소에 대한 신성성을 깊이 유지하거나 지상의 특정 지점의 신성함을 더욱 강조하는 데는 변함이 없다.

일부 사례에서 건축과 확장의 초기 과정이 일종의 의식이었을 수도 있다. 일본 이세 신궁은 685년 이후 20년마다 새로 지어 신성한 순수함을 유지한다. 건축 과정은 센구라고 부르는 의식의 일부가 되었고 각 단계별로 정해진 방법이 있으며 수공 장인들이 흰 옷을 입고 목수이자 사제의 역할을 한다. 그들이 하는 망치질조차 의식의 일종이다. 동시에 두 부지가 나란히 놓이는데 사원이 세워질 곳과 기존의 사원이 있던 자리이자 후대가 지을 텅 빈 부지가 그것이다. 이세에서 건물을 허물고 새로 짓는 과정은 종교적인 건축을 창조하면서 그 자체로 신성한 행위가 되었다.

신성한 층
기원전 1391년 이후, 이집트, 룩소르, 아문 신전

아멘호테프 3세(기원전 1391~1353년 통치), 람세스 2세(기원전 1279~1213년 통치), 알렉산더 대왕(기원전 332~323년 통치) 통치하에서 아문 신전은 중요한 변화를 겪었다. 서기 4세기부터 이곳은 로마의 군거지로 사용되었다. 6세기부터는 그 안에 여러 교회가 세워졌다. 그리고 13세기에 아부알-하자지(Abuel-Haggag)가 축조되어 지금까지 기능을 다하고 있다.

대성당

532~537년 및 이후, 터키, 이스탄불, 성 소피아 성당

360년에 콘스탄티노플의 한 성당이 '하기아 소피아' 혹은 성모마리아를 비유한 지혜의 신에게 헌정되었다. 동방정교회의 예배식은 황제와 주교를 '신의 반쪽'으로 여기게 했다. 532년 폭도들에 의해 건물이 파괴되자 유스티아누스 황제가 웅장한 돔형 건물을 새로 지었다. 비잔틴 건축양식을 고스란히 보여주는 이 건물은 수세기 동안 '대성당'으로 불렸다. 1453년 도시가 메흐메드 2세에게 함락되자 술탄은 교회를 금요일의 모스크인 '아야소피아'(Ayasofya)로 만들었다. 오스만 튀르크 왕조가 이슬람 전역에 종교적인 권위를 주장하면서 많은 왕실과 종교건물들이 훼손되지 않고 남았고, 그 중요성은 무함마드의 신성한 유물이 있는 곳으로 여겨져 더 커졌다.

하기아 소피아의 호화로운 내부 장식은 사라지고 단조로운 이슬람의 미흐라브와 민바르가 들어섰고 기독교의 모자이크는 점진적으로 회반죽을 칠한 벽과 이슬람 문구로 덮이게 되었다. 셀림 2세(1566~1574년 통치)의 묘가 건물에 더해지면서 네 개의 뾰족탑도 같이 생겼다.

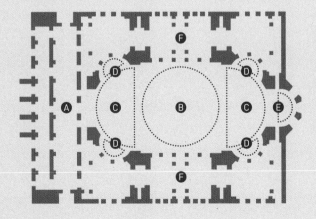

성 소피아 성당

532~537년 이후, 터키, 이스탄불

성 소피아 성당은 웅장한 나르텍스 혹은 ④입구 복도를 통해 들어간다. 안에는 의식을 치를 때 좌석으로 주로 사용되는 커다란 ⑧신도석이 있는데, 1453년부터 커다란 기도실이 되었다. 주요 돔은 네 개의 ⓒ반돔이 지탱해 성당의 축성면을 이룬다. 작은 애프스 혹은 ⓓ실외 벤치가 각 반돔에서 시작되어 내부에 미묘한 복잡성을 더해준다. ⓔ주애프스는 성소를 포함한다. 크고 어두운 복도와 ⓕ갤러리가 신도들을 위한 여분의 공간을 제공해주고 대성당과 사원 모두에서 남성과 여성 예배자들을 분리하는 역할을 한 것으로 보인다.

❶ 돔은 지름이 31미터로 그리스도 판토크라토르(Christ Pantocrator, 만물의 통치자)의 모자이크로 꾸며져 있다. 유일하게 18세기에만 이 장식이 코란의 구절로 바뀐 것으로 보인다. 중심부로 햇살이 들어오는 현재의 형태는 19세기 중반부터 만들어졌으며 코란 24장(빛)에 관한 구절이 적혀 있다.

❷ 예배를 시작할 때 성직자가 신도석을 지나 동쪽 애프스 아래 성소로 가서 벽에 있는 은색 좌석에 착석한 것으로 보인다. 이 장소의 중앙에는 둥근 캐노피 아래로 주 제단이 서 있다. 1453년 이후 메흐메드 2세가 미흐라브를 두어 메카의 카바 방향을 드러냈다.

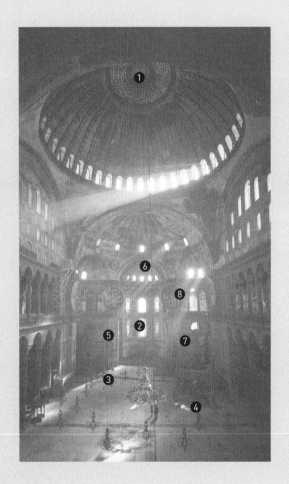

❸ 바닥의 대리석 선은 카바 방향이 어디인지 알려주는 용도로 기도자들이 주축을 향해 살짝 각을 틀어야 한다는 것을 의미한다. 이 표시는 미흐라브 전체에 나 있으며 내부를 나누지는 않는다. 선은 비잔틴의 성화로 대체되어 주 제단에서 이루어지는 성찬 의식인 '위대한 불가사의'를 가린다.

❹ 건물 내 황제의 자리는 중요하다. 원래는 장막으로 가려진 곳에 왕이 앉았다. 트인 공간(현재 난간 뒤쪽)은 이후 대리석으로 표시를 해 왕이 사용하는 공간임을 나타냈다. 성스러운 문에서 대주교와 평화의 입맞춤을 교환하는 것처럼 의식에서 가장 중요한 순간에만 자리를 비울 수 있다.

❺ 성 소피아 성당이 사원이 되었을 때도 왕이 머무는 행위는 여전히 중요하게 생각되었다. 오스만 왕실의 공간인 마크수라는 1607년에 세워졌고 비잔틴 모자이크를 보호하기 위한 내부 점검의 일환으로 1848년에 이탈리아 인이 설계한 왕실 좌석이 세워져 지금까지 남아 있다.

❻ 약 867년부터 내부가 모자이크로 뒤덮이기 시작했다. 17세기 초부터 많은 것들이 들어섰지만 9세기에 주 애프스에 만들어진 성모마리아의 이미지는 훼손되지 않고 남아 있다. 주요 돔 아래 세라핌이 기독교 시대에 생존한 다른 부분들과 함께 남아 있다.

❼ 민바르는 약 1453년경에 세워졌고 코란을 암송할 대리석 연단이 근처에 함께 세워졌다. 예배는 신도석에 장막을 치고 높은 설교단에서 이루어진다. 그 넓은 공간 안 설교단 옆에는 성가대가 서서 예식의 웅장함을 더한다.

❽ 1847~1849년에 기도실에 나무로 만든 여덟 개의 원형 무늬가 더해졌다. 알라(위)와 무함마드의 이름이 적혀 있는데 첫 네 개는 그의 뒤를 잇는 '올바른 인도자'들의 이름과 시아파 이맘인 하산과 후세인의 이름이 적혀 있다.

제2부

건축과
종교의 시대

토대

고대 세계

초기 인류에게 '종교'란 단순히 현실을 인식하는 것이었다. 산맥, 바람, 강, 자연의 흐름은 특별히 강력한 힘을 지녔고 다신교에서는 이런 힘들이 각각 명칭과 특성을 구성했다. 신은 특정 장소와 자주 연계되었지만 동시에 여러 장소에 존재할 수 있었다. 인간은 주술적인 의식을 통해 신을 구체화하거나 제물을 바침으로써 그들의 존재를 부각시켰다. 최초의 신전은 그런 의식의 발현을 위한 장소로 세워졌다.

많은 초기 문명은 은유적인 신화를 창조해 섬세한 철학적 관점을 구축하고 복잡한 도시 환경을 발달시켰다. 신을 위한 사원과 인공 산을 건설하고, 그 과정에서 건축을 고안했다. 그러나 메소포타미아, 이집트, 그리스, 로마, 그리고 한참 뒤에 아메리카의 종교적 다양성은 기원후 주로 기독교와 이슬람교와 같은 일신교로 대체되었다.

아슈르나시르팔 2세(Ashurnasirpal II)의 아시리아 부조
기원전 883~859년, 이라크, 칼후(님루드)

숭배의 장소에는 수호신를 세워 악령이 들어오지 못하게 막았다. 이 회반죽 부조는 아시리아의 메소포타미아 왕국의 수도인 칼후에서 출토된 것으로 날개 달린 형상을 묘사하고 있다. 이는 아마도 인간에게 문명을 가져다주는 데 도움을 준 일곱 명의 반신 사제(성인) 중 한 사람인 압칼루(apkallu)로 추정된다.

종교의 탄생

현재 터키 남동쪽에 자리한 괴베클리 테페(신석기시대 유적지로 산맥 능선 꼭대기에 있음)의 언덕 꼭대기에는 지름이 10~30미터이며 거대한 T자 모양 돌기둥에 토템 인물의 형상이 새겨져 있는 원형건물 스무 동이 서 있다. 이 건물들은 의식이 이루어지는 장소이며, 자연에서 제물을 바치거나 주술적인 행위를 하는 등 중요한 역할을 했다. 기원전 약 9000년경에 생긴 것으로 추정되며 지상에 남아 있는 가장 오래된 건축이다. 도시와 농경보다 먼저 생긴 것으로, 종교적인 활동을 위한 공간을 창조해야겠다는 인간의 필요가 무척 컸음을 알 수 있다.

400년 뒤 유럽의 대서양 끄트머리에서 독자적인 발전이 이루어졌다. 사람들이 커다란

실버리 힐
기원전 2400년경, 영국, 윌트셔

꼭대기가 평평한 이 인공 산은 높이가 30미터로 유럽에서 가장 크다. 정확한 기능은 알려지지 않았지만, 장례의식과 관련된 구조물이 많이 발견된 에이브버리 근방에 위치한다. 원래는 언덕 주변으로 나선형의 계단이 있었을 것으로 추정된다.

흙더미에 단체로 시신을 놓기 시작한 것이다. 시신을 올려두는 흙더미가 여러 문화권에서 건축의 원형으로 드러났지만, 이들 무덤은 매우 일찍이 등장했으며 상당히 야심차기도 했다.

기원전 약 3800~3500년에 긴 무덤, 고분, 통로 형태의 무덤이라고 불리던 유적에는 웅장한 입구가 있어 시각적으로 중요한 파사드 역할을 했다. 입구를 지나면 일반적으로 돌을 쌓아 만든 통로가 나타나는데 고심해 배치한 흔적이 엿보인다(예를 들면, 동지 때 일출의 방향[점]을 고려함). 이 길을 지나면 유골이 안치된 여러 개의 방이 나온다. 가끔은 커다란 돌에 무늬가 조각되어 있기도 하다. 고분은 최대 길이 100미터, 높이 10미터로 엄청난 크기를 자랑한다. 이런 사적들은 언덕이나 동굴을 연상시키고, 그중 수백 개는 지금도 남아 있다. 가장 유명한 것으로는 아일랜드 미스 주의 뉴그레인지, 프랑스 브르타뉴의 바르네네즈 돌무덤, 영국 스코틀랜드 오크니의 매스 하우를 들 수 있다. 그 디자인으로 보아 매장용 의식이 행해졌다는 것을 알 수 있다.

이런 무덤은 종종 무리지어 있으며(영국 에이브버리 부근에 최소 30개가 발견됨) 가끔 다른 구조물과도 연계되는데, 에이브버리 근교 윈드밀 언덕의 동쪽 꼭대기는 축제가 열리는 장소였다. 이 두드러진 건축물이 풍경 속 신성한 장소를 한층 부각시켰다.

영적인 풍경

이런 건축물은 인상적인 모습을 하고 있지만 고분의 규모는 이후 상황에 의해 축소되었다. 기원전 약 2500년경에는 야외에 세우는 건축물이 중요시되었다. 프랑스 브르타뉴 주 카르나크에 일렬로 들어선 돌무덤부터 영국 에이브버리(113~116쪽 참고)의 원형 돌과 흙 고분과 영국 남부에 7.5미터 높이로 서 있는 스톤헨지가 대표적이다. 각각은 나무, 흙, 돌 등 다른 재료들로 지어 엄청난 규모를 자랑하는 건축물 중에서 수세기를 버티며 살아남은 유일한 유적이다.

이런 건물들이 수많은 사람들을 수용하거나 관람할 수 있게 해준 것이 분명하지만, 과연 그곳에서 어떤 일이 벌어졌는지 정확히 파악할 수는 없다. 지난 200년 동안 이 텅 빈 공간에 개인의 믿음을 투영하고(동시에 먼 과거에 자신의 모습을 탐색하면서) 영적인 활동을 새롭게 이어나가는 데 목적을 두었던 것으로 보인다. 북유럽에서 발견되는 이런

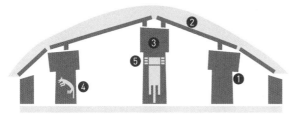

괴베클리 테페의 원형 신전
기원전 9000년경, 터키

1995년에 발견된 이 고대신전은 ①T자형 석회암 기둥으로 이루어져 있다. 사진처럼 ②지붕이 있었는지 혹은 개방형이었는지는 알려지지 않았다. ③높이가 최대 5.5미터에 달하는 가장 큰 기둥이 중앙에 있다. 일부 기둥에는 사자, 곰, 여우와 같은 ④동물 표식이 조각되어 있다. 나머지 기둥은 마치 사람인냥 인간의 팔을 조각해 두었다. 그중 하나는 ⑤허리에 두르는 샅바(사진 참고) 같은 것을 차고 있는데, 신성한 집회에서 의식을 행하는 무희를 나타낸 것으로 추정된다. 이처럼 정교하게 공들인 신전은 사람들이 야생동물과 자신을 구분하기 위한 용도로 사용되었으며 위험을 쫓아버리거나 사냥을 위해 준비하는 곳으로 기능했을 것으로 보인다.

건축들은 환경과 긴밀한 연관이 있다. 건물이 자리한 곳의 풍경을 신성하게 만드는 것이다. 어쩌면 그 장소는 구조물이 생겨나기 오래전부터 신성한 곳이었을 수 있다. 특히 이런 기념비적인 건축물이 처음 세워진 시기가 인류 역사의 중요한 순간과 우연히 들어맞는다는 점이 주목할 만하다. 유목에서 농경 사회로 넘어가고 철기가 도입된 것 모두 유럽에서 가장 먼저 일어난 일이 아니다. 메소포타미아로 알려진 티그리스와 유프라테스의 비옥한 평원이 있는 극동과 중앙아시아의 괴베클리 테페 근처에서 처음 시작되었다.

신성한 풍경

기원전 2500년경, 영국, 월트셔, 에이브버리

영국 월트셔의 에이브버리 마을 근처 수 킬로미터 반경에는 일련의 선사시대 유적이 흩어져 있다. 모두 의식이 이루어지는 장소로, 마을이 생기기 한참 전에 지어진 것인데 기원전 3000~2000년에 수많은 단계를 거쳐 대규모로 만들어진 것으로 보인다.

이 유적들의 정확한 기능은 알려지지 않았지만, 모두 석기시대 말부터 청동기시대 초에 만들어진 것으로, 당시 유목사회에서 한곳에 정착하는 농경사회로 변하는 과정에 있었기에 종교적인 동기로 지어졌을 가능성이 크다. 최근 몇 년간 에이브버리에서 새로운 발견이 이루어지고 있으며 고고학자들은 이들을 같은 시대의 다른 유적과 비교하고 한층 최근의 비슷한 사회 종교와도 함께 살펴서 그 의미에 대해 어느 정도 타당한 추측을 내놓았다.

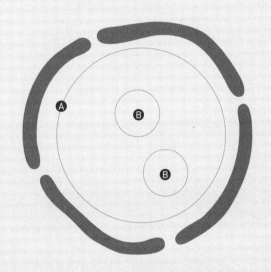

에이브버리 헨지(Avebury Henge)
기원전 2500년경, 영국, 월트셔, 에이브버리

고고학적 연구를 통해 주요 헨지(오른쪽)는 흙으로 쌓아올린 둑이 Ⓐ100개의 돌을 감싸고 이 돌이 다시 약 30개 정도 되는 돌로 이루어진 Ⓑ두 개의 작은 원을 감싸는 형태를 한다. 그 속에는 성소처럼 커다란 돌을 배열한 코브(Cove)와 오벨리스크가 있다.

❶ 에이브버리에는 얕은 케닛 강이 흐른다. 마을 주민들은 이 강이 죽음과 사후세계로의 여정을 의미한다고 생각한다. 강을 따라 실제 혹은 상징적으로 함께하는 행위는 신화에서 중요한 요소로 등장하며 이 지역에 관해 이해하는 데 도움을 준다.

❷ 웨스트 케닛 롱 배로(West Kennet Long Barrow)는 돌을 쌓아 만든 공간이 여러 개 있는 공동 매장지로, 기원전 3650년경 강이 내려다보이는 언덕 위에 세워졌다. 이 지역의 다른 석기시대 유적지와 마찬가지로 이곳에 더 큰 유적이 생길 무렵에는 이미 역사가 꽤 흘렀고 그때쯤에는 거대한 돌 여러 개를 쌓아서 입구를 막았다. 종교 체계가 바뀌었거나 선조의 힘을 추앙하고 동시에 보존하려는 열망일 수도 있다.

❸ 에이브버리 중앙에는 지름이 약 420미터에 달하는 거대한 원형 둑이 자리하며 그 속에는 10~14미터 깊이의 도랑이 있다. 이렇게 배치된 강둑과 도랑을 '헨지(henge)'라고 부른다. 원래 옆은 거의 수직에 가까운 반짝이는 백토질로 이루어졌다. 둑이 있어서 안으로 들어오지 않는 이상 원 내부가 보이지 않는다.

❹ 지금은 현대적인 도로가 헨지 안의 공백을 메워주고 있는데, 과거에도 그랬을 거라고 추정된다. 강둑, 도랑, 입구가 네 개의 문이 지키는 원형 언덕처럼 배치된 것으로 보아 우주론적 중요성을 가진 것으로 보인다.

❺ 고고학자들은 도랑 맨 아래쪽에서 500개에 달하는 인간의 유골을 발견했는데, 이 지역의 다른 곳에 묻힌 유골들을 모두 가져온 것으로 보인다. 간간히 불을 피웠고 사슴뿔(곡괭이로 쓰인 것으로 추정)과 같은 도구들이 정성스레 놓여 있다. 도랑 바닥은 특히 원시 혹은 선조들의 힘과 가깝다고 여긴 것으로 보인다.

❻ 헨지의 내부는 특별한 때만 사용되었으며 상당히 중요한 장소로 기능한 것으로 추측된다. 시각적으로도 상당히 인상적인 모습을 유지하고 있다. 주변에서 공수한 100개의 거석이 도랑 가장자리로 큰 원을 그리며 서 있다. 이중 여러 개는 높이가 4미터가 넘는다. 이 원 안에는 돌을 세운 다른 원이 또 있으며 일부는 6미터에 달한다. 성소는 단계적으로 의식이 이루어지는 장소로 기능한 것으로 추정된다.

❼ 한 쌍의 돌이 서 있는 커다란 부지 두 곳이 에이브버리 전역에 2.5킬로미터 반경으로 펼쳐져 있고 각각은 헨지 사이에서 시작되어 돌이나 목재로 마무리된다. 이 공간은 강으로 향하거나 강에서 시작된 웅장한 의식 행사에 사용된 것으로 보인다.

❽ 실버리 힐은 지름이 160미터, 높이가 37미터로 서유럽에 있는 선사시대 인공 산 중에 가장 규모가 크다. 케닛 강의 범람원에 자리하며 주변으로 일정하게 도랑이 흐른다. 언덕은 기원전 2400년경에 현재의 형태로 구축했지만 최대 20개의 작은 인공 산을 감추고 있다. 이 인공 산을 세우는 그 과정 자체가 종교적인 활동으로 여겨져 수많은 사람들이 함께 참여한 것으로 보인다.

❾ 실버리 힐 근처에 커다란 나무 말뚝 울타리 두 개가 세워져 있다. 40,000미터 너비에 들어갈 분량의 목재가 투입된 것으로 보인다. 지금은 남아 있는 것이 전혀 없다. 이 폐쇄된 공간은 축제 의식을 행한 장소로 보이며 여러 차례 불타고 다시 세운 흔적이 있어 정화와 갱생 의식을 행한 것으로 추정된다.

❿ 스왈로헤드스프링(Swallowhead Spring)은 실버리 힐에서 그리 멀지 않은 곳에 위치한 담수 공급원으로 한때 신성한 장소로 여겨졌다. 최근에 다시금 에이브버리의 다른 부지와 마찬가지로 신성성을 인정받고 있다.

메소포타미아

고대 에리두(현재 이라크 아부사레인) 지역에서 고고학자들은 기원전 4000년경에 축조된 것으로 보이는 플랫폼 위에 세워진 17미터 길이의 신전을 발견했다. 진흙 벽돌로 세워진 건물 외벽에 부벽을 세워 네 개의 파사드가 기하학적인 리듬을 더했다. 내부는 여러 개의 작은 방이 중앙에 있는 긴 직사각형 공간을 감싸며 한쪽 끝에는 제단이, 반대쪽 끝에는 탁자가 놓여 있다. 이것은 단계의 변화를 의미한다. 형태를 지닌 종교건축은 여러 문화권에서 널리 친숙하게 모습을 드러내며 오늘날까지도 명맥을 이어온다. 이 사원의 건축가들은 건물이 둘러싸고 있는 도시 중 한 곳에 살면서 농업을 연구했을 것이다.

메소포타미아는 복잡한 문명화를 이루었고 그 핵심적인 역할이 이루어지는 신전이 에리두의 형판에 등장하는 기본 건축의 특성으로 남아 있다. 기원전 3000년경 이전 이 사회에서 문자를 고안했고 그 덕분에 처음으로 의식과 신화가 기록으로 남아 있는 것이다. 우르(이라크 남부 유프라테스 강 유역에 있던 수메르의 도시국가), 니네베(고대 아시리아의 수도, 티그리스 강 유역), 바빌론(유프라테스 강 바빌로니아 수도로 번영한 고대 도시)과 같은 초기 도시들도 여기서 시작된 것이다. 수메르, 아시리아, 바빌로니아 왕국이 융성하고 쇠락했고, 각각은 독창적인 문화를 꽃피웠다. 그러나 건축적인 연속성을 이어온 점은 특히 놀랍다.

메소포타미아의 사원은 거대해졌고 평면은 복잡해지고 내부를 화려하게 장식하면

신 수메르의 지구라트
기원전 2112~2095년경, 이라크, 우르

우르 남무(Ur-Nammu) 왕이 수도인 우르에 이 도시의
후원자인 달의 신 난나(Nanna, 고대 수메르 신화에 등
장하는 달의 신)의 신전 옆에 이 지구라트를 세웠다. 이
거대한 구조물의 맨 아래층은 가장 넓은 폭이 61미터로
지금도 남아 있다. 이 지구라트는 후대 통치자들까지
이어지고 추가로 두 층이 증축되어 꼭대기의 작은 신전
으로 이어지는 계단이 있었을 것으로 보인다. 플랫폼에
는 처음 나무를 심었던 흔적이 있다.

서 일반적으로 벽을 둘렀다. 사원 자체는 축성 평면에 한쪽 끝에 신성한 이미지를 배치하고 제단과 성찬용 탁자를 놓았다. 이곳은 독립적인 공간으로 신부와 왕이 주로 사용한 것으로 추정된다. 게다가 이미지 속에 실제로 신들이 거주하고 있다고 믿었기 때문에 신전은 신의 왕국 또는 저택으로 여겨졌다.

각 도시의 중심부에 왕궁과 지구라트로 알려진 계단이 있는 커다란 건축물 옆으로 기념비적으로 세워진 작은 사원과 신전들이 위치했고, 이들은 꼭대기에 작은 사원을 가지고 있어 주위의 평범한 풍경을 압도했다.

신전 산

산은 세상의 기준이자 문명화에 구심점이 되는 티그리스 강과 유프라테스 강의 흥망을 조절하는 역할을 하기 때문에 메소포타미아 종교에서 중요한 부분을 차지한다. 플랫폼 위에 작은 신전을 세우는데, 왕궁, 사원, 지구라트의 연합은 도시, 신, 세속의 통치자 사이의 상징적인 관계를 반영한 것이다.

각 도시의 신전은 그곳에 거주하는 신에게 제물을 바치는 권한을 지닌 사제가 운영했으며 풍족했다. 모시는 신은 특성별로 다양하며 모든 움직이는 존재와 고정된 사물 속에 신이 자리하고, 세상이 원시 혼돈으로 되돌아가지 않으려면 신들의 행복이 중요하다고 믿었다. 따라서 신에게 제물과 신주를 바쳐 이러한 믿음을 공고히 했다.

최초의 도시는 이런 사원 주위에 생겨났으며 신이 통치하는 개별 소국가로 발전해 어느 측면에서는 사제를 비롯한 모든 사람이 그 신에게 종속된 형태였다. 기원전 2340년경에 이르러 특정 도시의 신은 영향력이 더 커졌고, 그런 도시들이 다른 도시를 통합해 더 큰 왕국을 이루었다. 동시에 지상과 신의 범주를 중재하는 역할을 하는 왕에게 더 많은 권력이 생겼다.

고대 그리스의 역사가 헤로도토스에 따르면, 바빌론은 약 10만 명의 인구에 1,179개의 사원이 있는 가장 큰 도시이긴 하지만, 기원전 7세기에 들어서면서 메소포타미아에만 유일하게 심화된 문명화가 진행된 것은 아니었다. 이 도시 위에 성경에 바벨탑으로 알려진 지구라트가 세워졌다. 적어도 웅장한 사원 두 곳과 왕궁이 나란히 서 있었던 것으로 알려졌으며 유프라테스 강으로 가는 모든 길로 연결되었다. 고대 메소포타미아의

나람 신의 승리의 현판

기원전 2250년경, 이라크, 시파르

이 분홍색 석회암 현판은 룰루비의 통치자 사투니와의 전투에서 승리를 기념하기 위해 아카드 왕조의 나람 신 왕(기원전 2254~2218년 통치)이 새긴 것이다. 모든 눈길이 승리를 얻은 왕에게 향한다. 태양이 산으로 오르는 왕을 환히 비춰준다. 왕의 발 아래로 목에 치명적인 부상을 입은 사투니가 쓰러져 있다. 나람 신은 신을 상징하는 뿔이 달린 모자(오른쪽 세부 사진)를 쓴 모습이다. 이는 왕권의 신성한 본질을 드러내는 표상이자 왕이 산과 천국으로 구현된 신성한 힘과 연관이 있다는 점을 드러낸다.

전통 종교는 점차 사라졌고 페키니아 인들이 겪었던 것처럼 그 지역의 다른 문화들과 결합해 융성했다. 결국 페르시아 인들에게 정복을 당하고(기원전 539년), 이어서 마케도니아 그리스 인(기원전 331년)이 들어오면서 메소포타미아는 더 이상 독자적인 세상이 아니었다. 메소포타미아의 설형문자(쐐기문자)로 기록된 마지막 명판은 서기 74~75년의 것이다. 서기 3세기에 이 지역은 주로 기독교를 신봉했다.

초기 종교적인 건축 표본들은 자연을 정기적으로 반영하면서 웅장한 형태를 이루었다. 특히 메소포타미아의 사원은 제단과 이미지에 중점을 두는 내부 성소를 축성 평면으로 배치해 후대 많은 종교건축 배치에 영감을 주었다. 무엇보다 대다수의 사람들에게 가장 시급한 문제인 '생존'에 성공한 사회는, 인간의 욕망이 현실적이고 일상적인 자급에 꼭 필요하지 않는 것들, 즉 신앙, 예술, 의식, 문화 등을 크게 조직하고 형성하려는 욕망을 보여준다. 이를 통해 인간이 동물과는 전혀 다른 특성을 지녔다는 점을 입증해준다.

마르두크의 통치를 기념하며

새해를 기념하는 축제는 바빌로니아의 제2대 왕 네부카드네자르 2세(기원전 604~562년 통치)에게 중요한 의식이었다. 혼돈과 악마의 힘을 이긴 전능한 마르두크 신(고대 바빌로니아의 으뜸 신)의 승리를 기념하기 위한 행사다. 바빌로니아 인에게 세계 창조는 일시적인 업적일 뿐이고, 질서는 매년 봄마다 되풀이되는 신과 혼돈 사이의 사투로 얻어지는 것이라 여겼다. 그래서 신이 이기도록 돕는 것이 인간의 의무이며 왕은 그 책임을 지닌 인물이었다.

12일간의 축제는 마르두크 사원에서 열리는데 이곳은 승리를 얻은 뒤 다른 신들에게 감사하기 위해 지은 것으로 알려졌다. 사원의 벽은 회반죽과 청금석으로 화려하게 장식되었으며 마르두크의 조각상에는 3톤의 금이 들어갔다. 이곳에서 왕은 홀(왕이 완권의 상징으로 들었음)과 지팡이를 신에게 넘긴다. 후에 메소포타미아 전역의 주요 신들의 대리인이 이곳으로 넘어와 마르두크의 통치를 확인시켜주고 왕은 바빌론을 이등분한 넓은 길을 따라 신의 이미지를 들고 행진한다.

밝은 색을 입힌 벽돌로 거리의 벽을 쌓았다. 벽돌은 흰색, 검정, 청색, 적색, 황색으로 인물 부조가 새겨져 있다. 향과 찬가, 악기 연주와 더불어 이미지들이 지날 때 군중들은 무릎을 꿇는다. 도시에는 요새와 같은 문이 여덟 개 있으며 행렬은 마르두크와 날씨의 신 아다드를 상징하는 신성한 황소와 용이 그려진 황색, 청색, 흰색의 이미지 575개와 밝은 색으로 치장한 이슈타르 문을 통과한다. 그리고 마침내 유프라테스에 도착하면 '새해 축제의 집'인 비트 아키투로 향하는 배에 오른다.

안타깝게도 이 지구라트의 역할이 무엇이며 의식에 사용되는 각기 다른 색과 맨 위 청색으로 된 층의 용도에 대해서는 알지 못한다. 또한 헤로도토스가 맨 꼭대기의 작은 신전에 금으로 된 테이블과 커다란 침대, '전체 원주민 여성 중에 선발된 여성'이 머물며 마르두크 신이 간간히 찾아온다고 남긴 기록에 대해서도 그 중요성이 얼마나 큰지 알 수가 없다.

행진하는 길의 사자 패널
기원전 575년경, 이라크, 바빌론

이 행진 길은 바빌론에서 가장 중요한 길로 이슈타르 문을 통해 도시 내부와 유프라테스를 연결한다. 문의 북쪽 길에는 걸어가는 사자의 형상을 금박으로 입힌 부조가 새겨져 있다. 사랑과 전쟁의 여신인 이슈타르를 의미하는 사자가 이 거리를 보호해준다.

고대 이집트

기원전 2630년경에 몇십 년밖에 이어지지 못한 한 시대가 건축에서는 혁명적인 순간으로 남았다. 이집트의 조세르 왕(기원전 약 2630~2611년 통치)의 매장지 겸 신전이 현재 카이로 남쪽으로 40킬로미터쯤 떨어진 최초의 수도 멤피스에서 그리 멀리 않은 주요 네크로폴리스(고대 도시 가까이에 있는 묘지로 '죽은 자의 도시'란 뜻)인 사카라에 세워졌다.

조세르 왕의 재상 임호테프가 왕을 위해 지은 이 복잡한 건물은 길이 544미터에 시범 피라미드를 포함한다. 우리가 알고 있는 기존 건축물과는 달리 전체가 다듬돌로 지어졌다. 그 디자인 역시 중요하다. 구조에는 건축적 언어가 지속적으로 담겨 있으며 정제된 특정 양식을 활용해 미적으로 마무리함으로써 진정한 건축의 자질이 무엇인지 보여주었다.

두 땅의 지배자

건물은 많은 의미를 담고 있다. 이집트는 크게 두 부분 혹은 두 개의 땅으로 이루어진 국가로, 남부의 길고 좁은 형태의 나일 계곡(상 이집트)과 북쪽 나일 삼각주(하 이집트)의 넓은 습지로 구분된다. 각각에 주요 사원이 있으며 후에 히에라콘 폴리스(상 이집트 왕국 수도)와 부토(하 이집트 왕국 수도)로 불린다. 이들을 모사한 신전이 사카라의 건물 일부에 반영되었다. '북쪽과 남쪽의 집'으로 알려진 이들은 모형 혹은 상징적인 건축물로 인간이 사용하기 위해 지은 것은 아니다.

조세르의 무덤 사원 건물
기원전 2630~2611년경, 이집트, 사카라

조세르 왕의 무덤은 계단식 피라미드와 '북쪽과 남쪽의 집'으로 이루어진다. 내부는 하 이집트와 상 이집트를 상징하는 파피루스와 연꽃무늬로 장식했다. 이런 점에서 조세르 왕의 사원은 '두 땅의 통치자'로서 왕의 지위를 드러내는 초창기 유적으로 보인다.

이런 생각은 이집트가 극명한 대조를 보이는 땅이라는 사실에 근간을 둔 복잡한 우주론이 바탕이 되었다. 나일 강 유역은 대략 남쪽에서 북쪽으로 이어진다. 이집트의 비옥함은 매년 강의 범람 유무에 따라 결정되고, 산맥의 계절 강수량은 주로 남쪽에 치우친다. 물론 생명을 주는 물길이지만 동시에 식인 하마와 악어가 사는 위험한 장소이기도 하다. 영예로우면서도 비극적인 강은 빛과 어둠의 일상적인 주기로 태양이 동쪽에서 나타나 세상을 통치하고 서쪽으로 사라지는 것과 동일하게 중요했다.

고대 이집트 인에게 이곳은 지형과 시간을 열어주는 곳이다. 역사와 장소가 하나로 결합해 하루와 일 년의 주기를 이룬다. 조세르의 무덤 사원과 같은 신성한 건축은 이런 리듬이 반복된다는 점을 알리도록 설계되었다. 무덤 사원은 나일 강둑 서쪽에 위치하는데, 태양신 레가 저녁 여정을 보내기 위해 지하세계로 들어가는 길목이기 때문이다.

대부분의 거대한 피라미드, 공동묘지, 장제전은 서쪽 강둑에 위치한다. 주요 거처와 숭배용 신전은 일반적으로 산 자의 땅인 동쪽에 자리한다. 대개 이런 건물은 동서 축으로 자리하며 입구가 강을 향한다(다시 말해 숭배사원은 서쪽을 바라보고 무덤 사원은 동쪽을 바라봄).

이집트의 우주론과 이로 말미암아 생겨난 이미지(태양, 강, 동서로 배열된 생과 사의 주기, 북과 남으로 나누어진 땅)는 이집트 사원 건축에서 하나의 주제로 드러난다. 대영 박물관에 소장된 중급 관리 네바문의 생생한 무덤 벽화(137~139쪽 참고)에는 이 같은 암시가 여실히 드러난다. 강과 그 위험성, 자연이 보여주는 다루기 힘든 원동력과 태양신이 하루를 보내고 지하세계로 들어가고 다시 나타나는 일상주기까지 살펴볼 수 있다.

인간과 우주의 결합

이집트는 문명이 융성하는 동안 여러 문화가 나타났다 사라지고, 다시 중요성을 얻으며 많은 변화를 겪었다. 원래 테베의 지역 신이었던 아문이 태양신 레와 연계해 주요 신으로 부상했다. 한 가지 두드러진 특징은 인간과 우주를 연결하는 왕의 중요성이 한 치도 평가 절하된 적은 없다는 점이다. 조세르의 무덤 사원 중앙에는 돌로 세운 왕좌가 놓인 안뜰이 자리한다. 이곳은 제전 의식이 거행되는 장소로, 이집트의 모든 신이 모인 앞에서 상징적으로 죽은 왕이 다시 태어나 왕위를 계승하며 지속적인 권력을 이어간다. 다시 태어난 왕은 자신의 영역을 상징하는 다른 안뜰을 돌아 통치자로서 정통성을 인정받는다.

왕은 이집트 사람들과 신을 연결해주는 역할을 한다. 안뜰을 넘어 위치한 건물은 이승에서 사용할 수 있는 곳이 아니다. 왕이 죽은 뒤에도 제전을 이어갈 수 있도록 하기 위해 지었다. 조세르 왕의 건물 아래, 지하세계로 가는 문에는 평평한 돌 위를 힘차게 걸어가는 조세르 왕의 정교한 부조가 일렬로 장식되어 있다. 그중 일부는 완공하면서 모래 속에 묻혔다. 살아 있는 사람이 읽을 수 없는 부분이라 사후세계에 관한 지침 혹은 일종의 신비한 주문을 담은 것으로 보인다.

사카라에는 60미터 높이의 조세르 왕 피라미드가 두드러진다. 초대 왕들을 위해 지어진 진흙 벽돌로 된 무덤 사원 혹은 석실분묘와 비교했을 때 매우 혁신적이다. 이처럼

기자의 피라미드
기원전 약 2549~2460년, 이집트, 기자

기자 공동묘지에 있는 쿠푸, 카프레, 멘카우
레 왕의 피라미드는 맨 아래가 묘지이며 사
원 아래쪽이 수위가 높은 나일 강으로 연결
되는 긴 행렬을 따라 위치한다. 쿠푸 왕(기
원전 2549~2526년 통치)의 피라미드가 셋
중 가장 크고 오래되었다. 실제 이 피라미드
는 피렌체의 두오모, 런던의 세인트 폴 대성
당, 로마의 성 베드로 바실리카같이 세계적
으로 유명한 건축물 여러 개가 너끈히 들어
갈 만큼 크다고 알려져 있다.

죽은 자를 위한 고품격 가옥과 조세르 왕의 무덤
건물은 의식용 궁궐로 사후세계로 건너가는 길에
도움을 주고, 그 과정에서 사용할 수 있도록 고안
되었다.

조세르 왕의 '계단식 피라미드'에서부터 우리
에게 친숙한 형태의 피라미드 건축이 발전했다.
가장 큰 건물을 짓는 데 100년 정도 걸렸고, 각각
은 작은 고분을 포함한다. 가장 큰 쿠푸 왕의 피
라미드(대 피라미드)는 높이가 무려 146미터에 달한다. 이후 피라미드는 점점 작아졌고
그 속의 사원은 비율상 커졌지만 수백 년이 넘도록 철저히 이집트 왕실의 무덤으로만
사용되었다.

그 엄청난 크기와 독특한 형태, 사원과의 조화는 이집트의 고분이 신성한 환생을 위
한 마법의 장소로 매장을 하는 용도가 아니라는 점을 분명히 한다. 이들은 사실 그냥
무덤 사원이다.

영구적인 것에 대한 염원은 조세르 왕이 이 건축을 전부 돌로 세운 데서 드러난다. 재료의 불멸성은 건물의 목적을 반영하는데, 고대 이집트 인이 그 이후에 돌로 만든 건축은 고분과 사원이 유일하다.

고대 이집트 인들은 여러 문자를 가졌지만, 그림이나 상징으로 소리, 개념, 사물을 나타낸 상형문자만 무덤과 사원에서 사용했다. 이 문자가 마력을 지녀 효과와 영구성에서 우위에 있다고 믿었기 때문이다. 고대 이집트 인들은 상형문자로 쓴 글이나 조각된 형상과 같은 이미지나 대상이 제대로 만들어지고 이해되면 그 속에 영혼이 깃들어 살아날 수 있다고 여겼다. 마찬가지로 시신을 미라로 제대로 보존해야 그 몸의 주인이 사후세계에서 다시 활동할 수 있다고 보았다.

세 왕국

고대 이집트 문명은 3,000년이 넘게 무너지지 않고 이어졌다. 주요 종교건축 수십 점과 크고 작은 건축들이 지금도 남아 있으며 많은 고고학적 유적지 역시 보존되어 우리에게 지속적으로 새로운 정보를 준다.

고대 이집트의 역사는 크게 국가가 통합되는 세 단계로 나뉘며 각각은 대략 500년 단위로 지속되었다가 분열되는 중간기를 거쳤다. 길었던 선왕조 시대를 지내고, 초기 왕조 시대부터 후기 왕조 시대, 프톨레마이오스 왕조 시대로 볼 수 있다. 비록 우리에게 천 년 정도의 시간밖에 알려주지 못하지만 기원전 약 3200년경 상형문자가 고안된 시대가 선왕조 시대다.

조세르는 고대 이집트 세 번의 큰 시대 중 첫 번째인 '고왕국 시대'(기원전 2647~2124년)에 살았다. 이 시기는 또한 기자에 지어진 피라미드가 지금까지 중요한 사적으로 남아 있게 한 '피라미드의 시대'이기도 하다. 왕권과 관련된 중요한 숭배 문화가 발전했고, 주요 신인 레 혹은 라와 호루스를 숭배했다.

두 번째로 중요한 시대는 '중왕국 시대'(기원전 2040~1648년)로, 이 시기에 왕실의 매장 장소가 돌로 만든 무덤 사원의 형태를 띠기 시작했다. 남쪽의 도시 테베가 영적(그리고 가끔 정치적) 수도로 부상해 북쪽인 멤피스와 경쟁을 벌였다. 테베 왕실 무덤으로 가장 유명한 '왕가의 계곡' 또한 이 시기에 생겼다. 죽음을 굴복시킨 신 오시리스와 주요 신 아문을 숭상하는 분화도 팽배했다.

이 시대에 살아남은 종교적인 건물은 고분 혹은 고분과 관련된 사원이다. 하지만 사원은 또한 무덤 사원 건물과는 독립적으로 존재했다. 왕이 자금을 들여 세운 독립적인 사원은 부유한 기관이 되었다(예를 들어 2,400 헥타르 부지를 소유한 카르나크의 아문-레 대신전). 오랜 세월 재건축과 확장을 거쳐 살아남은 표본들 중 상당수가 석조 사원으로 '신왕국 시대'(기원전 1540~1069년)에 지어진 것이다.

신왕국 시대의 영광

신왕국 시대는 고대 이집트의 권력과 위엄이 극에 달했던 시대로, 팔레스타인의 대다수 지역과 시리아, 누비아(현재 수단 북동부)까지 통치했다. 아멘호테프 3세(기원전 1391~1353년 통

숭고하고 숭고한
기원전 1460년경, 이집트, 테베 서부, 데이르 엘−바하리

하트셉수트 여왕을 위해 테베 근교에 지어진 이 장제전은 여왕의 매장지와 성소가 자리한 피라미드 형태의 신성한 산으로, 이어지는 콜로네이드 테라스가 있는 훌륭한 건물이다. 바위를 깎아 만든 무덤 설계라는 혁신을 선보인 멘투호테프 2세의 무덤이 인접했다고 전하나 이 무덤은 기원전 1800년에 들어 피라미드로 바뀌었다.

치)와 람세스 2세(기원전 1279~1213년 통치)처럼 장기간 안정적으로 통치한 왕들은 이집트 전역에 신전이 세워지는 모습을 직접 눈으로 확인했고, 수단 국경 근처 아주 먼 지역까지 신전을 세웠다(솔레브에 있는 아멘호테프 3세의 아문-레 대신전 혹은 아부심벨에 위치한 람세스 2세의 돌을 깎아 만든 대신전 등). 왕들은 왕가의 계곡에서 그리 멀지 않은 테베 근처 나일 강 서쪽 유역에 전례 없이 야심찬 장제전을 지었다. 이런 왕실 프로젝트에는 부조와 거대한 동상 등이 건축요소로 포함되어 안정적인 통치자이자 전쟁의 승리자로서의 왕의 위치를 부각시켰다. 람세스 2세의 장제전인 라메세움(아몬의 신전)에는 약 22미터에 달하는 앉아 있는 왕의 동상이 세워졌다. 신성하고 전능한 왕의 이미지 앞에 사

람세스 3세의 장제전

기원전 1184~1153년경, 이집트, 테베 서부, 메디나트 하부

생생하게 묘사된 '파피루스 기둥'은 지금은 거의 남아 있지 않지만 신과 소통하는 왕의 모습(아래 그림 참고)이 담겨 있어 한때 돌 표면이 얼마나 화려하게 장식되었는지 가늠하게 해준다. 기둥과 연결된 벽은 거대한 장제전 건물의 형판으로 이루어져 '천국의 저택'을 잘 묘사한다. 장제전에는 두 개의 커다란 안뜰 중 두 번째의 끄트머리에 포르티코를 세워 이곳에서부터 다주식 공간으로 알려진 사원의 내부 공간이 시작된다.

사원은 고대 이집트의 여덟 신 오그도아드에게 바쳐진 신성한 장소에 세워졌다. 이 안뜰에서 번식(생식력)의 신 민(Min)을 기리는 행사같이 성대한 축제가 열린다. 의식은 그 너머 회관에서 열리는데, 이곳은 한층 배타적이고 엄숙한 내부 성소로 이어지는 일련의 작은 다주식 공간으로 연결된다. 포르티코에 새겨진 대부분의 장면에서 왕은 다주식 공간으로 향하는 문인 안쪽을 바라본다.

가장 가까이 있는 기둥 주변에는 다친 사람들 무리가 보이고, 왕은 강력한 여신 ❶ 이시스로 변신한 호루스에게 우유를 바친다. 호루스 신의 어머니 하토르는 왕의 신어머니다. 둘은 거의 동일하게 묘사되어 소의 뿔과 태양 면이 있는 모자로만 구별할 수 있다. 인접한 벽에는 ❷ 웅장한 의자에 앉은 람세스 3세가 아툼(Atum, 고대 이집트의 창조신)에게 왕권을 인정받고 손에는 양치기의 지팡이와 도리깨를 들고 하 이집트의 붉은 왕관과 상 이집트의 둥글납작한 흰색 왕관을 이중으로 쓰고 있다. 그 아래로 ❸ 왕자들의 행렬이 다주식 공간 안으로 향한다. 왕자들은 왕의 이름이 새겨진 카르투슈(cartouche, 국왕의 이름을 나타내는 이집트 상형문자가 들어 있는 직사각형 장식−역주)를 고이 모신다. 기독교 시대에 안뜰이 콥트교회로 개종되면서 이 조각의 상당수는 페인트칠로 지워졌다.

람들은 엄청난 제물을 바쳤다.

일부 통치자들은 혁신적인 유적을 만들었다. 이 시대 가장 위대한 건축가 중 한 사람인 하트셉수트 여왕(기원전 1479~1457년 통치)의 장제전은 테베 나일 강 서쪽 강둑 위 절벽에 위치해 극적인 위용을 자랑한다. 여러 줄로 배열된 우아한 콜로네이드는 1000년 뒤 그리스 신전 건축이 절정에 달하기 전까지는 견줄 데가 없었다. 아멘호테프 4세(기원전 1353~1337년 통치)는 스스로를 '아크나톤(아케나텐)'으로 명명했고, 정식 부인인 네페르티티는 아텐 신(고대 이집트의 태양신, 아톤이라고도 함)을 토대로 한 근본적인 일신론 종교를 세우고자 했다. 이 특별한 시도로 테베에는 완전히 새로운 신전이 들어섰고, 수

가정 신전
기원전 1340년경, 이집트, 텔 엘 아마르나(구 아케타텐)

이집트에 일신론 종교를 세우고자 한 아트나톤(아멘호테프 4세)의 혁신적인 시도는 짧지만 강렬한 예술혁명을 불러왔다. 사람들의 이미지는 사실적이고 기괴하게 표현되었으며 은밀한 가정의 모습을 담은 장면은 의식과 전쟁 이미지로 바뀌었다. 아텐의 상징인 팔이 여러 개인 태양 이미지는 과거의 신들을 지칭하는 복잡한 성상화로 대체되었다. 이 사진에서 보듯 석회석 현판은 가정용 제단으로 추정되며 두드러진 앵크 표시(생명을 의미하는 글)를 들고 있는 아텐의 빛이 자녀를 품에 안고 놀아주는 아크나톤 왕과 네페르티티 왕비를 향해 비춘다.

백 킬로미터 떨어진 곳에 완전히 새로운 수도 아케타텐(아텐의 지평선이란 뜻)을 건설해 예술과 건축 모두 동일한 변화를 이룩했다. 전통 신을 숭배하는 행위는 사라져 상당히 모호한 공식 네바문의 무덤(137~139쪽 참고)에도 예배당 어디서든 '아문'에 해당하는 상형문자가 지워지고 새로운 종류의 사원이 그늘진 내부 성소가 아니라 태양이 비치는 안뜰 중심부에 세워졌다. 이 시기 예술은 표현적이고 거의 캐리커처화된 사실주의를 전파했다. 하지만 이 모든 것이 아멘호테프 4세의 후손들에 의해 파괴되었다.

신왕국 시대 말기에 정신적인 수도였던 테베는 도시가 세워진 이래로 가장 많은 종교건축물들이 집약된 장소였다. 이곳에서 양식의 완성 단계인 이집트 사원과 진입로, 오벨리스크, 탑, 문, 안뜰, 기둥을 세운 복도를 지나 성스러운 이미지가 보관되어 있는 내부 성소까지 제대로 보여준다.

나일 강 서쪽 강둑을 따라 36개의 사원이 일렬로 들어서 있는데 대다수가 왕의 장제전이다. 동쪽 강둑인 룩소르에는 번식과 재생을 담당하는 신인 아문의 신전이 위치한다. 카르나크에는 몬투(아문이 나오기 전에 숭배 받던 지역 신), 무트(아문의 배우자), 이집트 인들에게 '가장 완벽한 장소'로 알려진 아문-레 대신전이 서로 연결된 사원 지구가 있다.

카르나크와 축제 주기

카르나크에 있는 아문-레 대신전은 이 시기에 점차 커져 기원전 1000년에 완성된 형태를 이루었다. 신전은 전 세계에서 가장 큰 종교건물 중 하나로 손꼽힌다. 국가를 부유하게 만들고 영토를 확장한 대부분의 왕들이 현판에 기록되어 업적을 널리 칭송받았고, 왕들을 도와준 신과 지상의 대리인도 함께 이름을 올렸다.

주축은 대략 330미터 길이로 강이 있는 서쪽에서 시작한다. 이곳에서부터 돌로 된 양머리 스핑크스가 세워져 진행 방향을 알려주고 길은 철탑으로 알려진 대 성벽과 같은 구조물로 이어진다. 이곳은 벽이 없는 신전 구역으로 들어가는 입구로 신전 바깥에서 대중들은 멋진 행렬을 감상할 수 있다. 매년 열리는 오페트 축제와 같은 행사에서 아문, 무트, 몬투와 같은 신의 이미지가 육로를 지나고 아름답게 장식한 나무 범선에 실려 1.6킬로미터 정도 강을 따라 흐른 뒤 룩소르의 아문 신전으로 향한다. 이 시끌벅적하고 인기가 높은 종교 행사는 대규모로 열리는 전형적인 의식으로 신과 왕이 동일

자신의 신전을 나서는 신
기원전 1460년경, 이집트, 카르나크, 하트셉수트 여왕의 붉은 예배당

제18왕조 하트셉수트 여왕과 같은 통치자 아래에서 카르나크 대신전과 아문-레 신의 지위가 높아졌다. 하트셉수트는 신의 우상을 모신 배가 있는 내부 성소 근방에 구조물을 더했다. 주로 붉은 규암을 사용해서 지었다고 하여 '붉은 예배당'으로 알려졌다. 투트모세 3세가 이를 무너뜨렸지만 1999~2000년에 힘들게 복원해 현재 룩소르 야외박물관에 보관 중이다.

이 장식 부조는 아름다운 계곡의 축제라고 불리는 죽음의 축제 장면을 묘사한 것이다. 아문-레의 이미지가 담겨 있는 예배당처럼 생긴 예배소(왼쪽)가 성소에서 나와 범선에 실린다.

범선은 출발하기 전에 향으로 정화한다. 신의 존재를 강조하고자 예배소 옆으로 인물들이 부채를 들었다. 뱃머리로 향하는 무리 중에 마아트(진리의 여신)와 하토르(사랑 · 결혼의 여신)가 보인다.

한 무리의 사제들이 범선을 등에 짊어지고 축제를 위해 나일 강으로 향한다. 목적지는 아문-레가 지하세계의 여신 하토르와 밤을 보내는 하트셉수트의 장제전이다.

한 힘을 얻게 된다고 믿었다.

철탑은 독자적으로 서 있는 거대한 파사드의 효과를 낸다. 카르나크 외곽에 서 있는 철탑은 높이 40미터 두께 15미터로 가장 크며 뒤이어 서 있는 다섯 개의 다른 철탑이 신전 내부 성소의 남동쪽으로 향하는 230미터 길이의 중심축을 향해 서 있다. 철탑 주변에는 행렬용 보트를 보관하는 범선 사원, 태양신 레의 힘과 관련된 오벨리스크 몇 쌍 등 소규모 구조물이 자리한다.

카르나크의 주요 내부 공간은 가장 바깥쪽에 있는 철탑과 내부 성소의 중간쯤에 위치한다. 이곳은 다주실이며 그리드 위에 촘촘하게 배열된 기둥들이 들어서 있다. 사원의 중심 행렬 축이 중간을 지나며 창조의 시대가 시작된 원시의 늪을 상징한다. 다주실에는 134개의 기둥이 있고, 가장 높은 것이 21미터로 파피루스 꽃이 피고 지는 모습이 조각되어 멀리 있는 높은 창을 통해 들어온 빛을 받아 반짝인다.

축은 철탑을 더 지나고 작은 다주식 공간을 건너 '중앙 실'로 이어지는데 이곳이 신전의 중심부다. 이곳에서 축이 언덕 꼭대기에 도달하며 아문-레가 머무는 신성한 이미지가 들어 있는 내부 성소가 자리한다. 이 독립적인 공간은 왕과 수석 사제만 들어갈 수 있다. 언덕은 이집트 창조 설화에 따라 생명이 시작된 곳을 상징한다.

신성한 사원은 작으며 그 속에 30센티미터 정도의 조각상이 들어 있다. 매일 태양이 뜨면 사원의 문을 열고 의식에 따라 조각상을 꺼내 옷을 입히고 공양한다. 이렇게 신을 깨우고 대접해야 신이 도움을 주고 다시 조각상에 머문다고 믿기 때문이다. 오후와 저녁에는 이보다 조금 짧은 의식이 행해진다.

이런 활동은 크기에 상관없이 이집트 사원에서 전형적으로 이루어지지만 대부분의 사원들은 철탑, 안뜰, 다주식 홀, 성소로만 구성되어 있다. 카르나크의 성역은 인공적으로 만든 신성한 호수(물의 근원이자 정화의식이 일어나는 장소)와 저장 공간, 주방, 가옥들로 이루어져 있다. 카르나크에는 또한 대신전만의 독자적인 건물이 있는데 투트모세 3세(기원전 1479~1425년 통치)가 지은 왕궁사원과 수세기 동안 새로운 왕들이 의식을 행하고 결국 다주식 홀이 된 와제트 전당이 대표적이다. 또한 두 번째 주축으로 스핑크스가 서 있는 길을 따라 일렬로 서 있는 철탑 네 개가 대신전을 무트 성역과 룩소르의 아문 신전으로 여결한다. 연결부 역할을 하는 이 신전은 오페트 축제가 열리는 곳으로 길

KV16 매장실
기원전 1295년, 이집트, 테베, 왕가의 계곡

이 채색 부조 장식은 왕가의 계곡에 있는 람세스 1세(기원전 1295~1294년 통치)의 무덤 매장실(KV16)에서 발견한 것이다. 죽은 왕이 매의 머리를 하고 상 이집트와 하 이집트를 상징하는 이중 관을 쓴 호루스(왼쪽, 태양의 신)와 미라의식을 주도하며 지하세계의 오시리스(죽음과 부활의 신)를 돕는 자칼의 머리를 한 신 아누비스(오른쪽, 죽은 자들의 신)와 손을 잡고 있는 장면을 묘사했다.

이가 270미터가 넘는다.

신왕국 시대가 종말하고 고대 이집트 문명이 마지막 단계를 밟게 되는 기원전 715년부터 395년까지(후기 왕조와 프톨레마이오스 왕조) 연이어 수단, 페르시아, 마케도니아 그리스, 로마 왕조들이 짧은 기간 동안 세워졌을 때에도 이 건축물은 아무것도 사라지지 않았다. 현존하는 신전들(대다수가 나일 삼각주의 베헤베이트 엘-하가르의 이시스 신전) 중 가장 인상적인 건축은 프톨레마이오스, 알렉산드리아의 마케도니아 그리스의 지휘하에 기원후에 세워진 것이다. 기원후 종교에 대한 참여가 높아지고 특히 사후세계와 관련된 신, 오시리스와 이시스를 숭배하는 문화가 융성했다. 이시스의 숭배 문화는 로마제국 전역에서 인기를 끌었고, 심지어 로마에 이시스의 주요 사원이 생겼다.

그리스와 로마 인들은 이집트를 독창적인 업적을 이룩하고 전적으로 심오한 지식을 보유한 땅이라고 여겼다. 기독교는 이곳에서 일찍 자리를 잡았고, 4세기 말에 이르러 이집트 콥트교회(이집트에서 발생한 기독교의 한 파)가 전통 종교를 대부분 대체했다. 마지막 남은 사원은 530년대에 폐쇄되었다. 콥트교회는 현재 이슬람 국가에서 거의 찾아보기 어렵다.

사후세계에 대한 영감

기원전 1350년, 이집트, 테베, 네바문의 무덤

네바문은 카르나크의 아문-레 대신전에서 필사자이자 곡식 회계를 맡아보는 중간 관료였다. 그는 기원전 1350년경 테베의 나일 강 서쪽 강둑에 있는 비슷한 여러 매장지로 이루어진 공동묘지에 작은 고분과 예배당을 직접 지었다.

이 건물의 위치는 현재 알려지지 않았지만, 부지가 소실되기 전에 떼어놓은 덕분에 현재까지 남아 있는 장식들을 볼 수 있다. 고분은 당대의 전형적인 모습으로 추정된다. 언덕의 암벽을 깎아서 만들고 입구 앞마당이 두 개의 방으로 이루어진 무덤 예배당으로 이어지고 몇 미터 아래 매장실이 있는 형태다. 그곳에 네바문의 미라를 눕히고 사후세계로 가는 여정에 필요한 모든 것들을 함께 넣은 다음 외부세계로부터 봉인했다. 그 위에 자리한 예배당은 개방된 상태로 남아 있어 친척이나 지나가는 사람들이 방문할 수 있도록 했을 것이다. 무덤 예배당은 산 자와 죽은 자가 만날 수 있는 지점으로 왕들의 위대한 무덤 사원의 축소판이다.

네바문의 예배당은 다양한 색으로 장식했다. 입구에 들어선 즉시 예배식과 호화로운 잔치를 동시에 즐길 수 있는 연회를 벌일 수 있는 너른 공간이 나타난다(이 장면은 벽에 채색되어 있음). 네바문의 미라는 매장되기 직전에 곧바로 연회에 등장했을 것으로 보인다. 이 공간을 넘어서면 내부 성소가 나오는데 바닥이 무덤 예배당으로 이어지는 축 바로 위에 위치한다. 이 자리에는 네바문과 아내 하트셉수트(여왕과 동명이인)의 동상이 세워지고, 주변에는 그들이 생각하는 사후세계에 대한 장면이 그려져 있다. 늪지에서 사냥하는 네바문(오른쪽)의 모습 역시 그런 벽화 중 하나다.

대부분의 이집트 고분과 마찬가지로 네바문의 무덤 역시 그가 살아생전에 머물렀던 집보다 한층 견고하게 지어졌다. 비록 죽은 자와 연관된 나일 강변에 세워졌지만, 아마도 먼 농지를 마주하는 방향으로 세웠을 것이며 카르나크의 대신전(133~135쪽 참고)도 이 강의 동쪽 강둑에 위치한다.

습지를 따라
기원전 1350년경, 이집트, 테베,
네바문의 무덤 벽화 조각

나일 늪지는 이집트 우주관에서 중요한 특징으로 세상이 만들어진 혼돈의 물의 잔해이며 영혼이 이 신성한 강을 건너는 위험한 여정에 성공하면 사후세계 속 완벽하고 영원한 이집트에 도달한다고 여겼다. 천 년 이상된 이집트 고분 벽화의 기본적인 특징으로 보이는 이 장면에서 네바문은 사후세계에서 사냥을 하고 있고, 자연세계의 혼란 한가운데서 권력을 휘두르는 인물로 사랑, 번식, 환생. 신성성이라는 주제를 생생하고 구체적으로 배치해 신성한 규칙을 행하는 자신의 역할을 부각시킨다. 이 모든 것들이 사실적으로 묘사되었고, 사냥 장면 또한 상징주의와 여러 가지 복잡한 종교적 사상을 투영시켰다.

❶ 네바문이 가장 크게 그려진 이유는 그가 이 무덤의 주인이기 때문이다. 그는 젊고 건강한 모습으로 묘사되었다. 손과 발이 뚜렷하게 보이며 얼굴 옆면이 드러나는 이집트 예술의 당대 관습을 잘 보여준다. 이처럼 매끄러운 표현이 사후세계에 좋은 영향을 미칠 거라 믿었다.

❷ 네바문은 새를 쓰러뜨리려고 창을 들고 있는데, 새는 잡아서 기르거나 번식용으로 사용한다. 그러나 창은 뱀의 형상을 하고 있다. 실제 사용 용도가 있는 물건이라기보다는 의식적인 도구로 볼 수 있다. 이집트어로 '던지다'라는 동사는 '창조하다'와 발음이 같다.

❸ 네바문의 아내 하트셉수트는 상징적인 의미가 담긴 의상을 입고 있다. 머리에는 향기 나는 몰약에 꽃으로 장식한 원뿔형 모자를 쓰고 있는데 장례식에서 자주 쓰는 도구다. 손에는 연꽃 부케와 메나트(고대 이집트 사람이 신의 가호와 풍작을 빌어 몸에 지녔던 부적)로 알려진 의식용 악기를 들고 있다. 이는 그녀가 아문-레의 아내이자 사후세계, 성, 여성성의 여신인 하토르와 관련이 있다는 의미다.

4 작은 보트 중앙에 앉아 있는 네바문의 딸은 허벅지를 바닥에 붙이고 앉아 중심을 유지한다. 딸은 새해나 아름다운 계곡의 축제가 열리는 여름에 아버지의 무덤을 방문한 것으로, 자신도 죽어서 비슷한 무덤에 묻힐 것이다.

5 고양이는 새들을 깜짝 놀라게 해 정신을 흩트리고 개는 잡은 사냥감을 물어오는 한층 안정적인 형태로 묘사되었다. 고양이의 눈에 금박을 입혀 두드러지게 만들어 보는 이로 하여금 아문-레 신의 딸이자 고양이 여신이며 금과 관련이 있는 바스테트를 연상하게 한다.

6 틸라피아 물고기는 새끼가 위험에 처하면 자신의 입속에 넣어두었다가 안전해지면 다시 꺼내주는 습성을 지녔기 때문에 환생의 상징이다. 틸라피아는 죽은 자의 땅으로 가는 아문-레의 저녁 여정에 동행한다고 알려져 있다. 왼편에는 소실된 장면으로 이어지는 창의 축이 보이는데, 네바문이 그 물고기를 창으로 사냥한 것으로 추정된다.

7 명판은 네바문과 하트셉수트가 '영원한 세상에서 즐거움을 누리고 좋은 것만 본다'고 알려준다. 고대 이집트 인들은 방문한 이가 상형문자 명판을 큰소리로 읽으면 사후세계에 있는 사람이 그 소리를 들을 수 있다고 여겼다.

고대 그리스

많은 사람들에게 기둥이 일렬로 서 있는 그리스 신전은 문명의 우아함을 보여주는 완벽한 전형이다. 그래서 밝게 채색된 배경에 부산한 학살 행위가 그려진 그림을 보면 충격을 받기도 한다. 학살은 고대 그리스 신전 바깥에서 거행되는 전형적인 의식이었고, 메소포타미아와 이집트에 존재하는 치밀한 사제회가 주도한 것이 아니라 다양한 평민들에 의해 이루어졌다. 각 신전은 신이 거주하는 곳으로, 신전 내부에 이미지를 새겨넣으며 제단 앞에 신전을 세워 희생이 이루어지는 장소를 모두가 볼 수 있도록 했다. 별도 배화단(성화를 안치하는 입방체, 또는 공[工]자형의 단을 갖춘 것)으로 추정되는 사원의 내부는 한층 독립적인 공간으로 신비롭고 비밀스런 숭배의식이 이루어진다.

인간 중심 사회

그리스 인들은 고대 이집트, 메소포타미아와 마찬가지로 신전은 신이 거주하는 장소이고 신은 그 속에 배치한 신성한 이미지에 머물 수 있으며 제대로 제물을 바치고 희생을 보여주면 도움을 얻을 수 있다고 믿었다. 그러나 그리스 인들 사이에 신성한 왕권 숭배의식은 찾아볼 수 없고, 이들은 최초로 시민들이 의사결정을 내리는 연합을 발전시켜 그리스 세계를 구성하는 수많은 자치 국가를 운영했다. 마르두크나 오시리스만큼 강렬하고 두려운 불멸의 존재이긴 하나 그리스의 신들은 한층 인간적인 모습이다. 이 말은 곧 신들이 사람의 형상을 하고 있다고 믿었다는 뜻이다. 기원전 8세기 시인 호머의 글

생명을 얻은 이야기
기원전 540년경, 이탈리아, 체르베테리

호머는 신, 남성과 여성, 초자연적인 존재에 관한 서사시를 많이 썼다. 이 이야기는 그리스 문화권 전역에 널리 알려졌으며 예술에 등장한 최초의 서사 장면에 영감을 주었다. 에트루리아 고분에서 출토된 이 그리스 꽃병은 헤라클레스 이야기를 담고 있다. 헤라클레스는 에우리스테우스 왕의 명으로 머리가 셋인 개 케르베로스를 산 채로 잡아왔지만 왕은 개가 무서워 커다란 병 속에 몸을 숨겼다.

에는 신들의 아버지 제우스, 그의 아내 헤라가 인간의 모습으로 묘사되어 있으며 평범한 인간이 지닌 모든 복잡한 감정과 개성을 지녔다고 묘사했다. 여기에서 그리스 종교가 그리스 예술에 엄청난 공헌을 하게 된 핵심을 파악할 수 있는데, 의도적으로 '인본주의'를 가장 우선했기 때문이다.

그리스의 부상

그리스 문명화의 기원, 종교와 건축의 기원은 기원전 1200년경에 몰락한 초기 미케네

신성한 길
기원전 6세기, 그리스, 파르나소스 산, 델피

이오니아식 기둥 잔해가 고대 그리스에서 가장 중요한 신탁이자 아폴로를 숭배하는 중심지인 델피의 성역으로 향하는 신성한 길을 따라 남아 있다. 배경은 그 길에 만나는 여러 개의 금고 중 하나인 아테네의 금고로, 기원전 490년에 마라톤 전투에서 아테네의 승리를 기념하기 위해 지었다. 이런 금고는 승리 후 아폴로 신에게 바쳐진 보물을 보관하는 장소로 일반적으로 전리품이 들어 있다.

문명 문화에서 찾아볼 수 있다. 수세기 동안 암흑기를 거친 뒤 기원전 8세기부터 시작된 고졸기(아르카이크기)에 고대 그리스의 여명이 밝았다.

이 시기 단순한 형태의 신전이 발전했다. 처음에는 목재나 진흙 벽돌로 지어져 고대 그리스, 로마제국 시대까지 유지했다. 신전은 사각형 평면에 한두 개의 단순한 방(신의 이미지를 모실 가장 중요한 공간인 성소)이 있고 개방된 포르티코를 통해 접근하는 구조로 되어 있다. 모든 공간을 덮는 하나의 지붕과 기둥(열주랑)으로 지탱하는 넓은 처마가 사면을 에워싼다. 입구 앞에는 의식 행위의 주가 되는 개방형 제단이 놓인다. 제물을 바치는 것 외에도 기도자들은 이곳에서 큰소리로 기도를 하고 신전에 머무는 신에게 봉헌물을 바쳤다. 이 봉헌물은 나중에 신전 안팎에서 볼 수 있도록 놔두는데, 테메노스로 알려진 성스러운 울타리 안으로 국한된다.

기원전 8~5세기 사이 그리스 문화는 급속도로 발전했다. 폴리스 사이에 많은 갈등

이 있었지만 그리스 도시국가는 올림피아, 델피, 딜로스, 네메아를 특정한 문화 영역이
자 그리스 전역에서 공통으로 신성시 여기는 장소로 보게 되었다. 이곳에 범그리스 신
전과 건축물이 세워졌다. 도시국가는 또한 지중해와 흑해 주위로 식민지를 세우고 자
신들의 문화를 보급해 이 지역의 주요 권력국가로 부상했다

금고, 신전, 성소의 조화

이 시기 신전은 더 영구적이고 세련된 형태를 갖추었다. 지붕 타일이 발명되어 지붕 끝
부분의 두께가 얇아졌지만 타일의 무게가 더해져 건물은 한층 더 견고한 지지가 필요
하게 되어 벽과 돌기둥이 생겼다. 페디멘트나 박공벽처럼 건물의 외부가 야외 제단의
배경을 이루었고 나무 지붕을 지탱하는 건물 내부의 기둥을 가려주는 프리즈에 조각
장식을 하게 되었는데 처음에는 신화 속에 등장하는 인물들을 묘사하고 테라코타로 작
업했지만 점진적으로 돌에 신화 속 이야기 장면을 새기게 되었다. 모든 부분을 대담하
게 채색해 생생하면서도 품위 있는 느낌을 창출했다.

　이미지도 중요하지만 신전에서 가장 중요한 곳은 바로 신이 거주한다고 믿는 신상
안치소(고대 그리스 로마 신전의 신상봉안소)다. 대표적인 예를 들자면 올림피아에 있는 제
우스의 거대한 동상은 나무 뼈대에 금과 상아를 입혀 제작했다. 봉헌물 또한 몇 미터
높이로 서 있는 나체상으로 코레(korai, '소녀'라는 뜻이며 일반적으로 그리스 아르카이크기의
소녀 상을 가리킴)라고 부르는데, 상당수가 숭배자를 이상화한 형태다. 이들은 원래 이집
트 조각상의 양식화한 형태에 가까웠지만 점차 완벽하리만큼 정교해지면서 남성과 여
성의 인체를 묘사했다. 그래서 신전과 그 성역에서 신과 인간 모두를 인간의 형태로 조
각한 장식을 많이 볼 수 있게 되었다. 범그리스의 주요 성소에서 도시국가들이 금고로
알려진 소규모 신전에 이런 봉헌물을 보관했다.

　그리스의 건축은 단순한 구조에 기둥과 상인방이 기본을 이루지만, 시간이 흐르면서
그 비율이 제약되었고 양식화된 장식도 고도로 정교해졌다. 특히 그리스 세계에서 두
드러진 두 문화 지역인 그리스 본토의 도리스와 에게 해 섬과 연안의 이오니아는 지역
전통을 정교하게 가다듬어 미케네와 중동 지역의 뿌리를 더 이상 찾을 수 없을 정도로
발전시켰다.

이오니아 지역의 경향은 여성적이며 이오니아 기둥머리의 소용돌이꼴이 대표적이다. 도리아 지역의 모티프는 상당히 웅장하고 화려하지만 전반적으로 강렬하고 무심하고 남성적이다. 기둥머리 위 프리즈는 원래 목조 건물의 기둥 끝에서 유래한 트리글리프와 메토프로 알려진 일련의 조각들로 꾸민다.

이런 접근방식은 도리스식과 이오니아식이라고 부르는 양식으로 발전했고, 후에 코린트식이 더해져 각각의 장식과 구조적 요소가 어떻게 나뉘는지 알려준다. 이들은 건축에서 거의 모듈에 가까운 배치를 보인다. 비록 고대 그리스의 일반 건물은 종교건축물만큼 야심차지 못했지만 그리스의 건축 언어는 이론적으로 건물 양식에 엄청난 다양성을 가져다주었다.

부활한 아테네의 영광

기원전 6세기, 아테네를 중심으로 한 도시국가들이 두각을 나타내면서 도시의 수호신인 아테네를 기리는 범아테네 축제나 디오니소스 신에게 바치는 신성한 축제 행위와 같은 웅장한 의식을 주도하면서 국가의 위용을 과시했다. 모두 봉헌 행위로 신을 즐겁게 하는 데 목적이 있는 의식이지만, 올림피아와 다른 곳에서 이미 열리고 있는 경기처럼 경쟁도 포함되어 있다. 다음 세기에 아테네 인들은 이런 활동만을 위한 공간을 만들었고 디오니소스에게 바치는 대리석으로 만든 야외 극장이 곧바로 종교 집회와 현재 우리가 드라마라고 부르는 극을 상연하는 장소가 되었다.

송아지를 데려가는 사람
기원전 570년경, 그리스, 아테네

실물 크기의 대리석 남성 봉헌조각상은 봉헌을 한 팔로스의 아들로 자신의 고향의 이름을 딴 론보스(rhombos)를 지칭한다. 그는 망토를 제외하고는 아무것도 걸치지 않았다. 아이러니컬하게도 이 조각상이 현재 남아 있는 이유는 페르시아 인들이 아크로폴리스를 파괴한 뒤 구덩이에 묻어두었기 때문이다.

동지중해 전역에서 동일한 문양이 반복되는 것이 흔한 대부분의 그리스 도시들은 성역으로 여기는 독자적인 언덕 위에 아크로폴리스를 가지고 있다. 아테네 인들은 도시를 아테네 여신이 지켜준다고 믿었지만, 기원전 480년에 페르시아가 아테네를 점령해 아크로폴리스의 위대한 신전들을 폐허로 만들었다. 페르시아와 평화 조약을 맺은 기원전 448년이 되어서야 아테네의 정치가인 페리클레스에게 영감을 받아 아크로폴리스 재건축이 진행되었다.

아크로폴리스의 모든 새로운 신전들은 단단한 대리석으로 지어졌고 외부는 고도의 기술적 기교를 활용해 콜로네이드 주변의 페디먼트와 프리즈를 조각으로 장식했다. 이들 건축 상당수가 훌륭한 조각가 페이디아스가 작업한 것으로, 그는 조각이 전형적인 기념비에서 벗어나 극과 같은 데서 영감을 얻은 서사나 인간 형태를 생생하게 묘사하는 방식으로 완전히 바뀌어야 한다고 주장한 운동의 창시자 중 한 사람이다.

신을 기쁘게 하는 언어

많은 웅장한 건물들이 이 고전 황금시대에 그리스 전역에 세워졌다. 그리스의 식민도시 시칠리아 섬 셀리눈테에 남아 있는 미완성 건축물은 가로 110미터, 세로 50미터의 큰 규모에 제대로 된 도리스식 웅장함을 갖추고 있다. 그리스 신전과 이오니아식을 전형적으로 보여주는 에페수스 문화 중심지에 자리한 거대한 아르테미스 신전(기원전 356년경)도 예로 들 수 있다. 밧새 근방에 자리한 아폴로 에피큐리우스 신전은 보기 드물게 하나의 혁신적인 기둥에 집중해 장식한 내부가 흥미롭다. 기둥 자체로 신전의 숭배 이미지를 보여주며 코린트식이라고 불리는 세 번째 양식을 탄생시켰다.

그러나 서양 종교건축사에 가장 큰 영향을 미친 고대 그리스의 역할은 바로 찾아오는 숭배자들의 감정을 미묘하게 연출할 수 있는 용도로 건물을 활용했다는 점이다. 아크로폴리스에서 프로필레아(혹은 현관)는 아테네 인들이 신성한 테메노스로 들어가는 입구로 이오니아식과 도리스식을 번갈아 배치했다.

이는 곧 그리스 인들이 건축 형태가 음악이나 회화처럼 분위기 조정이 가능하다는 점을 발견했다는 것이고 실제로 언어처럼 복잡하고 풍부하며 유창한 문법을 보유할 수 있다는 것이다. 그 결과물은 분명 신을 즐겁게 해주었을 것이다.

기원전 4세기 중반부터 도시국가들은 마케도니아부터 북쪽의 왕조에 정복당했고 이로 말미암아 그리스 문명은 새로운 방향으로 나가게 되었다. 현재 터키 아나톨리아에 있는 페르가몬 유적지처럼 새로운 도시와 성소가 등장했고 조각은 한층 표현력이 발달하고 생생해졌다. 알렉산더 대왕의 통치하에서 막대한 그리스 제국이 동쪽으로 세를 확장해 현 파키스탄의 하이다스페스까지 후대 그리스 예술, 언어, 종교를 전파했다. (고대 그리스의 위대한 성소는 기독교가 그리스 종교를 대체한 서기 393년까지는 폐쇄되지 않고 남아 있었던 것으로 보임) 그러나 서양에서는 로마를 기반으로 이탈리아 남부에서 정부 형태가 등장해 그리스 문명의 예술, 건축, 종교를 차용해 변형시킨 것으로 보인다.

원형 건축물(톨로스[tholos] : 고대 그리스에서 원형설계를 가진 건물의 총칭)
기원전 380~360년경, 그리스, 파르나소스 산, 델피

델피에서 1.6킬로미터도 채 떨어지지 않은 곳에 있는 아폴로 신전 대웅전으로 가는 길을 지켜주기 위한 아테나 프로나이아(신전으로 가기 전의 아테나, 아폴로의 신전으로 가는 길)의 성소 안에 지붕이 있고 화려하게 장식된 원형 돌 구조물은 원래 외부에 20개가 있었지만 유일하게 세 개의 도리스식 기둥만이 복구되었다. 이 유적지는 신석기시대 대지의 여신을 숭배하기 위해 세워진 것으로 보인다.

아테네의 대규모 행진

기원전 447~406년경, 그리스, 아테네, 아크로폴리스

미케네 시대의 궁전이 있던 장소인 이 석회암 노출부는 아테네 도시국가의 수호신인 아테네를 모신 신성한 장소로, 최소 기원전 8세기에 신전이 세워진 걸로 보인다. 도시가 번영하면서 기원전 560년대에 여러 개의 웅장한 석회암 신전이 건립되었으나 기원전 480~479년 사이 페르시아 인들에 의해 파괴되었다.

큰 충격에 빠진 아테네 인들은 건축 잔해를 언덕 꼭대기의 커다란 구덩이 속에 파묻었다. 그리고 기원전 447년 이후로 대리석으로 모든 것을 다시 지은 다음 한층 밝게 채색했다. 아크로폴리스에서 많은 의식이 행해졌고 이 언덕 역시 신성한 땅이 되었다. 가장 중요한 의식은 4년마다 새해에 열리는 대규모 축제인 '파나테나이아'로 고대부터 566회까지 이어졌다. 아테나 여신의 탄생을 기념하기 위해 근처 경기장에서 시합이 열리며 이때 도시의 신과 사회 규범도 새롭게 정해진다.

❶ 파나테나이아의 하이라이트인 시민과 동물들의 엄청난 행렬이 기념비적인 입구인 프로필레아(기원전 437~432년, 무네시클레스가 지음)를 통해 신성한 구역으로 들어가는데, 이곳의 기둥은 그 너머 신전 구역의 시각적인 영향력을 강화하는 역할을 한다.

❷ 행렬이 문을 통과하면 그해 언덕을 방문한 시민들이 바친 봉헌물인 동상과 다른 것들로 가득 차 있는 공간으로 들어선다. 이곳에는 10미터 높이로 청동으로 만든 아테네 동상이 서 있다.

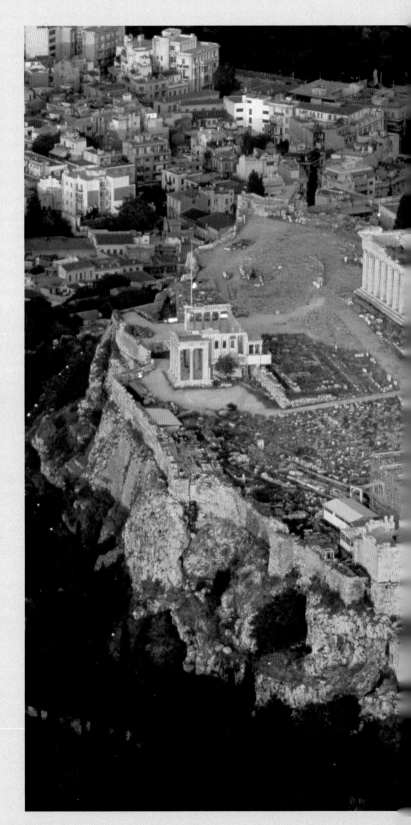

아크로폴리스의 신전

기원전 447~406년경, 그리스,
아테네, 아크로폴리스

오늘날 아크로폴리스는 여전사 아테네 파르
테노스에게 바쳐진 파르테논 신전의 잔해가
주를 이루는데, 이곳은 그리스 신전 건축의
본질을 잘 보여준다. 엔타블러처는 신화와
전투를 비롯해 파나테나이아 행렬(반대쪽 하
단 이미지) 장면이 새겨진 대리석 프리즈로
장식되었다. 프로필레아, 아테나 니케의 신
전, 에렉테이온 신전과 같은 다른 구조물의
잔해도 남아 있다. 서기 5세기부터 이곳에서
이단을 숭배하는 행위가 금지되었고 건물은
다른 용도로 변형되었다(파르테논 신전은 교
회이자 사원으로 사용되었음).

❸ 손에 새 의복을 든 행렬은 에릭테이온
신전(421년부터 축조 시작)까지 행진하며
이 신전에는 제우스가 보낸 도시의 수호자
아테네의 고대 올리브 나무로 만든 숭배상
인 크소아논이 보관되어 있다. 크소아논은
두 달간 아무것도 걸치지 않은 상태로 두
는데 행렬이 와서 기존에 걸쳐둔 의복을
빨기 위해 가져가기 때문이다. 역사가인
파우사니아스가 서기 2세기에 쓴 글을 포
함한 일부 출처에 따르면, 포세이돈의 삼
지창을 포함한 신성한 종교 유적이 그 속
에 보관되어 있다고 한다.

❹ 크소아논의 옷을 벗기면 언덕은 일시적
으로 신이 거주하지 않는 시기에 접어든
다. 몇 주에 걸쳐 특별한 의식이 연이어 진
행된다. 그중 하나는 두 소녀가 하는 아찔
한 밤 여정인데 성역 한 귀퉁이에 사는 그
들이 절벽에서 내려와 동굴 속 개울로 가
서 신비로운 물체를 교환하는 것이다.

❺ 아테네의 웅장한 재단의 불은 헥톰바이
온(Hektombaion) 달의 28일에 해당하는
새해 새벽 위대한 횃불 경주가 언덕에 도
달해 신들이 돌아온 것을 알릴 때 밝힌다.
그리고 그날 오후에 파나테나이아 행렬이
100마리의 양과 소를 몰고 도착하면 이들
을 죽여 제단에서 태운다.

❻ 행렬의 모습은 파르테논 신전(페이디아스가 조각)의 프리즈에 밝게 채색되어 있는데 페디먼트 아래 동쪽에는 아테네 여신의 이미지가 담겨 아테네 인들에게 축복을 내려주는 그녀의 군사적 위용을 강조한다.

❼ 파르테논 신전은 그리스 본토에서 가장 큰 건물이었을 것이다. 금과 상아로 만든 12미터 높이의 아테네 여신 동상이 내부에 자리하며 그 뒤로 신에게 바치는 봉헌물을 보관하는 금고로 사용되는 작은 방이 있다.

❽ 아테네 니케 신전(기원전 420년경, 칼리크라테스가 지음)은 승리의 전령인 아테네를 칭송한다. 신전의 위치가 도시 전역에 큰 승리의 메시지를 전한다.

고대 로마

기원전 200년 로마공화국이 이탈리아 전역과 그리스와 그 식민지를 포함해 지중해 연안의 상당수를 정복했다. 한두 세기 안에 이 제국은 유럽 내륙과 북아메리카, 극동과 중동 지역 대부분을 통제했고, 황제들은 스스로 신의 지위까지 올라가기를 바랐다.

모든 신들의 집

로마 종교는 대중적인 형태로 문명화되고 상당히 조직화되어 로마 도시 자체의 기원과 정체성에 집중한다. 종교적 실천과 신은 그리스와 꽤 유사하지만, 점술에 상당히 의존하는 부분에서 차이가 있다. 군사 작전부터 도시 설립에 이르기까지 모든 중요한 결정을 내릴 때 신이 좋아하는지 징조를 찾아보는 의식을 진행했다. 이는 종종 도시에서 중요한 역할을 담당하는 사제 중 한 사람이 시행한다. 로마의 안녕을 위해 신의 도움을 바라는 숭배 문화와 더불어 지역 종교도 가족과 개인에게 행운이 오길 바라는 마음으로 매일 찾아가 빈다.

도시가 영토를 확장하면서 로마는 다양한 종교 체계와 건축 전통이 모이는 장소가 되었다. 일부 지역 숭배 문화가 로마제국 전역에 퍼졌다. 이집트의 이시스, 페르시아의 미트라, 그리스의 디오니소스도 이에 속한다. 유대교와 빠르게 커지는 기독교는 공식 숭배 문화에 동반되는 희생의식을 거부했고, 이로 말미암아 일신교들은 로마와 충돌하는 경우가 많았다. 로마제국 전역에 퍼진 문화 건축물들이 로마의 건축적 모티프와 현

지역 전통을 결합해 호화로운 규모로 다시 지어졌다. 레바논의 고대도시 헬리오폴리스에 있는 유피테르 신전, 로마 동쪽에 있는 프라이네스테(현재 팔레스트리나)의 포르투나 프리미제니아 신전과 같은 웅장한 로마 숭배 장소들이 대표적이다. 다른 숭배 문화에서도 초기 의식을 위한 사적인 집회 장소를 만들었는데, 미트라에움(미트라 신전, 미트라 밀교의 예배장소)은 작지만 화려한 장식이 돋보이며 지하에서 의식이 주로 거행된다.

내적인 집중

왕국의 수도는 신성한 장소로 로마를 건설한 것으로 알려진 로물루스로부터 이어온 전통인 포메리움에 따라 경계가 정해진다(많은 지도자들이 신성한 영역임에도 불구하고 그 범위를 확장시켰음). 이 범위 내에서 이루어지는 일만이 신의 조짐으로 여겨지며 정치·사회적 생활 상당수가 신과 인간의 관계에 따라 좌우되었다.

무적의 태양신
3세기, 이탈리아, 북부

중동의 신인 천하무적 태양신이 102년 로마에 와서 고대 라틴의 태양 숭배 문화를 부흥시켰다. 백년이 채 되지 않아 셉티미우스 세베루스 황제(193~211년 통치)가 자신의 이미지에 태양 빛 무늬를 더했다. 274년 아우렐리아누스(270~275년 재위)가 태양신을 공식 숭배 문화로 지정했고, 12월 25일에 축제를 열었다. 태양의 모티프는 기독교로도 이어졌다.

황제들은 외국과의 전투에서 얻은 전리품을 도시를 아름답게 보살펴주는 신에게 바쳐야 했기에, 제국 건축 붐이 일어났다. 유피테르, 유노(유피테르의 아내 신), 미네르바(지혜의 여신)에게 바쳐진 고대 카피톨리누스 신전은 이 도시에서 가장 중요한 신전(시빌라의 예언집을 보관하고 있음)이며 여러 차례 다시 지어졌지만 항상 기원전 6세기 양식을 따른다. 포럼 중심부에 자리한 비너스와 로마의 신전(서기 121년경)은 도시에 지어진 가장 큰 신전으로

어둠을 비추는 빛

서기 118~125년경, 이탈리아, 로마, 판테온

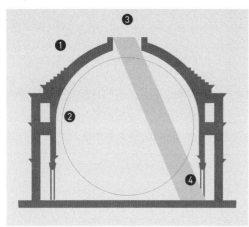

로마의 모든 이단 신을 모신 만신전으로 세계에서 가장 오래된 고대 건축물이지만 정확히 어떤 용도로 사용되었는지 알려지지 않았다(1,300년 이상 교회로 사용되었음). 판테온은 ❶가장 큰 돔으로 1400년대 이전에 세워졌다. 내부가 기하학적으로 완벽한 구조를 이루며 반원이 같은 너비의 반 사각형 위에 자리하는 방식으로 우주의 조화를 건축적으로 조금이나마 구현하려고 했다. 내부에는 ❷지름이 43.3미터에 달하는 구가 속한다. 이곳은 ❸8.3미터 너비의 둥근 창에서 비추는 빛이 유일한 광원인 거대한 성소다. 신전 입구는 북쪽을 향하고 있어 일 년 내내 내부가 어둡다. 분점에 태양빛이 둥근 창을 통해 진입로에 들어오는 4월 21일(전통에 따르면 로마가 세워진 날)에 ❹정문 앞까지 환하게 밝아진다. 이 건물은 분명 태양신으로 여겨지는 황제 숭배 문화에서 중요한 역할을 담당했을 것이다.

길이 145미터, 너비 100미터에 달한다. 거대한 주요 공간은 격자형 둥근 지붕이 덮여 있고 15미터 높이의 흰색 대리석 기둥 수십 개가 지탱한다.

이런 건물은 그리스 신전을 그대로 본 뜬 것으로 일반적으로 코린트 양식으로 장식했다. 높은 플랫폼과 깊은 현관 등 일부 건축 특징은 지역 전통을 차용한 것이다. 도리스식과 같은 토스카나 양식 또한 간간히 활용된다. 이 웅장한 신전은 로마의 각 도시 중심부의 대중 포럼에 자리하며 이런 곳의 극장, 목욕탕, 바실리카(법정으로도 자주 사용되는 커다란 집회소가 있음) 역시 규모가 압도적이다.

로마에서는 특이하게도 세속적인 건물 건축이 야심차게 신전과 겨루었고 신전보다 독창성에서 더 뛰어난 경우가 많았다. 왕궁, 대중목욕탕 및 여러 건축에서 로마 설계자들은 기술적인 혁신을 이루어 이후 종교건축의 근본을 새롭게 다졌다. 한동안 단순한 형태로 존재하던 콘크리트와 아치라는 두 가지 요소를 완벽하게 조화시킨 점이 특징이다.

석회와 물을 재와 잡석과 함께 섞어 만드는 콘크리트는 굳기 전에 여러 가지 형태로 바꿀 수 있어 구조적인 리듬감을 살려주는 곡선형 표면이 등장하게 해주었다. 아치는 반복되는 반원 형태에 새로움을 더해 건축 배치로 활용할 수 있었다. 덕분에 아치형 지붕이 나왔고 돔과 파사드가 뒤따라 나타났다. 이 세 가지 모두 유대교, 기독교, 이슬람교 건축의 근간이 되었다.

이런 특징은 곧 조각상을 세울 수 있는 애프스, 반원형으로 마무리한 건물, 니치를 만들 수 있다는 것을 의미했다. 로마 건축가들은 건축 혁명을 촉진해 1세기 중반부터 100년 동안 전성기를 누렸고, 이 시기 건물 내부는 독창적인 예술성을 드러냈으며 벽과 공간은 서로 연결되고 복잡한 방식으로 해석되었다. 이런 성취는 주로 세속적인 건물에서 이루어졌지만 종교건축에도 엄청난 영향을 끼쳤다. 판테온은 현존하는 로마 신전 중에서 가장 칭송받는 곳이고, 모든 시대에 건축적 영감을 주는 장소이기도 하다. 하드리아누스 황제(117~138년 통치)를 위해 지은 판테온은 아우구스티누스의 친구이자 수상이던 마르쿠스 아그리파가 기원전 27년에 지은 신전을 허물고 다시 지었다. 바실리카처럼 중요한 역할을 하는 이곳은 높은 중심 공간 양옆으로 복도와 함께 회관이 자리하고 축을 따라 고관대작들이 사용하는 애프스의 끝으로 이어지는데, 기원전 1세기에 처음 생겨난 애프스는 시간이 흐르며 점차 완벽해졌다.

이집트 신전 건축가들이 이룩한 가장 큰 업적은 돌로 건물을 지어 종교건축에 힘과 엄청난 영구성을 더한 것이다. 여기에 그리스 인들은 온갖 종류의 건축 형태를 발전시켰다. 로마 인들은 내부 장식에 있어서 큰 공헌을 했다. 신성한 건축사의 나머지 부분은 기독교와 이슬람교가 차지하며 이들의 혁신에 이어 로마의 방식이 거의 2천 년간

서구 건축 전통에 양식화된 영감을 주는 요소로 자리매김했다. 주요 출처였던 고대 그리스의 종교건축은 거의 잊혀버렸다.

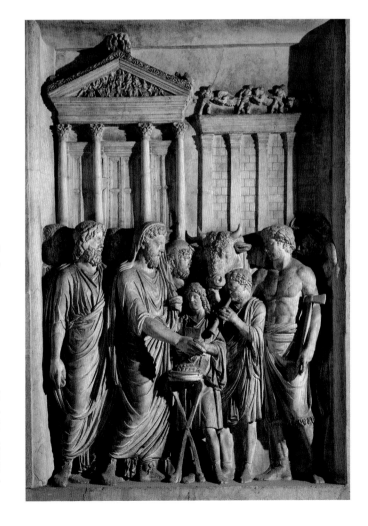

← 유피테르 신전

기원전 27년, 레바논, 바알베크(구 헬리오폴리스)

아우구스투스는 헬리오폴리스에 기념비적인 신전을 짓기로 결정하면서 천년 동안 서 있던 종교건물 유적지 위에 신전을 올리기로 마음먹었다. 순례자들이 페니키아 숭배 문화를 기리기 위해 이 도시로 몰려들면서 로마식 3대 신은 유피테르, 비너스, 머큐리로 집약되었다. 유피테르의 신전은 3대 신 숭배에 있어 가장 중요한 장소다.

→ 신전 앞 희생의식

176~180년, 이탈리아, 로마

이 대리석 부조는 마르쿠스 아우렐리우스(161~180년 통치)가 제사장이 되어 대중적인 희생의식을 거행하는 모습을 담고 있다. 배경에는 로마에서 가장 중요한 사원으로 유피테르, 유노, 미네르바에게 바쳐진 유피테르 사원의 모습이 보인다. 기원전 509년경에 세워졌으며 카피톨리누스 언덕에 자리한다.

아메리카

아메리카의 고대 건축물은 고립된 상태로 발전해오다가 토착 종교가 기독교로 바뀌면서 중단되었다. 콜럼버스가 아메리카 대륙을 발견하기 이전 종교건축물은 세 지역에서 발견되었다. 남아메리카 안데스 산맥에서 세계 최초의 건물이 생겨났고, 현재 멕시코에서 온두라스까지 이어지는 메소아메리카가 기록문서와 더불어 훌륭한 건축유산을 남겼다. 마지막으로 현재 미국 남서부와 중서부에 해당하는 푸에블로 족(미국 원주민 부족)과 미시시피 족 문명이 그 주인공이다.

일반적으로 아메리카 원주민들은 신과 함께 산다고 믿었다. 그래서 그들의 위대한 종교건축물은 종종 천문학적 현상, 산꼭대기, 동굴과 결합되었다. 푸에블로 인디언은 풍경을 가로지르는 직선 길을 정교하게 구축하고, 이 길이 잉카 페루를 가로지르는 세케(ceques)라고 알려진 길에서 신성한 장소인 '후아카'로 가는 길이나 만물을 대변하는 메소아메리카 아즈텍의 테오틀(만물에 깃든 신성한 힘)이라는 신성한 힘으로 연결된다고 믿었다. 이 문화권의 상당수가 커다란 피라미드 언덕이 야외 광장을 직각으로 둘러싸는 방식으로 성소를 지키도록 설계되었다. 조각과 장식의 수준이 상당히 높았고 금속 도구나 표기 체계를 사용하지 않고도 정교하게 만들어졌다.

안데스

진흙 벽돌로 건물을 짓는 고대 안데스는 기원전 3천년경으로 거슬러 올라가며 중동의

피라미드 메이어
기원전 2600년경, 페루, 수페 계곡, 카랄

암석으로 덮여 있고 천년 동안 버려진 카랄의 가장 큰 언덕은 매우 넓어서(200,000입방미터) 오랫동안 언덕이라고 믿어왔다. 주변 계곡에 자리한 구조물의 위치로 보아 학자들은 이 도시가 기념비적인 역법으로 배치된 것으로 추정했다. 카랄은 수페 계곡에 있는 아홉 곳의 내륙 도시 중심지 중(기원전 3200년경부터) 가장 크며 전역이 최초의 도자기 이전 문명이다. 이곳에는 여섯 개의 주요 플랫폼 언덕이 있고 세 곳의 원형 궁전 혹은 광장이 있다. 이 언덕은 멀리 있는 안데스 산맥의 작은 언덕으로 이어지며 그곳에서 가져온 돌을 사용해 건물을 지었다.

당대 건축물에 견주해도 손색이 없을 정도로 특출나다. 아스페로, 카랄 수페 신성 도시, 세친 알토(Sechín Alto), 엘 파라이소는 현재 페루에 위치하며 원형 광장과 40미터 높이로 꼭대기가 평평한 언덕이 특징이다.

이후 문명화가 이어졌다. 문화적으로 영향을 미친 순례지 차빈 데 우안타르(Chavín de Huántar, 기원전 1000~200년경)와 광범위한 플랫폼과 궁궐 지역인 카스티요도 속한다. 페루 모체의 태양의 와카(서기 100~600년경)는 호화로운 왕실의 묘지로, 인간을 제물로 바치는 희생이 이루어진 곳이기도 하다. 이곳은 아메리카에서 가장 큰 진흙벽돌 구조물이다(높이 40미터). 서기에 들어서면서 특별하고 신성한 풍경이 페루 해안의 나스카 지역에 펼쳐졌다. 기념비적인 언덕과 더불어 사막 바닥이 거대한 기하학적 형태를 이루었고 거미, 벌새 및 여러 괴수의 거대한 형상이 생겨났는데 일부는 길이가 최대 285미터에 달했다. 서기 530년경에 이르러 볼리비아 티아우아나코(선사시대 유적)에 처

태양의 피라미드
서기 150년경, 멕시코, 테오티우아칸

'달의 피라미드'에서 보면 죽은 자의 길은 폭 40미터 거리 4킬로미터에 달하며 피라미드가 서 있는 광장에서 거대한 태양의 피라미드(왼쪽)를 지나 케찰코아틀 신전까지 이어진다. 장소의 배치는 주변의 비가 내리는 산맥과 농지를 상징적으로 연결한다.

음으로 진정한 안데스식 석조 건물이 등장했다. 그러나 이는 위대한 잉카제국이 스페인과 접촉해 이룬 성과이며 1519년부터 이 지역 종교에 대한 정보를 얻을 수 있게 되었다.

1493년에 이르러 잉카제국이 안데스 전역으로 세를 넓혔다. 여러 지역에서 피라미드식 플랫폼인 우슈누를 볼 수 있다. 그 밖의 매장용 건축물은 정교하게 조각된 벽이 특징이다. 페루 쿠스코의 코리칸차 신전(태양의 신전이라고도 함)은 금으로 선을 칠한 벽에 태양신 인티와 여동생이자 달의 여신인 마마 킬리아의 그림이 후손인 잉카의 왕과 왕비 옆에 나란히 자리한 성소다.

메소아메리카

아메리카 중심부에서 가장 일찍 야심찬 건축물이 등장한 시기는 기원전 1250~900년 경으로 현재 멕시코에 해당하는 올메카 문명이 그 주인공이다. 테판테쿠아니틀란과 같은 도시들은 신전 사원이 있었다. 옆이 가파른 구조물로 맨 위에 배치된 작은 성소가 있다. 이들은 피라미드이면서도 광장 같은 용도를 쓸 수 있도록 지어진 복합 건물로, 중요한 의식 경기가 이루어지는 직선 공간으로 된 구장을 포함하고 있다. 이후 서기 500~750년경에 사포텍문명이 글자와 더불어 석재로 만든 건축을 발전시켰다. 몬테 알반의 중심 광장은 북쪽에서 남쪽으로 가로 300미터, 세로 200미터 넓이로 펼쳐져 있고 주변으로 밝게 채색한 피라미드식 신전 언덕과 작은 신전 및 구장이 들어서 있다.

서기 약 700~900년 사이에 사포텍 제국이 무너지면서 멕시코 계곡을 기반으로 한 고대 아메리카의 위대한 도시 테오티우아칸의 시대가 정점에 달했다. 격자와 같은 복잡한 면 위에 지은 건축은 태양과 주변 산맥의 배치를 따랐고, 수십 개의 의식용 피라미드는 '태양의 피라미드'와 '달의 피라미드' 주위에 놓였다. 테오티우아칸은 650~750년 사이에 버려졌으며 이후 이어지는 격변기에 신전은 훼손되었지만 주거 지역은 고스란히 보존되었다. 그 직후 이곳은 서양 문화의 아테네와는 다른 메소아메리카의 정신적인 지역으로 기능했다. 아즈텍 족이 버려진 이곳을 발견해 '신의 탄생지'라고 이름을 붙였다.

한편 더 남쪽에 자리한 마야 족들은 유카탄 반도를 기점으로 섬세한 문명을 발전시켰다. 서기 초반 현 과테말라에 해당하는 엘 미라도르는 이미 아메리카에서 가장 큰 도시가 되었고, 주요 신전 피라미드인 단타는 높이가 70미터에 달했다. 마야는 고유의 활자가 있었고, 학자들이 이를 해독해 현재 마야 신전 피라미드 광장에서 자주 발견되는 조각된 석판에 적힌 기록들을 상당수 해석할 수 있게 되었다. 팔랑케의 광장 주변(서기 684년 십자가 신전, 잎 무늬 장식이 있는 십자가 신전, 태양의 신전이라 불리기도 함)의 많은 신전 피라미들이 지금도 보존되어 있다. 이곳은 고대 아메리카 종교건축물이 가장 잘 보존된 지역으로 상당한 다채로움과 보편적인 특징이 식별된다. 신전 피라미드는 두드러진 바닥과 의식용 가파른 계단이 옆쪽으로 나 있는 형태다. 종종 맨 꼭대기에 작은 성소가 자리한다. 탈루 타블레로는 언덕과 수직 평면이 교대로 배치된 형태로, 두드러진

언덕 꼭대기의 계층
683년, 멕시코, 치아파스, 팔랑케

비문의 신전(중앙, 왼쪽)은 팔랑케의 통치자 파칼 왕(603~683년)이 묻힌 곳으로 9층 건물에 다섯 개의 출입구가 있다. 숫자는 우주론적으로 중요성을 지닌다. 위대한 왕궁(중앙, 오른쪽) 역시 부분적으로 의식 기능을 가지고 있다. 왕실의 권력과 깊은 관련이 있으며 천문학적, 지형학적 암시를 담은 마야의 신성한 부지의 전형이다.

가로 몰딩이 건물의 가파른 옆면을 강조한다. 피라미드 꼭대기에 위치한 성소는 세로 빗장식이 많이 발견되었다. 표면에는 화려한 조각을 새기거나 풍부한 조각상과 채색한 스투코(벽돌이나 건축물 벽면에 바르는 미장 재료) 장식이 있었을 것으로 추정된다. 그 속의 작은 신전 공간은 높지만(5미터 이상) 좁고 가파른 코벨 볼트가 있다. 기둥은 간혹 창문을 지탱하기

위한 용도로 사용되지만 이곳의 경우 풍경에 속한 건축 외관에 해당한다. 대중적인 희생의식이 이런 성소 앞이나 많은 사람들이 모여 볼 수 있는 인접한 광장에 있는 제단에서 이루어졌을 것이다. 왕은 팔랑케의 신전과 마찬가지로 피라미드 깊숙이 자리한 묘에 묻혔을 것이다. 건물은 의식과 상호 관련이 있다.

가장 최근 날짜의 마야 명문은 909년도의 것이지만, 그 문명은 치첸이트사와 같은 13세기 도시에서 볼 수 있듯 계속 이어졌다. 이런 도시들은 서기 15세기에 멕시코 계곡을 기반으로 막강한 제국을 세운 신흥 권력인 아즈텍 족과 동시에 부흥했다.

마야의 종교건축과는 달리 스페인 침략자들은 체계적으로 이들 건축을 아즈텍의 유산으로 바꾸어버렸다. 호수의 섬 텍스코코에 14세기에 세워진 테노치티틀란 폐허 유적지는 현재 멕시코시티 아래에 잠자고 있다. 아즈텍의 종교 일부는 자세히 알려졌는데, 설립 신화에 따르면 아즈텍 영웅과 전쟁의 신인 날개가 달린 위칠로포츠틀리(Huitzilopochtli, 아즈텍 족의 전쟁과 태양의 신)가 지금 도시를 세운 곳으로 인도했다고 전한다.

에스파냐의 멕시코 정복자 에르난 코르테스가 1519년 테노치티틀란을 방문하고 당시 모습을 생생하게 묘사했다. 도시와 해안을 연결하는 거대한 십자가 형태 속에 웅장한 둑길이 이어진다. 그 중심에는 의식용 장소가 있는데, 가로 350, 세로 300미터의 넓이이며 뱀의 머리가 새겨진 벽으로 둘러싸여 있다. 이 전능한 구역은 78개의 건물로 이루어져 있으며 인간의 머리를 신에게 바치는 의식을 행할 때 사용하는 조각된 '해골의 기단'인 촘판틀리(tzompantli)도 속한다. 그곳에는 코아테펙 신전으로 알려진 위대한 도시 신전이 서 있다. 다른 메소아메리카 신전과 마찬가지로 14세기와 1511년 사이에 수차례 확대되었다(이 구조에는 실제로 7층이 연이어 증축되었음). 이 60미터 높이의 피라미드의 꼭대기에는 삶과 죽음의 힘과 관련된 신전이 두 개 들어서 있다. 하나는 녹색으로 칠해져 있으며 비의 신 트랄로크에게 바쳐졌고, 붉은 색으로 칠해진 다른 하나는 전쟁의 신 위칠로포츠틀리의 것이다. 이 신전에서 쳐다보면 태양은 춘분인 3월 21일에 두 개의 신성한 화산 사이에서 떠오른다.

북아메리카

오늘날까지 토착 종교가 남아 있지만 현재 북아메리카에 지어진 위대한 종교건축물에 대해서는 알려진 바가 거의 없다. 이들은 기원전 3500년경에 처음 생겨난 것으로 보이며 루이지애나 주 왓슨 브레이크와 같은 언덕이 시초였다. 서기 1000년에 수많은 동물 형태의 모형 언덕이 중서부에 지어졌는데 주로 매장을 위한 용도였다. 그중 가장 거대한 무덤이 328미터 길이로 오하이오 주에 있는 그레이트 서펜트 마운드다. 1000년의 마지막에 미시시피 강 주위 너른 지역에서 다양한 사람들이 중앙에 말뚝 울타리를 친 거대한 건물을 지었고, 그 속에 조심스럽게 흙 언덕을 배치했는데 이들 중 일부는 목재 건물의 플랫폼 역할을 했다. 그중 가장 큰 것은 미주리 주 카호키아(Cahokia)에 있는 몽

코아테펙 신전의 부조(원반)
1490년경, 멕시코, 테노치티틀란

이 거대한(지름 3미터) 석조 부조는 아즈텍의 전쟁과 태양의 신 위칠로포츠틀리와 비의 신 트랄로크에게 바쳐진 코아테펙(템플로 마요르 혹은 대신전)의 하부에서 발견되었다. 조각은 탄생 설화를 묘사하고 있다. 위칠로포츠틀리가 언덕 위에서 코욜사우키(코아틀리쿠에['뱀 치마'라는 뜻]라는 여신이 깃털 공을 발견하고 가슴에 품었더니 임신을 했다. 딸 코욜사우키는 아버지 없는 아이를 임신한 어머니가 부끄러워 400명의 동생과 같이 어머니를 죽이고자 계획했다. 그러나 코아틀리쿠에 뱃속의 아이는 걱정하지 말라며 어머니를 안심시켰다. 드디어 코욜사우키가 어머니를 죽이려 하자 뱃속의 위칠로포츠틀리가 태어났다. 위칠로포츠틀리는 청금석 창으로 코욜사우키를 조각내 하늘로 던졌다고 전해짐)의 훼손된 주검을 땅으로 던졌다고 알려준다. 신전은 그 언덕 위에 지어졌으며 부조는 이 신화가 신전 건축의 한 부분이 되었다는 의미를 담고 있다.

크스 마운드로 높이가 30미터에 달한다. 이들 건축은 지위가 높은 사람들의 거주지이자 매장지 역할을 했다. 더 남쪽에 푸에블로로 알려진 석조 도시가 생겼는데 도시 이름이 곧 문화가 되었다. 거주지에서 가장 중요한 의식용 건축은 원형에 반 지하 건물로 키바라고 부른다. 카사 린코나다에 있는 키바는 너비가 19미터이며 깊이는 3미터가 넘는다.

희생의식

많은 사원 피라미드와 광장은 다양한 신에게 제물을 바치는 장소로 대부분의 부족이 동물, 옥수수와 여러 식량을 바쳤지만 가장 중요한 제물은 인간이었다. 안데스에서 잉카 인들은 산꼭대기에 어린아이를 산 채로 묻었다. 마야와 아즈텍 족은 신이 계속 존재하기 위해서는 인간의 피가 필요하다고 믿었다. 그래서 전쟁은 살아 있는 포로를 얻어와 의식에 쓸 수 있게 해주는 신성한 의무와도 같았다. 많은 구장에서 벌어진 경기는 부분적으로는 우주의 근간인 살아남기 위한 의식적 행위로 패자의 죽음으로 끝난다고 보았다. 통치자와 사제들은 또한 자기 희생의식을 실천했고 그 과정에서 자신의 몸에 구멍을 내 피를 바쳤다(66~69쪽 참고). 약물을 이용해 환각상태에 도달하는 것 역시 종교 생활에서 중요한 부분을 차지했다.

정복자의 등장

위대한 문명과 번영, 그리고 업적에도 불구하고 유럽인들이 토착민들에겐 아직 면역이 없는 새로운 바이러스를 전파해오자 토착민들은 견딜 수 없었다. 아즈텍, 마야, 잉카 도시가 통치하던 영역은 1521년에서 1546년 사이에 침략자들에게 정복을 당했다. 북아메리카의 언덕 건축 문화는 침략자들이 원주민을 무참히 죽이던 때에 이미 빛을 바랬다. 그러나 북아메리카와 남아메리카 원주민들은 상당수 살아남았고 그들 다수가 주술적인 행위, 제물, 사람, 선조, 성스러운 장소 사이의 영적인 관련성에 대한 믿음을 여전히 유지하고 있다. 여기에는 고대 세계에서 가장 위대한 건축을 이룩한 마야인들도 일부 속한다. 첫 종교가 발발한 곳으로 모든 실천이 회기하는 듯하다.

신성한 산꼭대기의 광장
1450년경, 페루, 우루밤바, 마추픽추

고도가 높은 잉카의 귀족 지대인 마추픽추는 산으로 둘러싸여 신성한 힘이 만연한 '후아카'(huaca)로 여겨진다. 신성한 천문학적 관찰이 이루어지기 완벽한 곳이며 건축물의 절반 이상이 영적인 용도로 사용되었다. 마추픽추를 가장 잘 내려다볼 수 있는 와이나 픽추에는 더 많은 신전이 있다.

onginned · Iohannis aqui
god spel · vel þe · io
Incipit · euangelium secundum Ioh

IN PRINCI
PIO
ERAT UERBUM
ET UERBUM ERA
ABUD DOM ET DS

경전의 민족

유일신과 신성한 말

서기가 시작되면서 이집트와 메소포타미아는 남부와 남동부 유럽의 다른 다신론 세계의 일부가 되어 영향력을 끼쳤고, 로마는 가장 강력한 정치적 힘을 자랑했다. 이 지역 안에서 유대교는 여러 신을 모시는 것에 반대했다. 유대교는 기독교와 이슬람교 형성에 영향을 미쳤고, 신성한 문자와 이야기를 공유했다. 이슬람교에서는 세 가지 믿음을 따르는 사람들을 '경전의 민족'이라고 불렀다. 이 아랍 전통은 오늘날까지도 전 세계 3분의 2가 넘는 사람들에 의해 행해지고 있으며 중동, 북아프리카, 유럽 그리고 한참 뒤 아메리카의 고대 다신론을 대체했다. 세상에서 가장 위대한 건축물 상당수가 세 가지 믿음 중 하나를 숭배하는 장소다.

성 요한의 복음서
700년경, 영국, 노섬브리아, 린디스판

'태초에 말씀이 계시니라(IN PRINCIPIO)'의 머리글자인 I, N, P는 중세 초 가장 위대한 책 중 하나인 린디스판 복음서에서 비롯되었다. 예술가의 명판은 698년 린디스판의 주교가 된 에드프리스의 것으로 보인다. 하이버노 색슨, 비잔틴, 이슬람 영향을 주로 받은 상징이 책 속의 의미를 가득 채우고 정신적인 메시지를 전한다. 수도승들은 이런 작업을 통해 잠시나마 신을 영접할 수 있다고 믿었다.

유대교

——○————— 일신론의 초석 —————○——

유대교는 보편적인 하나의 신을 믿으며 아브라함에서 비롯된 신과 유대인 사이의 계약이 존재한다고 생각한다. 이 종교에서 중요한 요소로는 토라(가르침 혹은 법이라는 의미로 일반적으로 율법서를 가리킴)라고 부르는 신성한 글귀와 약속의 땅인 이스라엘이다. 반복된 탈출과 귀향은 유대인들의 정신성을 형성하는 데 도움을 주었다. 그로 말미암아 탄생한 종교건축물은 기독교와 이슬람교에 완전한 영향을 끼쳤다.

언약궤

토라는 모세가 어떻게 왕과의 계약을 파하고 수많은 이스라엘 노예를 이집트에서 탈출시켰는지 알려준다. 하느님이 모세 앞에 직접 나타나 쉴 수 있는 천막처럼 생긴 이동식 예배소를 짓고 특별한 물품으로 채우라고 명했다. 이 예배소 가장 안쪽에 바깥세상과 차단되어 신이 직접 참여한다고 믿는 성소 앞에서 유대민족이 정교한 일련의 희생의식을 치른다.

고대 사회의 다른 성소와는 달리 이곳은 그림이 아닌 글귀를 보관한다. 바로 하느님이 모세에게 알려준 십계다. 이 글귀는 아름답게 장식한 언약궤 속에 들어 있다. 단순한 천막이 역사상 가장 중요한 사상을 보존하는 장소가 되었다. 우상이나 성상을 신격화하지 않고 유일한 신만 모시며 신성하게 알려진 법적, 도덕적, 종교적 규칙을 따른다.

신성한 글

유대교, 기독교, 이슬람교는 모두 신성한 글귀의 중요성에 대해 깊이 생각한다. 토라, 성경, 코란과 같은 글귀의 사본은 신도들이 만들 수 있는 가장 화려하고 아름다운 사물이다. 그 중요성은 또한 예술적, 건축적으로도 널리 영향을 끼쳤다. 유대교회당에서 토라 두루마리는 가장 신성한 대상이며 그 다음이 기도실이다. 사원도 이와 비슷하게 코란의 글귀를 예술 형태로 만들었다. 기독교에서 성경의 중요성은 책의 발명으로 이어졌다.

토라의 두루마리는 유대교에서 가장 신성한 대상이다. 그 글귀를 보관하는 '집'은 주로 화려하게 장식한다.

예루살렘과 신전

고고학자들은 이런 사건이 실제로 일어났는지 그 여부에 의구심을 품는다. 확실한 것은 유대인들이 가나안으로 알려진 지역에 정착했고 다비드 왕과 그 아들 솔로몬이 이스라엘 왕국을 하나로 합치고 기원전 1000년경에 예루살렘에 수도를 세웠다는 것이다. 그리고 웅장한 의식을 치르며 이곳으로 언약궤를 옮겨왔고 후에 거대한 청동 제단이 있는 경배 장소이자 영구적인 구조물로 솔로몬이 지은 사원의 '가장 신성한 공간'인 내부 성소에 보관되었다.

사원의 배치는 이동식 예배소를 그대로 본떴고 중동 지역의 다른 사원들과 비슷한 점이 많다. 성소는 사제만 들어갈 수 있고, 그 중심부에는 궤를 보관하는 아름답게 장식한 공간이 위치하는데 이곳은 신이 머무는 가장 신성한 곳이다. 이스라엘 사람들은 바깥의 커다란 안마당에 모여 제물을 바치고 희생의식(다른 지역에서는 이루어지지 않는 것으로 보임)과 유월절과 같은 중요한 행사를 치렀다.

세게드의 유대교회당
1903년, 헝가리, 세게드

최고 랍비 이마뉴엘 료가 이 유대교회당의 호화로운 장식을 만들었다. 10미터 너비의 돔이 집회 공간 위쪽을 뒤덮었고, 내부의 상당수가 아름다운 스테인드글라스로 되어 있다. 사진 속에는 별이 흩뿌려진 모습이며 명문은 일, 문화, 선의의 도덕성을 강조한다. 24개의 기둥은 하루의 시간을 상징한다.

대탈출과 유대교회당

솔로몬 왕이 죽고 난 뒤 그의 영토는 북쪽의 이스라엘 왕국과 남쪽의 유다왕국(남유다 왕국, 유대, 유대왕국)으로 갈라졌다. 기원전 586년 바빌로니아로 의해 유다왕국이 멸망했다. 솔로몬의 성전은 파괴되었고 많은 유대인들이 추방당했지만 사원이 없어도 국가 종교는 살아남았다. 기원전 539년 신바빌로니아가 페르시아제국의 고레스 대왕(키루스 2세)에게 패하면서 바빌론에 잡혀 있던 많은 유대인들이 해방되어 다시 예루살렘으로 돌아와 신전을 새로 지었다.

이 시기와 기원전 3세기 사이에 현재 유대교의 많은 특징들이 생겨났다. 특히 예배를 볼 수 있는 지역별 성소가 생겨났고(우리는 이런 공간이 3세기 중반에 존재했다고 알고 있음) 이곳에서 사람들이 만나 기도하고 토라를 공부했다. 이 유대교회당(그리스어로 '집회'를 지칭)은 지역 공동체에서 관리하며, 이곳에서 '랍비'라고 부르는 존경받는 스승이 탄생했다. 안식일 등 전체 공동체가 다 모이는 행사에서 유대교회당은 예배를 하기 위해 사람들이 모일 수 있는 최초의 공간이었다.

유대교회당은 효과적인 기도실이다. 그 속에서 신성한 것은 토라의 두루마리가 유일하다. 사원은 유대교의 위대하고 신성한 희생의식을 거행하는 장소이며 내부는 사제만 들어갈 수 있다. 기원전 첫 세기에 헤롯(유대의 왕. 친로마 정책을 펴 유대왕국을 발전시켰으나, 그리스도의 탄생을 두려워하여 베들레헴의 두 살 이하 유아를 모조리 죽였다고 한다. 예루살렘 성전과 극장을 건축했음)이 웅장한 규모로 확장하고 재건축했고 서기 70년에 유대인 로마 전쟁 당시 로마 인이 유대인들을 탄압하면서 파괴했다. 유대인들은 예루살렘에서 탈출했고 이들은 다양한 언어를 쓰는 고대 사회 속에 이미 자리 잡은 유대인 공동체로 흡수되었다. 성전이 없어서 희생의식은 중단되었고 사제직도 사라졌다. 이로 말미암아 유대교회당이 유대교 예배를 보는 주요 장소로 부각되었고 특히 서기 3세기부터 많은 수의 유대교회당이 지어졌다.

두 번째 신전을 잃은 뒤인 이 시기에 유대교회당의 내부 배치가 일관화된 것으로 보인다. 공간은 일반적으로 직선이며 세로축이 예루살렘을 향한다. 예루살렘을 향하는 벽중앙이 성소로, 신성한 토라를 쓴 정교한 성궤가 조심스럽게 보관되어 있다. 또한 축 위에는 성궤를 마주하는 위치에 기도자들을 이끄는 플랫폼인 비마가 있다. 이 공간 옆 벽

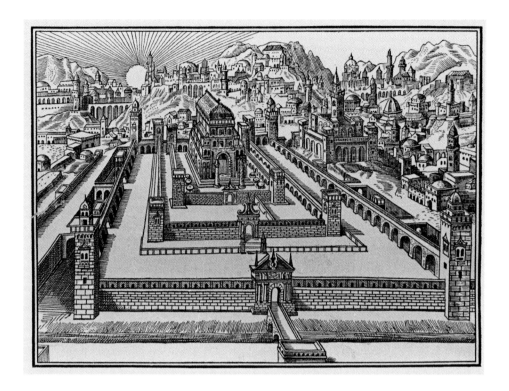

이 튀어나온 부분이 신도석이다. 신성한 공간의 계층적 배치를 반영한 배열로 신성한 글귀가 보관된 장소가 사원과 이동식 예배소에서 전부 보일 수 있도록 한 것이다.

일부 오래되고 아름다운 중세 유대교회당이 남아 있지만, 다수는 유실되고 초기 시대의 폐허만 존재한다. 서기 2세기부터 6세

솔로몬의 성전
기원전 967~960년, 이스라엘, 예루살렘

열왕기 상권 6장에 설명된 내용에서 영감을 받아 그린 17세기 솔로몬의 대성전 인쇄물이다. 성전을 짓는 데 7년이 걸렸고 18만 명이 동원되었다. 솔로몬 왕이 이곳에서 거행한 의식을 주관했다. 의식이 절정에 달할수록 연기가 성전 안을 가득 채워 신의 영광이 그곳에 남아 있다는 점을 강조했다. 오로지 사제만 건물 안으로 들어갈 수 있고 최고 사제만 일 년에 한 번 지성소로 들어가는데, 이곳에는 하느님이 모세에게 전한 말씀을 보관되었다고 믿는 금빛 언약궤가 놓여 있다.

기 사이 지중해 사회의 모든 종교건물과 마찬가지로 처음 등장한 사원 이후의 유대교회당은 로마 양식을 띠었다. 간간히 화려하게 장식했으며 벽에는 아름다운 인물이 새겨진 모자이크나 성서의 이야기를 그려 넣기도 했다. 우상숭배를 이유로 유대교 예술에서 일반적으로 피해왔던 이미지이기는 하지만, 현 다마스쿠스 국립박물관에 있는 두라 에우로포스의 초기(서기 3세기 중반) 유대교회당은 특별히 보존되어 있다. 이후에 나타난 유대교회당은 더 많이 남았고 지역의 양식 전통을 이어받아 기독교 고딕 혹은 무

모세와 호렙 산의 돌
서기 245년경, 시리아, 두라 에우로포스

1930년대에 버려진 두라 에우로포스의 유대교회당 안에서 발견된 이 작품은 유대교의 우상숭배 금지에 대한 새로운 해석을 가능하게 해준다. 유대교의 역사와 율법을 가르치기 위해 많은 회화가 사용된 것으로 추정된다. 이 그림은 출애굽기 속이야기를 묘사하고 있고 모세가 호렙 산(모세가 율법을 받은 곳, 시나이 산)의 돌을 던져 광야에서 이스라엘 인들에게 먹일 물을 얻었다는 내용이다.

어 이슬람 양식 혹은 인도나 중국풍을 띠어 아시아 전역의 고대 유대인 공동체의 모습을 반영했다.

유럽의 상당수 지역에서 기독교인 사이에 악성적인 반유대주의가 발달했다. 유대인 거주지는 국가에 의해 특정 영역으로 한정되었고, 유대인의 활동은 제약을 받았다. 종교적 이유로 건축적 웅장함에 반대하는 유대인도 있지만 그보다는 많은 유대인 사회의 억압받은 환경 때문에 유대교회당은 규모가 클 수 없었고 일부 회당은 밖에서 알아차릴 수 없을 정도로 작았다.

7세기부터 종교적으로 한층 완화된 분위기가 유럽 일부 지역에서 확산되었고 계몽주의가 생겨나면서 유대교회당 건축이 서서히 꽃피우기 시작했다. 20세기에 들어 러시아와 동유럽에서 빈곤과 폭력적인 억압에서 탈출한 유대인들이 이주하면서 유대교회당은 세계 여러 곳에 세워졌다. 당시의 웅장한 '대성당' 혹은 '합창' 유대교회당으로 베를린의 신 시나고그(1859년)과 뉴욕의 에마뉴엘 사원 등은 예배를 볼 수 있는 인상적인 장소다. 오하이오 주 클리블랜드에 있는 에리히 멘델존 공원 시나고그(1950년)의 돔 형태 예배당처럼 양식적으로 실험적인 곳도 존재한다. 이런 유대교회당은 종종 강당, 주방, 학교 등 공동체 삶에서 중요한 역할을 하는 다양한 시설을 내부에 갖추고 있다.

20세기 들어 유럽 유대인 대학살로 말미암아 수많은 유대교회당이 파괴되고 값진 예술 작품들이 사라졌다. 1948년 근대 이스라엘이 생겨난 이후로 이곳에 정착한 유대인들은 다채로운 유대교회당 건축을 선보였다.

프린세스 로드 시나고그
1874년, 영국, 리버풀, 올드 히브리인 신자들 콘그리게이션

동서양의 양식이 잘 혼재되어 있고 솔로몬의 성전을 고고학적으로 재건하는 데 일부 영향을 받은 이 표준 양식의 유대교회당은 비마가 성소의 궤를 향하고 있다(예루살렘 혹은 미즈라[mizrah, 시나고그 안에서의 성궤 양측에 있는 귀빈석 또는 시나고그의 동쪽의 벽]의 끝). 여성 예배자들을 위한 갤러리도 있다. 이곳에 앉으면 궤가 아니라 비마를 마주하며 그 너머로 성가대의 갤러리가 자리한다.

신 시나고그
1859년, 독일, 베를린

'대성당-시나고그'는 19세기부터 가장 인상적인 예배장소 중 하나다. 유대교 개혁 운동을 통해 형성된 이 건축물은 예배 음악까지 달라지게 만들었다. 당대의 과거 양식을 반영한 것은 무어인과 이집트의 모티프가 시나고그에 적용되었다는 의미다.

완전하고 복잡한 영향

여러 방식에서 유대교회당은 교회와 사원의 청사진을 제공한다. 예를 들어, 이동식 예배소에 뿌리를 둔 궤, 비마, 집회 공간의 배치는 사원의 미흐라브, 민바르, 기도실과 교회의 제단, 설교단, 신도석과 유사하다. 그러나 유대교의 어떤 기능이 정확히 어떻게 활용되었으며 언제 어떤 방식으로 건축 사상이 종교들 사이에 오갔는지는 풀기 어려운 숙제로 남아 있다. 유대교회당은 신전을 잃어버리고 기독교가 출현했을 때 발생한 디아스포라를 경험하면서 완전히 자리 잡은 것으로 추정된다. 그리스 로마세계의 예술 및 철학적 전통과 극동과 중동 지역의 종교건축물 역시 이 세 종교 발전의 배경이 되었다.

그럼에도 불구하고 신전의 부재(신전이 있던 곳으로 여겨지는 장소는 현재 오마르의 사원이 되었음)와 신성한 예루살렘 도시는 모든 이스라엘 사람들에게 중요하게 남아 있다. 성경에 적힌 성전에 대한 언급이 교회 예배식과 건축에 영향을 미쳤고 이슬람의 카바와 사원의 관계는 신전과 유대교회당의 관계에서 비롯되었다. 유대교는 그 규모를 넘어서 영향을 미쳤고(전 세계 약 1,500만 명) 유대교회당은 최소 서양에서는 지금까지 사용되는 가장 오래된 종교건축물이라고 단언할 수 있다.

유대력

518~527년경 추정, 이스라엘, 이즈레엘 골짜기(에스드라엘론 평야), 베트 알파의 유대교회당

　서기 3세기에서 7세기는 그리스로마 세계의 시각적 전통이 개입해 유대 문화에서 가장 매혹적인 시기였다. 유대교회당의 중요성이 유대교 종교 생활에서 커졌고 야심찬 기독교회의 표본이 경배 장소에서 신성한 장면을 묘사하는 것을 금기시 여겼던 것에서 벗어나 예술을 꽃피우는 계기가 되었다.

　베트 알파에서 발견된 모자이크는 팔레스타인이 비잔틴왕국에 속할 때 만들어진 민속 공예로, 작은 유대교회당 바닥 전체를 덮는다(14×28m). 이 모자이크를 만들 때 유대교회당 자체는 신축이 아니었다. 현재 모자이크 아래에 단순한 모자이크 바닥이 깔려 있다. 이후 6세기에 비마가 건물에 더해졌다. 지진으로 말미암아 건물 전체가 무너진 관계로 유대력을 묘사한 이 모자이크만 살아남았고 7세기에 있었던 우상 파괴에서도 무사해 지금까지 보존되었다. 묻혀 있던 유대교회당은 1928년 영국이 통치하는 팔레스타인의 유대인 거주자가 다시 발견했고 현재는 고고유적 공원의 일부가 되었다.

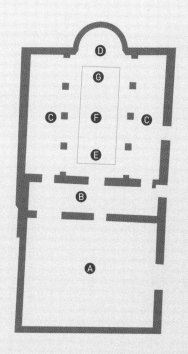

베트 알파의 유대교회당
518~527년경, 이스라엘, 이즈레엘 골짜기

베트 알파 유대교회당은 Ⓐ 안마당과 나르텍스(정면 입구와 네이브 사이에 설치된 현관 홀) 혹은 Ⓑ 입구 복도를 통해 진입한다. 넓은 바실리카식 평면으로 내부에 Ⓒ 기둥이 세워져 있으며 4.5미터 너비의 중앙 공간을 에워싼다. 벽에는 벤치가 놓여 있고 그 위로 여성 신도석이 자리한 것으로 추정된다. Ⓓ 남쪽 벽의 애프스는 예루살렘의 방향을 표시한다. 내부 전체가 모자이크로 장식되어 있으며 중앙은 가장 중요한 장면으로 채워져 있다. 건물의 방문객용 입구에는 세 가지 장면을 담았을 것으로 보인다. 입구에는 Ⓔ 이삭의 희생이, 주 공간 중심부에는 유대교 의식년의 중요성을 반영한 Ⓕ 커다란 12궁도가, 그리고 성소 맞은편에는 토라 두루마리가 보관된 궤를 중심으로 Ⓖ 성소를 채우는 물건에 대한 묘사를 담았다. 모든 것이 아람어로 적혀 있고 정문 문지방의 명문은 바닥을 만드는 데 기부한 사람(지역 공동체와 특별히 공헌한 랍비와 그의 아들)과 만든 사람인 마리아노스와 그 아들 하니나의 이름이 그리스어로 적혀 있다.

❶ 아브라함(윤광, 머리 뒷부분의 둥근 광채)은 불
꽃 위로 아들 이삭을 들고 있지만 하늘에서 아들
을 죽이지 말라는 목소리가 들려왔다. 희생과 신
의 운명을 주제로 한 이 이야기는 같은 시기에 기
독교 예술에도 등장한다. 창세기 22장 13절에 설
명한 것처럼 수풀에 숫양의 뿔이 걸려 있다. 놀랍
게도 유대교 예술에서 하느님의 손이 야자수가 자
라는 곳으로 여겨지는 천국에서 솟아나왔다.

❷ 그리스 신화에 나오는 태양신 헬리오스의 머리
가 빛에 둘러싸인 채 새벽을 열 듯 어두운 밤하늘
아래에서 말 네 필이 끄는 마차를 타고 솟아오른
다. 그는 에스겔서(대예언서의 하나)에 등장하는
신성한 마차를 연상시킨다. 이 태양 표식은 12개
의 패널로 둘러싸여 있으며 반시계 방향으로 움직
이며 12궁도를 구성한다. 게자리가 맨 위 한여름
을 지칭하며 이 지역에서 나는 게의 모습으로 묘
사되어 있다. 사계절은 사각형의 네 귀퉁이에 자
리한다.

❸ 성궤는 화려하게 장식된 문이 있는 이동식 예배소로 묘사되었다. 그 뒤편에 신성한 토라의 두루마리가 놓인다. 궤의 디자인은 예루살렘 신전을 반영했다.

❹ 한 해의 주요 행사마다 관련 항목이 배치되어 있다. 단식과 신년제에는 뿔피리(맨 아래)를 불며, 장막절(초막절, 종교력 7월 15일부터 일주일간 이어진 일종의 추수감사절) 축제에는 야자나무 가지와 레몬처럼 생긴 과일 에스로그(이동성전의 축제에서 야자나무 가지와 함께 쓰이는 시트론 열매)를 활용한다.

❺ 아름답게 장식한 궤의 박공 중심부에는 영원한 빛이 달려 있고, 이 빛은 하느님이 인간의 생명을 선사한 것을 기념하기 위해 궤 앞에서 계속 불타오른다.

❻ 가지가 일곱 개 달린 칸델라브룸 촛대로 예루살렘 성전에서 사용되었다. 불이 두 개 켜진 촛대가 모자이크 위에 묘사되어 있고 각각은 꽃봉오리 장식으로 꾸며졌다.

기독교

───○ 인간의 모습을 한 신 ○───

　전 세계 유명한 교회는 신도들이 한곳에 모여 성찬식과 같은 신성한 의식에 참여하고 모임을 하기 위한 장소로 설계되었다. 교회는 서로 연결되는 두 종류의 공간이 필요하다. 한 곳은 사람들을 다 수용할 만큼 커야 하고, 다른 한 곳은 사제가 의식을 행할 수 있는 작은 성소여야 한다. 이 두 가지 요건이 교회 건축물 형성에 큰 영향을 미쳤으며 그 다양한 모습을 살펴보면 놀랍다.

　주된 형태는 로마의 집회장소인 바실리카의 축과 형태를 모방한 것이다. 바실리카는 넓고 높은 중심부의 양옆으로 통로가 있고 그 끝이 애프스로 알려진 반원형의 제실로 이어진다. 주 공간이 신도들을 모으는 용도로 쓰인다면 애프스는 성소로 오로지 사제만 출입이 허락된다. 그 속에는 성찬식을 거행하는 용도로 쓰이는 테이블처럼 생긴 제단이 놓인다. 교회는 돔이나 종탑을 세워 밖에서 한층 두드러진다.

　두 번째로 중요한 계획은 원형 혹은 다각형으로 중앙 공간을 감싸는 외부 통로를 집약적으로 설계한 것이다. 이 중앙 성소에는 제단을 놓거나 혹은 무덤이 자리한다(이 형태는 로마의 묘를 본뜬 것). 이런 기념적인 구조는 기독교에서 중요시하며 지금도 마찬가지인데, 희생이 종교의 핵심이고 그 창시자인 예수 그리스도도 그렇게 했기 때문이다.

죽음, 희생, 그리고 부활
나사렛 예수는 로마에 점령당한 팔레스타인의 정치적 긴장 속에서 유대인 설교가로 활

부활절 '성화의 기적'
325/326~336년 이후, 예루살렘, 성묘교회

4세기 이후로 많이 수정되고 다시 지어진 이 원형 부활교회는 전 세계 기독교도들에게 가장 큰 영향을 끼친 건물 중 하나다. 중앙에는 바위에 새겨진 성묘가 있고 그 속에 그리스도가 매장되고 부활한 무덤이 자리한다. 매년 부활절에 동방정교회 신도들이 이곳에 모여 무덤 안에서 기적적으로 타오르고 있다고 믿는 불꽃을 감상한다.

초기 기독교 예술

초기 기독교 유적지인 지하묘지와 가옥 교회, 순교자 기념 성당은 기독교 상징의 언어로 장식되었다. 물고기(그리스어로 그리스도를 지칭하는 말의 머리글자를 딴)와 키로 크리스토 그램처럼 일부 표식은 새롭게 등장했다. 그 외에는 하느님의 선한 목자인 그리스도, 헤르메스가 무리를 보호하는 양을 데리고 오는 그리스로마의 이미지, 동물까지 매료시키는 오르페우스, 요나와 고래 이야기 같은 구약성서의 모티프 등이 사용되었다.

그리스도를 무리를 보호하는 목자로 묘사한 이 그림은 4세기 혹은 그 이전 로마의 프리실라 카타콤(Catacomb of Priscilla)에서 출토된 것이다.

동했다. 일부 유대인들은 그가 메시아로 유대교 명판에 예언된 새로운 평화의 시대로 안내할 신의 부름을 받은 자라고 주장한다. 그의 추종자들은 예수는 완전히 인간이면서 완전히 신이 될 수 있으며 인간의 모습으로 등장한 유일신의 통합적인 모습이라고 주장한다. 그는 인간을 위해 스스로를 희생했고 그로부터 사흘 뒤에 죽은 상태에서 부활했다. 종말의 시간이 오면 그리스도가 위풍당당한 모습으로 나타나 산 자와 죽은 자를 심판할 것이고 신의 왕국을 건설한다는 것이다. 그리스도의 희생을 기념하는 성찬 의식에서 빵과 포도주는 그리스도의 육신과 피를 의미하며 기독교인들은 이와 비슷한 부활을 희망하며 살아간다.

또한 그리스도의 희생은 그가 죽음을 맞이한 십자가 상징으로도 기억된다. 세 번째 주요 유형이 이 점을 일깨워준다. 교차랑이라고 부르는 건물 축의 북쪽과 남쪽을 가르는 공간을 배치해 십자가를 형상하는 것이다. 이런 구조에서 제단(혹은 무덤)이 중앙에 놓이거나 축의 끝에 자리한다. 건물 교차랑의 길이 또한 다양하다. 길이가 같으면(그리스 십자가) 평면이 중앙집중화되고 한쪽이 길면(라틴 십자가) 교차랑을 통해 건물이 나누어지는 축을 이룬다.

다양성과 변화

축과 중앙집중적인 구조를 다각도로 혼합하는 방식을 살피는 것이 기독교 건축의 주요 테마로 덕분에 상당한 수준의 양식적 혁명이 이루어졌다. 이 다양성은 부분적으로 성찬식에 대한 기독교인들의 다양한 이해를 반영하고 있다. 동방정교회에서 이 의식은 '성체 예의(Holy Mystery)'이며 성소는 성화벽이라고 부르는 벽처럼 생긴 장막 뒤쪽에 가려 있다. 이와 비슷하게 로마 가톨릭교회의 승리문, 칸막이, 제단 난간은 이 전통에 따른 성찬식의 해석을 반영한 것이다. 일부 비국교도의 경우 성찬식(Eucharist)은 주로 음식을 나누는 용도로 간간히 행해진다. 교회는 단순히 사람들이 만나는 공간으로 제단을 가지고 있지 않다. 이런 다양한 해석들이 각각 성소에 영향을 미쳤다.

성소는 특히 동방정교회와 서방(라틴 혹은 로마 가톨릭) 교회전통에서 중요시 여기며 기독교 건축의 토대이자 서기 3세기부터 17세기 혹은 18세기까지 지속적으로 발전해왔다. 그렇게 해서 탄생한 건축물이 하나의 공간을 칸막이로 나눈 것 이상을 보여주지 못하지만 가장 복잡한 것은 거대한 미로와 같은 구조로 예배당이라고 알려진 작은 성소로 연결되는 곳에 많은 제단을 두고 주 제단은 건물의 중심부에 자리한다.

이미지와 의미

기독교는 종종 사상을 비유하는 요소로 물리적인 형태를 사용했다. 영어로 교회인 'church'는 토론장소를 뜻하는 그리스어 'ekklesia'에서 유래한 것으로 교회 건물을 지칭하면서도 신앙공동체를 의미하는 뜻으로 사용되었다. 궁극적으로 이 비유적인 사고방식은 성찬식의 상징주의에서 비롯된 것으로 추정되며 기독교의 핵심 믿음인 하느님이 인간으로 변신한 성육신에 대한 사상까지 초월했다.

성경 속 천상은 아주 거대한 공간이지만 규율에 따른 도시와 같은 환경이며 초자연적인 불빛이 밝혀주고 귀중한 돌로 지어졌다. 성소와 결합해야 하는 커다란 내부 공간과 집회가 이루어지는 독자적인 공간에 대한 설명은 수세기 동안 건축 발전에 충분한

연료가 되어주었다. 아치형 지붕과 돔은 종종 천상을 의미하는 용도로 사용되었고, 탑 꼭대기에 세운 종탑은 천국과 가장 가깝다는 점을 강조했다.

간혹 특정 모티프가 특정 의미와 결합되기도 했지만 시간이 지나면서 이런 방식은 사라진 듯하다(39쪽 참고). 하느님의 보이지 않는 세 가지 측면인 성부, 성자, 성령의 기독교 삼위일체를 의미하는 숫자 3과 그리스도의 첫 제자를 의미하는 숫자 12 등이 자주 등장하지만 특별한 경우에만 이 숫자들이 상징적으로 작용한다.

다른 특정한 의미는 이미지와 관련이 있다. 이론적으로 평신도에게 지식과 지침을 주고 하느님의 공간에 아름다움을 더하는 기능을 한다. 그러나 종종 자체적으로 문화적인 집중을 받게 되는 경우가 많다. 관습적인 특성이 해당 주제를 인식하도록 도와준다. 성 베드로는 열쇠를 들고 있고 성 바울은 검을 들고 있다. 예수의 탄생이나 십자가형은 도상화로 여겨진다. 일부 기독교 전통은 십계에 적힌 지침에 따라 이미지를 금하며 여러 시기에 성상 파괴가 있었다고 지적한다. 그래서 상당히 단조로운 교회가 등장했고 이 공간은 단순한 상징 혹은 성서 글귀로 장식했다.

신성한 풍경

대다수의 전통에서 교회가 자리한 부지는 성스러운 장소로 여겨져, 벽을 세워 일반 세상과 분리했다. 이곳은 일반적으로 매장용으로 사용되었다. 이 자리에 들어선 건물은 동쪽인 예루살렘을 향해 보도록 배치한다(51쪽 참고). 예루살렘은 그리스도가 죽고 부활한 장소로 최후의 만찬이 벌어진 곳이자 비유적으로 천산과 교회를 의미한다. 교회의 입구 파사드 역시 예루살렘의 벽(79쪽 참고)을 향하고 있으며 내부 특히 성소는 그 도시 자체를 상징한다. 순례자들은 실제 예루살렘으로 모이고, 그 교회의 형상과 언덕 위에 위치한 도시의 물리적인 배치는 큰 영향을 미쳤다.

그리스도의 삶을 그대로 따르고자 했던 개인으로서 기독교 성자의 묘는 전 세계 기독교도들의 성지 순례길로 인기가 많다. 예루살렘 이후 순례자들에게 가장 인기 있는 목적지는 그리스도의 초

이타적인 희생
1120년경, 이탈리아, 로마, 산 클레멘테 성당, 애프스 모자이크

십자가형을 당한 그리스도를 보며 슬퍼하는 마리아와 사도 요한이 양옆에 있는 이 장면은 그리스도의 고통을 일깨우는 용도로 오랫동안 사용되었다. 나무에서 솟은 십자가는 천국에 계신 하느님의 손으로 이어져 교회의 성장을 상징한다.

진화하는 교회의 형태

Ⓐ로마의 산 파올로 푸오리 레 무라 대성당(384년)처럼 초기 교회의 기본 배치는 로마 예배당 혹은 회관의 형태를 하고 있다. 축성 건축으로 ❹나르텍스로 알려진 입구로 들어가 ❸양옆으로 통로가 있는 널찍한 신도석으로 이어지고 성직자가 예배를 볼 때 앉는 ❶애프스로 끝난다. 그러나 설계자들이 ❷교차랑의 초기 형태인 교차되는 공간을 더했고, 애프스가 아닌 이곳에 제단을 놓았다. 성인의 묘는 제단 앞 아래에 놓였다.

베니스의 Ⓑ산 마르코 바실리카(약 830년, 그리고 1063년경 이후)는 동양 혹은 비잔틴 양식의 전형으로 ❷교차랑이 십자가 형태 혹은 중앙집중형인 그리스십자가 모양으로 ❸주축을 강조해 커다란 돔이 축을 따라 있으며 그 너머로 주 제단이 속한 ❶의식용 애프스가 자리한다. 그 아래로 성 마가를 모신 지하묘지가 놓인다. 돔은 주 공간을 다 덮으며 좁은 복도와 예배당이 주위를 감싼다. 1204년 신도석 주변까지 ❹웅장한 나르텍스를 연장했다.

서양 교회에서는 축이 중심이 되며 Ⓒ스페인의 산티아고 데 콤포스텔라(1075년경부터 축조 시작)처럼 아치형 지붕이 돔보다 더 인기를 끌었다. 면을 구성하는 요소는 그리스 십자가만큼 통합적이지 않으며 ❸긴 신도석과 ❷교차랑에 모두 양쪽으로 통로가 있고 교차랑을 벗어나서 타원형 예배당이 동쪽을 향한다. ❶다른 예배당은 애프스 주위로 연장되며 회랑과 재단과 더불어 동쪽 끝을 구성한다. 나르텍스는 ❹웅장한 현관으로 교체되었고, 그 위에 뾰족한 파사드가 세워졌다. 로마네스크가 가톨릭으로 흡수되면서 이런 요소들이 단일화되었다. 교차랑과 예배당이 돌출되는 형태가 줄어들었고 동쪽 끝은 배치가 다양해졌다. 그리고 일반적으로 지하묘지를 두지 않았다. 묘는 이제 주 제단 뒤쪽에 세워지고 부벽을 한층 강조했다. 르네상스 시대에 이르러 돔과 중앙집중형 평면이 부활해 새로운 방식의 축성 평면과 결합했다. 바로크 양식이 부흥하면서 같은 배치지만 공간의 구분이 생겼다.

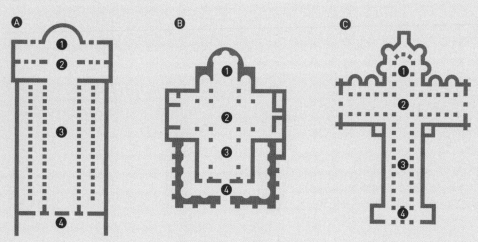

기 제자인 베드로와 바울이 묻힌 로마다. 산티아고 순례길처럼 프랑스 중부에서 스페인 북서부 산티아고 데 콤포스텔라로 향하는 길처럼 주요 순례길에는 웅장한 교회들이 자리하고 있다. 기적이 행해진 곳부터 성스러운 우물에 이르기까지 지역 문화와 신성한 부지 역시 널리 퍼져 있다.

기독교는 고대 세계의 건축적 발견을 가져왔고 이를 재발전시켰다. 엄청나게 넓은 내부 공간과 빛으로 밝히는 방식을 창조했으며, 이런 방식은 세계적으로 퍼져나갔다. 기독교 건축은 '양식'이라는 생각을 처음으로 하게 해주었고, 장식의 새로운 형태를 꾸준히 추구했다. 실제로 11세기부터 지금까지 서구 유럽은 이러한 건축양식이 끊임없이 발전해왔고, 그렇게 지어진 교회들은 유명한 양식을 전형적으로 보여주었다. 이 같은 활기는 기독교 안에 깊이 자리하고 있다.

최초의 교회

300년 동안 기독교는 전혀 건축에 영향을 미치지 못했다. 지중해 전역에 퍼져 있던 기독교인들은 처음에는 부수적인 집단으로 여겨졌는데 유대인들이 탈출한 뒤 서기 70년에 신전 파괴가 일어난 것이 그 이유로 추정된다. 기독교가 주요 종교가 된 이후 왕궁

에나멜과 구리로 된 성유물함
1185~1195년경, 프랑스, 리모주

성자숭배 문화는 서구 기독교 세계에서 번성했다. 많은 신도들이 천국에 가 있는 영혼의 잔해 가까이에서 기도를 하는 것이 효험이 더 크다고 믿었다. 성자의 유해를 보관한 교회가 묘를 만들었고, 순례자들이 이곳으로 몰려들었다. 더 많은 교회들이 이 사진처럼 아주 작은 성유물함을 보유했는데 그 속에는 뼈 조각, 성자 혹은 성자들의 머리카락이나 관련된 물건이 들어 있고 특별한 경우에만 공개되었다. 당대 유럽 에나멜 세공의 중심지였던 리모주에서 제작한 성유물함은 주로 작은 교회나 가옥의 형태로 만들어졌고, 파리 생트 샤펠 성당(203쪽 참고)과 같은 일부 고딕 교회들은 거대한 묘지 같은 형상으로 제작했다.

의 희생의식에 참여하는 것을 거부한 까닭에 로마제국에서 이들을 위협으로 보게 되었다. 폭력적인 종교 박해가 산발적으로 발생하면서 많은 순교자들이 나왔고, 그 과정에서 최초의 성인 숭배 문화가 생겨났다.

이 시기에 기독교인들은 가옥 교회에서 모였고 야외나 지하(납골당) 공동묘지에 묻혔는데, 다른 종교의 가옥 및 묘와 건축적으로 동일했다. 시리아의 고대 유적도시 두라에우로포스(256~257년)에 남은 유적을 통해 잠재적 개종인들을 가르치는 개별 공간과 예배를 보는 장소, 성수를 담은 욕조를 지나 잘 꾸며진 아치형 휴게실로 연결되는 구조까지 후에 기독교 교회에서 공통적으로 보이는 내부 모습을 대략적으로 살펴볼 수 있다. 순교자들의 무덤은 작은 건축 구조로 표시되는데 그리스로마시대 위대한 인물의 무덤 위에 세운 헤로아와 같은 형태가 많았다. 서기 250년경 로마의 산 칼리스토의 카타콤에 있는 교황의 납골당이 그 예다. 이곳은 최초의 순교자기념성당으로 묘지이자 추도의 기능을 하며 4세기에 번성했다(184쪽 참고).

이 시기 기독교에서 유대인과 그리스로마 문화사상의 결합이 두드러졌다. 기독교 예배의 많은 측면이 유대교에서 기원했다. 성찬식은 그리스도의 죽음 직전 사도들과 즐겼던 최후의 만찬을 기념해 유대인들이 음식을 나누어 먹던 유월절에서 유래했다. 유대교도(후에 이슬람교도)와 마찬가지로 기독교도들도 매주 안식일 혹은 축일, 그리스도 탄신일(크리스마스), 그리스도의 죽음과 부활(부활절) 등 과거의 중요한 날들에 모였다. 상당수 기독교인들이 성소가 유대교 신전(그 이전에는 성막)에서 기원했다고 여긴다.

계층사회가 잘 이루어진 로마제국이 등장하면서 주교가 신부 집단과 신도들을 통치했다. 중요한 사실은 기독교가 그리스로마 사회 전역에서 건축 모티프와 신성한 이미지를 사용하는 풍부한 전통을 받아들였다는 점이다. 초기 교회에서 주교는 그리스어로 'kathedra'라고 알려진 애프스의 먼 쪽 끝에 자리한 특별한 좌석 혹은 왕좌에 앉았다. 그래서 이런 좌석을 가진 교회를 '대성당(cathedral)'이라고 부르게 되었다. 건축 체계는 대성당과 다른 교회를 구분하게 했고, 기독교의 건축적 창의성이 완전히 집약된 것으로 보이는 대성당과 주요 수도 교회를 최우선으로 여기게 되었다. 서기 300년쯤 의도적으로 세운 기독교 회관 일부를 제외하고 '위대한 교회'는 서기 312년부터 생겨났다.

교회 건축의 고안

4세기 초, 로마 황제 콘스탄티누스(306~337년 통치)가 일련의 사건을 주도했고 그가 전 왕궁의 패권을 얻기 위해 싸우는 동안 그리스도는 그의 초자연적인 후견인이 되었는데 기존 황제들이 주피터, 아폴로 혹은 무적의 태양신을 숭배하는 것과는 차원이 달랐다. 콘스탄티누스는 종교의 자유를 선언하면서 기독교 박해에 종지부를 찍었다. 제국의 서쪽 절반이 점진적으로 붕괴되는 것에 반발해 324년부터 그는 수도를 동쪽으로 약 1,400킬로미터 떨어진 비잔티움으로 옮기고, 이곳을 새로운 로마라고 부르며 콘스탄티노플이라고 명명했다.

콘스탄티누스가 기독교에 대해 완전히 이해하고 개인적으로 헌신했는지는 여전히 의문이 남는다. 그럼에도 불구하고 그보다는 적지만 어머니 헬레나와 아들 콘스탄티누스 2세는 여러 곳의 주요 기독교 숭배 장소를 짓는 데 후원자로 나섰다. 그중 가장 중요한 건축은 로마에 있다(313년부터 지은 성 요한 라테라노 대성당과 324년부터 지은 성 베드로 순교자 기념 성당을 포함해서). 서기 70년부터 발생한 사건의 영향을 덜 받은 예

동쪽을 향하는 애프스
532년부터, 이탈리아, 라벤나, 산 타폴리나레인 클라세 성당

라벤나의 오래된 항구에 위치한 이 바실리카는 웅장한 모자이크가 특징이며 한때는 바닥을 포함해 더 많은 모자이크가 있었던 것으로 추정된다. 제단이 대략적으로 동쪽을 향하는데 이것이 형식이 되었다. 그래서 서쪽에 입구가 놓이고 북쪽과 남쪽에는 복도나 교차랑, 동쪽에는 애프스가 오게 되었다.

루살렘에는 그리스도가 죽고 부활한 장소에 위대한 교회(성묘 교회, 325/326~336년)가 세워졌다. 그리스도의 탄생지(예수탄생교회, 333년)인 베들레헴에도 마찬가지다. 이들 교회는 곧 콘스탄티노플의 주요 교회(350년경에 세워진 성 사도 교회와 360년에 세워진 성 소피아 성당)와 함께 위용을 과시했다. 로마제국의 이 신성한 풍경은 기독교를 새롭게 형성했고, 그 과정에서 새로운 형태의 건물이 생겨났다.

크고 세속적인 예배장소를 교회에 접목시킨 이가 바로 콘스탄티누스 황제다. 예배당의 애프스 장식은 치안판사들이 차지했고, 황제나 신의 이미지도 변함없이 들어갔다. 동시에 중앙에 위치한 무덤은 황제를 위해 사용된 거대한 묘로 주변으로 복도가 이어지는 형상이다. 이런 혁신은 숭배라는 실용적인 용도를 지니고 이단 사원(비록 유대교회당과의 차이는 적지만)처럼 보이지 않게 하려는 순례자들의 노력과 기독교를 로마 황제의 권위와 결합시키려는 의도에서 이루어졌다.

초기 바실리카 중에서 가장 위대한 곳은 로마에 있는 산 피에트로 바실리카로 길이 119미터, 너비 64미터에 달한다. 나르텍스로 알려진 회랑 복도를 통해 안으로 들어간다. 교회의 입구 벽은 그때부터 중요한 곳으로 작용했다. 원래 야외 묘지에 있던 베드로의 무덤이 이 성소 중앙에 솟아 있다. 성자의 묘와 주 제단 사이의 긴밀한 연관성은 여전히 중요하게 생각되었다. 이후 묘는 종종 제단 아래 지하납골당과 비슷한 묘지에 묻거나 제단 바로 뒤에 직접적으로 배치했다. 순례자들을 위한 공간을 만들고 이 신성한 영역을 교회의 다른 부분과 분리하려는 생각이 널리 퍼지면서 애프스와 주 회관 사이 북쪽과 남쪽으로 길게 공간을 두었다. 이곳이 최초의 교차랑이다. 지금 성 베드로 교회로 알려진 이곳은 15세기까지 재건이 이루어지지 않았고, 이 시기 유럽 전역의 성직자들이 찾아왔다. 그 어마어마한 규모는 후에 세워진 건물에 영향을 끼쳤는데, 대표적인 예로 1093년부터 착공에 들어간 영국의 더럼 대성당을 들 수 있다.

이와 비교했을 때 예루살렘에 있는 성묘교회는 안마당으로 두 개의 건물이 연결된 구조다. 그리스도가 십자가형을 당한 장소 위에 바실리카가 서 있다. 그리스도가 부활한 장소인 원형 부활교회(성묘교회)가 영향력은 더 크다. 거대한 원형건물에 복도와 처마돌림띠가 있고 돔과 같은 지붕에 원래 언덕에 있던 무덤을 옮겨온 그리스도의 묘가 내부 중심에 노출형태로 자리한다(184~185쪽 참고). 그 이후에 생겨난 많은 원형 교회들은 추모용 건물일뿐 아니라 기독교의 중심부에 여전히 미스터리로 남아 있는 이 건물을 일깨워주는 수단으로 작용한다.

이와 동시에 새로운 이미지의 투영이 생겼다. 콘스탄티누스 황제는 그리스도를 유피테르, 아폴로, 무적의 태양신, 신이 된 황제의 이미지와 결합시켜 전지전능한 모습으로 묘사했다. 이는 기독교 예술에 지속적으로 영향을 미쳤다. 동방정교회는 '전능한 그리스도'의 모습을 자주 묘사하고(194~197쪽 참고), 로마 가톨릭에서는 우주의 지배자이신 그리스도의 이미지를 널리 활용했다. 이 시기에는 많은 고대 기독교 상징들이 사라지기 시작했다. 또한 십자가형이 점진적으로 기독교의 중심 이미지로 자리매김하기도 했다.

성취와 확산

380년부터 테오도시우스 황제(379~395년 통치)가 독자적이고 보편적인(혹은 가톨릭) 교회를 세우기 시작하면서 이단의 숭배 장소는 폐쇄했다. 이 건축물은 빠르게 확산되었다. 제국의 서쪽 수도격인 밀라노를 시작으로 이후 라벤나에서 중요한 교회들이 생겨났는데, 중앙집중식 평면에 복잡하고 야심찬 밀라노의 산 로렌초 성당(378년 이전 축조)과 라벤나의 산 타폴리나레 인 클라세 성당(532년부터)이 대표적이다. 이들의 화려한 모자이크 장식은 교회 내부를 장식하는 시초가 되었다. 이단의 사원과는 상당히 달랐지만 로마의 양식적 언어는 바뀌지 않고 남았다. 실제로 많은 교회들이 파괴된 이단 신전의 기둥을 재활용해서 지어졌다.

한편, 제국의 북쪽과 서쪽 변방은 전 로마시대 양식으로 돌아갔고 그곳의 도시는 폐허로 남았다. 황제와 더불어 제국의 수도가 동쪽으로 옮겨갔기 때문에 로마의 주교가 베드로의 사도적 권위를 가지고 있다고 주장하며 모든 기독교를 관할하는 자신의 권한을 강화해 스스로 교황(라틴어로 '아버지'라는 의미)의 자리에 올랐다. 이와 대조적으로 로마제국의 동쪽은 고대 도시문화와 그리스를 토대로 한 문명화를 유지했다. 일반과 교회 권위자들은 왕궁과 대성당을 '새로운 로마'에 배치했고 콘스타티노플의 총 대주교 역시 모든 기독교도를 통치할 권한이 있다고 주장했다.

동방정교회

유스티니아누스 황제(527~565년 통치)는 동쪽에 기반을 두고 쇠퇴하는 왕국을 안정시키고 532년에는 도시의 대성당을 재건하기 시작했다. 성 소피아 대성당은 세상에서 가장 멋진 건축물로 남아 있는데, 엄청나게 중앙집중화된 구조(71×77미터)에 미묘하게 축을 이룬 아래쪽과 그 위로 56미터 높이의 돔이 자리잡아 로마의 판테온과 쌍벽을 이룬다. 이 '위대한 성당'은 그 후에 엄청난 영향을 미쳤는데, 비단 돔 지붕이 천국을 생생하고 구현한다는 점뿐만 아니라 여러모로 특히 동방정교회에 막대한 영향력을 과시했고 이후에는 이슬람 세계(102~105쪽 참고)에도 파급력이 있었다.

또한 이 건물은 양식적인 시초가 되었다. 100년 정도 고대 건축의 선명한 양식 규범이 해체된 시기가 있었는데, 아치형 지붕, 돔, 아치와 아케이드(이 시기 상인방은 보기 어려움)와 같이 로마의 기술적 성취는 그 자리를 지켰지만 장식 방식이 달라졌다. 예를 들어, 성 소피아 대성당의 경우 기둥머리는 고대 방식이 보여주는 정교한 소용돌이 몰딩이 아니라 매끄러운 곡선이 돋보이는 평면으로 이루어졌고, 그 위에 평평하고 뾰족한 잎 장식으로 꾸몄는데 코린트식 기둥에 사용된 아칸서스 잎과는 달랐다. 콘스탄티노플을 기반으로 기독교를 강조하고 그리스 공통어를 쓰는 비잔틴 문화가 발달했다.

동쪽 비잔틴 세상에서는 중앙집중식 평면이 바실리카보다 더 인기가 높았다. 이 방식이 다양하게 발전하면서 중앙 십자형 주위로 작은 공간들을 무리지어 배치하는 방식(가장 보편적인 것이 사각형 속에 십자형을 배치한 모습)이 생겨났다. 돔이 건물 전체에 사용되었다. 교회의 본체는 중앙 돔 아래서 예배를 보는 사제들이 관리했고 동쪽 성소도 마찬가지였다. 신도들은 주로 부수적인 공간에 자리했다.

바실리카도 마찬가지로 예배 활동이 주를 이루었다. 신도들은 통로를 사용하고 중앙의 매장과 의식 영역은 성소로 이어지도록 배치되었다. 그러나 시간이 흐르면서 예배는 '성가대'로 알려진 동쪽 끝 공간에서 장막에 둘러싸인 채 이루어졌으며 그 너머로 사제석과 성소가 자리했다. 서방 교회

장엄한 모자이크
1011년 혹은 1022년, 그리스, 보이오티아, 호시오스 루카스 수도원

이 돔형 수도원은 매우 아름다운 동방정교회 건물로 벽은 대리석과 모자이크 장식으로 세워졌고, 중앙 돔 안에는 전능한 그리스도가 그려져 십자가 형태의 내부와 그 너머 반 돔형 성소를 내려다본다(먼 왼쪽). 작은 보조 공간과 갤러리가 끝에 놓여 '팔각형 속 돔' 평면을 구성한다. 1986년 이 수도원의 설립자인 성 루카스의 유해가 베네치아에서 이곳으로 돌아왔다.

특히 바실리카 교회가 점유한 곳은 현재 중앙 공간을 신도석으로 사용해 주로 평신도의 집회 공간으로 활용했다. 물론 여전히 의식 행진에 활용하기도 하고 중요한 제단과 예배당이 속해 있다.

아프리카 북부에서 흑해, 시리아에서 발칸반도에 이르는 고대 동방 중심지의 일부 교회는 성 소피아 성당과 비슷한 모습을 갖추었다. 여기서 이단 교리를 따르는 아리우스파(이집트 알렉산드리아 출신 아리우스가 주장한 기독교 신학), 네스토리우스파(콘스탄티노플의 네스토리우스 총주교를 시조로 하는 기독교의 일파)와 같은 기독교 건축은 아프리카와 동방(인도 고아부터 중국 당나라까지)의 믿음 일부를 받아들이기도 했지만 대다수가 소실되었다. 시리아(칼랏 시먼에 480~490년경에 세워진 거대한 순교자 기념 성당인 성 시미언 교회), 아르메니아(7~13세기 예게바드와 아슈타라크)와 에티오피아(랄리벨라에 있는 12~ 13세기 암굴성당군)에 살아남은 교회들이 특히 인상 깊은 모습이다.

동방은 또한 신을 모시는 데 헌신하는 종교 공동체나 수도원 등 새로운 발전을 위한 장소이기도 했다. 2세기에 들어 기독교인들 사이에서 강력한 금욕적인 전통이 출현했다. 사람들은 외딴 황무지로 가서 혼자 빈곤하게 살며 기도에 생을 바쳤다. 이들 중 많은 사람들이 초기 순교자들처럼 후에 성자로 추앙받았다(성 시미언 교회 등). 팔레스타인과 이집트에서는 이들이 완벽한 기독교인의 삶을 살기 위해 만들어진 공간 안에 모여 한층 안정적으로 생활하면서 세상에서 단절되어 자급자족하는 대안 사회를 구성하고 교회 주변에서 일하며 기도하는 무리를 이루었다. 이런 수도자들의 공동체를 조직하는 규율은 300년대 중반부터 생겨났고, 동방에서는 카이사레아의 바실리우스(330~379년)가 서방에서는 누르시아의 베네딕트(약480~550년경)가 대표적이다. 신성함과 학습의 중심지로서 수도원(영어에서는 지위에 따라 더 크고 중요한 '대수도원'과 '소수도원'으로 나뉨)이 기독교 세계 전역으로 확산되었다.

성 소피아 성당이 완공된 지 100년 안에 대다수의 동방정교회가 확산되었고 페르시아를 시작으로 아랍군대가 이슬람의 새로운 일신교를 주장했다. 북아프리카와 중동 지역 대다수가 기독교에 잠식되었지만 콘스탄티노플은 1453년까지 비잔틴왕국의 지위를 유지했고 그리스 동방정교회의 총 대주교는 오늘날까지 그곳을 기반으로 한다. 이슬람은 우상으로 해석될 수 있는 모든 이미지를 혐오했고, 726년부터 상당한 우상파괴

운동이 동방정교회를 휩쓸고 지나갔다. 모자이크와 벽화가 파괴되고 단순한 기하학적 문양이나 십자가로 교체되었다. 843년 이 정책이 뒤집혀 정반대의 반응이 나타나 우상에 대한 심오하고 신비로운 헌신이 생겨났다. 장면을 묘사하는 방식은 상당히 규정되었다. 이런 이미지가 영적으로 효과가 크다는 믿음이 생겼다. 오늘날까지 동방정교회의 성상은 동방정교회의 나머지 구역과 분리되는 성소에 보관되며 예배자들은 입을 맞추며 우러러본다. 이런 이미지는 여러 소규모 수도 교회에서 아름답게 장식된 내부와 함께 볼 수 있는데, 그리스의 호시오스 루카스 수도원(194쪽 참고)과 이스탄불의 코라 교회(1321년 이전 축조)가 대표적이다. 종교의 신규 중심지마다 웅장한 양식의 건축이 세워졌다.

러시아, 동방정교회의 새로운 주자

멀리 북부에 러시아로 알려진 지역의 사람들이 키예프와 노프고로드의 중심지를 발전시켰고 988년 키예프의 왕들이 성 소피아 성당을 방문하고 난 뒤 마음이 동요해 기독교를 국교로 채택했다. 키예프의 성 소피아 대성당(1037년)은 동방정교회의 돔과 중앙집중형 건축양식을 차용했다. 그렇지만 이 대성당은 대규모 집회가 상당히 중요했기에 중앙십자가 주변으로 작은 사각형 베이를 배치했으며 밖에서 보면 작은 둥근 지붕 여러 개가 하나로 뭉쳐 피라미드형 배열을 이룬다. 이 형태는 많은 교회들의 전형이 되어 러시아 교회 건축에서 예루살렘의 이미지를 상기시키는 테마로 기능했다.

비록 러시아가 로마네스크 양식을 흡수했고 후에 이탈리아 르네상스도 받아들였지만 키예프의 기본 형태는 여전히 남아 있다. 돔을

그리스도의 만딜리온
약 12세기, 러시아, 노프고로드
그리스도가 골고다로 가는 길에 얼굴의 땀을 닦은 천에 그의 성안이 각인되었다고 믿어서 이 천은 '손으로 만든 것이 아닌 기적의 성상'이 되었다. 이 성상은 12세기 동방정교회 세계에 널리 퍼졌다.

동방정교회의 승리
1555년 및 이후, 러시아, 모스크바, 성 바실리
대성당

양파 형태의 성 바실리 대성당의 지붕은 8
개의 돔(1586년에 추가)이 중앙의 텐트 형
태 종탑(61미터)을 감싸고 도는 배치가 상
당히 인상적이다. 각 돔은 건물의 맨 꼭대
기에 자리하며 실제로는 별개의 교회로 예
루살렘과 성 삼위일체를 연상시키는 건물
이자 1552년 카잔, 1554~1556년 아스트라
한에서 이슬람 칸을 정복한 것을 기념하기
위해 지었다.

높은 원통 위에 밀도 있게 배치하는 방식으로 효
과를 증폭시켰다. 모스크바가 러시아의 수도가 되
었을 때 통치자들은 스스로를 황제로 칭하며 동방
정교회의 수호자로서 콘스탄티노플의 역할을 본
받아 지역 변방에 있는 이슬람제국을 정복하기 시
작했다.

1547년 최초의 황제 이반 4세는 '이반 뇌제(雷
帝)'로 불렸다. 이슬람 칸 왕국을 점령한 것에 대한 감사의 표시로 1555년부터 그는 모
스크바에 있는 자신의 크렘린 성새궁전 바깥에 해자를 파고 그 위에 기도 성당을 세웠
다. 이후 수십 년 사이 상당수의 변화가 이루어졌고 성자의 묘가 속한 성 바실리 대성
당으로 이름이 알려졌다. 양파 모양의 돔이 특히 두드러져 비슷한 피라미드식 배치가
러시아 동방정교회 세계 전역에서 나무(러시아인들이 신의 매개로 여기는), 벽돌, 돌로 지

은 건축물을 통해 드러났다. 돔의 형태는 중앙아시아의 사원에서 영감을 얻은 것일 수도 있고 조각을 통해 살펴본 바로는 예루살렘의 성묘교회를 모방하려는 의도가 있었을 수도 있다.

러시아에서 동방정교회는 어마어마한 규모의 건축과 지속적인 혁신을 이룩해 역동적인 에너지로 신비로운 집중과 강렬함을 보여주었다. 키예프 초기 시대에 성스러운 도시의 이미지나 비유가 상당히 영향력이 높았다. 예를 들어, 모스크바 가장자리에 예루살렘을 건설하려는 의도에서 새운 새 예루살렘 수도원(1658년)의 르네상스와 바로크 양식이나 1712년 표트르 1세가 수도를 옮긴 뒤 상트페테르부르크에 지은 거대한 스몰리 수도원(Smolny Convent, 1741년 설계)의 경우 전 세계 여러 교회와 마찬가지로 러시아의 전통을 확실히 재해석한 모습이다.

서방 교회의 출현

서구 로마제국의 상당수가 기독교의 변방에서 비롯되었다. 9세기에 이 지역은 대부분 기독교인들이 점유했고 많은 교회들이 지역의 다양성을 지닌 비잔틴 양식을 선보였다. 야심이 넘치는 기독교 조직체가 생겨나면서 그들은 로마를 바라보기 시작했다. 샤를마뉴는 라틴 기독교 문명을 활발히 촉진할 수 있는 크고 강력한 '카롤링거 왕조'를 구축했고, 800년에 교황에 의해 '로마 황제'의 칭호를 얻었다. 이는 동방정교회의 권위에 직접적으로 도전하는 행위였고 1806년 왕실 기독교의 근간인 신성로마제국이 종식에 이르렀다.

샤를마뉴의 아헨 왕궁 예배당(약 790년)은 알프스 북부에서 알려진 최초의 기독교 건축물로 먼 남부와 동부의 업적에 대적할 만하다. 이 중앙집중형 건물은 라벤나나 콘스탄티노플에 있는 건물처럼 보이지 않는다. 남아 있는 예배당을 통해 그 화려한 위용과 그 밖의 발전이 향후에 중요성을 더욱 인정받았다. 샤를마뉴는 홀로 16개의 대성당과 232개의 수도원을 새로 짓거나 재건축하면서 새로운 건축적 아이디어를 많이 드러냈고, 특히 독일 코르베이에 있는 수도원 교회(873년경부터)에서 가장 잘 엿볼 수 있다.

아헨 왕궁 예배당은 두드러지는 탑을 가지고 있고 이후 그 위에 첨탑을 올려 건물 서쪽 끝은 '서쪽 정면'이라 불리게 되었다. 종탑은 5세기 이후로 기독교 건축에서 눈을

사로잡는 요소로 자리매김했다. 서방에서는 돔 대신 종탑이 해당 건물이 교회라는 점을 보여주는 외부의 주요 표식이 되었다. 다른 측면에서 보자면 서방의 교회 대다수가 바실리카에 따라 다양하고 풍부한 장식을 사용하지만 대체적으로 단순한 모습이었다. 서양에서는 석조 건물이 보편적이나 동방에서는 타일과 콘크리트를 로마 양식으로 활용하는 것이 보편적이었다. 서방은 다른 방식도 바꾸었다. 마을과 도시는 빠르게 성장했고 새로운 교회가 필요해졌다. 거대한 수도원이 종종 라틴 문화의 중심지가 되고 후원자들이 짓는 야심찬 건축물로 자리매김했다. 11세기에 서방 건축은 동방의 영향이 사라지기 시작하면서 한걸음씩 변하기 시작했고, 새로운 양식의 유려함과 구조적 혁신이 오늘날까지 이어지게 되었다.

로마네스크 혁신

1020년대와 1030년대부터 교회는 새로운 복잡성을 보여주었고 이는 구조와 장식에 동일하게 적용되었다. 로마네스크로 알려진 이 최초의 건축양식은 서유럽에 근간을 두고 있으며 동방과 고대 로마의 업적을 능가했다.

이런 변화는 11세기 독일 슈페이어에 위치한 성모마리아와 성 스테파노 대성당에서 잘 드러난다. 이 대성당은 바실리카식 교회로 길이 134미터, 너비 37미터로 교차랑과 애프스가 있다. 이런 양식의 다른 교회와 마찬가지로 창문과 아카이드가 중앙 공간을 향해 아래로 내려가는 방식이다. 전통적으로 벽은 채색한 이미지로 채웠지만 이 성당의 경우 반복된 건축적 배치로 면을 채워서 돛대와 같은 반기둥이 각 베이를 분리하고 33미터 높이의 곡선형 둥근 천장을 지탱한다. 천장은 상당한 가능성을 보유하고 있다는 것을 입증한다. 거대한 중앙집중형 공간을 연결해주는 돔의 기능은 없지만 돔이었다면 길게 지붕으로 연결되었을 큰 축성 평면에 여러 면으로 된 건물을 시각적으로 하나로 연결해주는 기능을 한다. 그리고 돔과 마찬가지로 곡선으로 된 석조 아치 지붕이 시각적으로 안정감을 주면서 천국의 모습을 생생하게 일깨운다.

건물의 모든 표면은 회반죽을 입히거나 채색을 했으며 기하학적 무늬를 넣거나 대리석 느낌을 내려고 한 것으로 추정된다. 신성한 장면은 제단 너머에 묘사된 것으로 보인다. 커다란 지하실과 건물 동쪽과 서쪽 끝에 각각 여러 개의 예배당을 두어 복잡한 평면 구성을 이루지만 이 대성당은 반복된 건축적 모티프를 활용해 일련의 석조 아치를 지탱해 내부를 통일감 있게 연출했다. 외부의 경우 커다란 건물에 극적이고 많은 탑이 서 있는 형태다.

1100년에 들어 이런 양식이 서유럽 전역에서 시도되었다. 프랑스의 경우 1088년부터 재건에 들어간 클뤼니 수도원이 길이 183미터, 너비 30미터로 단일 지붕으로는 세상에서 가장 큰 건물이 되었다. 평면은 상당히 복잡하게 구성되었다. 모든 주요 예배 기능이 동쪽 끝에 위치하고 그 너머 승리문과 칸막이로 분리한 공간에 성가대석, 사제석, 성자의 묘와 같은 신성한 공간이 자리하며 주변으로 통로와 작은 기도실이 위치한다. 수도원 형태 역시 출현해 식당, 기숙사, 사제단 회의장이 회랑으로 알려진 복도로 된 안뜰 주변에 자리했다.

석조로 세운 아주 넓고 높은 건물에 둥근 지붕을 덮으려는 생각과 구획된 각 공간을 통일감 있게 보이도록 하려는 아이디어에서 아치형 지붕이 실험적으로 도입되었다. 그래서 살이라고 부르는 날렵한 아치가 추가되었다. 이 기법을 처음으로 도입한 사례는 영국의 더럼 대성당(1093년부터 축조)으로 전체 교회가 살로 된 아치형 지붕으로 덮여 있다. 더럼 대성당의 다른 세부 구조는 '빈' 아카이드가 벽에 일렬로 서고 커다란 창문이 있

성모마리아와 성 스테파노 대성당
약 1030~1061년경, 독일, 슈페이어

독일 국왕의 매장을 위해 지어진 슈페이어 대성당은 1082년 이후 아치형 지붕이 생겼고, 덕분에 평면을 쌍으로 분류하게 되었다. 대부분의 로마네스크 신도석은 1772년에 재건한 것이다.

묘사를 담은 기둥머리
약 1120년경, 프랑스, 부르고뉴, 베즐레 수도원

로마네스크 조각이 비잔티움의 계층적 이미지를 활기찬 에너지로 바꾸어 놓았다. 베즐레 수도원의 신도석에는 138개의 기둥머리가 있고 각각은 종교적 신념을 일깨우는 장면으로 꾸몄다. 이 사진에서 모세가 가는 기구(그리스도를 상징)에 곡식을 부었고(구약성서), 그것이 가루가 되자 이를 사도 바울이 손으로 받는다(신약 성서).

어 12세기의 느낌을 풍기며 장식은 한층 화려하고 미묘하다. 창문과 다른 개폐구는 더 커지고 살로 된 아치형 지붕은 모든 야심찬 교회에서 볼 수 있는 구조가 되었다.

이런 발전은 서방 교회의 개혁, 르네상스 그리고 확산이라는 배경에서 더 많은 건축적인 시도를 하게 만들었다. 1054년 동방정교회가 공식적으로 분리되었고, 1095년에는 이슬람으로부터 성지를 탈환하기 위한 십자군이 조직되었다. 1004~1013년에 칼리프가 파괴한 성묘교회는 1131년부터 재건에 들어갔다. 동양사상과의 교류를 통해 문화적, 지적 부활을 이끌어냈고 당시 종교적 부흥이 널리 확산된 징조가 있었다. 수많은 지역, 혹은 교구 교회들이 새로 세워지거나 재건되었다. 성자를 숭배하는 문화는 특히 성모마리아를 중심으로 급증했고 12세기부터 산티아고 순례길을 따라 수많은 위대한 교회가 생겨났다. 그리스도가 십자가형에 처할 때의 강렬한 감정에 집중하는 풍토도 나타났다. 실물 크기의 십자가형이 교회 내부를 점령했고 일반적으로 성소와 신도석을 구분하는 돌이나 나무 칸막이 위에 세워졌다.

1215년부터 화체설(化體說, 성찬 전례에서 빵과 포도주가 그리스도의 거룩한 몸과 피로 변하는 것)이 공식 규율이 되면서 주 제단 주위 공간의 중요성이 한층 더 커졌다. 장식은 한층 호화로워졌고 이어지는 수백 년 동안 많은 교회들이 한 차례 이상 동쪽 끝을 재건해 성소를 더욱 화려하게 만들거나 성자의 묘를 방문하고 싶어 하는 순례자와 행진의 경로를 더 높이고자 했다. 동쪽 끝의 배치는 다양해져서 애프스와 같은 외관도 수많은 선택사항 중 하나가 되었다.

한편 수도원 생활은 초국가적인 형태로 규율을 따르며 자신만의 이상적 종교 집단의 비전을 갖게 되어 간혹 두드러진 건축적인 비전을 제시하기도 했다. 시토회(1125년부터)는 천상의 순수함과 단순함을 목표로 하며 명쾌하고 단순한 내부 장식이 인상적인 퐁티니의 시토회 수도원이 대표적인 예다. 탁발 수도회는 13세기 초반부터 이어져오며 급속도로 팽창하는 도시에서 선교활동에 헌신하며 철저히 빈곤하게 지냈다. 그들의 엄청나게 크고 평범한 설교회 교회는 도시 풍경에서 두드러진 존재감을 과시했다. 베네치아에 있는 로마 성 요한 · 성 바오로 도미니칸 교회(1333~1334년)는 으리으리한 수도원과 대성당과 대조를 이루며 작고 많은 시설을 갖춘 교구 교회들이 그 주변을 감싼다.

고딕, 빛의 건축

빛과 공간을 실험적으로 활용한 특별한 시도가 1140년 일드 프랑스의 교회에서 일어났다. 내부 구획과 새롭게 개발된 살이 있는 아치형 지붕 및 이슬람에서 차용한 뾰족한 아치를 조합했다. 이 건물의 창문, 아치형 지붕, 아케이드는 강렬하고 재기 넘치는 조화로 탄생했다. 아치형 지붕의 하중은 바닥으로 전해져 지지하는 벽을 깎을 수 있게 해 커다란 창문과 개방부를 세울 공간을 남겨주었다. 그

성유물함 성막
1243~1248년, 프랑스, 파리, 생트 샤펠 성당

루이 9세를 위해 지은 빛의 보석상자와 같은 예배당은 1239년 콘스탄티노플 황제로부터 프랑스 국왕이 회수한 가시면류관이 담긴 성소를 비춰준다.

프랑스 장미

1233~1234년, 프랑스, 샤르트르 대성당

    샤르트르 대성당은 성모마리아의 의복을 보유하고 있어 순례자들에게 오랫동안 사랑받는 장소다. 현재 교회는 1194년 화재로 불탄 뒤 곧바로 재건한 것이다. 새로 지어진 교회는 다채로운 빛으로 가득 채웠고, 그렇게 고딕 양식의 첫 번째 걸작이 탄생하게 되었다.

    새로운 교회는 창문을 최대한 크고 웅장하게 설계했고, 커다란 스테인드글라스로 빛을 밝히는 최초의 건물이 되고자 하는 의도를 담았다. 상당수의 스테인드글라스가 아직도 남아 있다.

| 창문 위쪽 부분 |

| 창문 아래쪽 부분 |

❶ 창문의 윗부분은 장미를 구성하고 그 중앙에 천국의 왕비로 왕관을 쓰고 있는 동정녀 마리아가 앉아 있다. 그녀의 무릎 위에 아기 예수가 보인다.

북쪽 교차랑 창문
1233~1234년, 프랑스,
샤르트르 대성당

'프랑스 장미'로 알려진 북쪽 교차랑 창문의 석조 부분은 1223년에 세워졌으며 10.5미터 너비의 창문은 1234년에 유리를 넣었다. 그 속에 묘사된 이미지는 그리스도를 잉태한 동정녀 마리아를 찬양하는 것으로 그리스도가 어떻게 유대인의 가르침을 바꾸고 채워나갔는지를 강조한다. 성모마리아와 어머니 안나의 모습을 제외한 대부분의 인물은 구약성서에서의 모습을 따랐다. 맞은편인 남쪽 교차랑의 창문에는 신약성서와 그리스도의 역할에 대해 알려준다.

'프랑스 장미'의 위와 아래 부분은 다른 방식으로 주제를 살핀다. 상단부의 이미지는 누가 봐도 쉽게 알 수 있지만, 하단부는 상당히 특이하다. 당시 샤르트르 대성당은 지성의 집합소로 중요한 기능을 했고 이런 창문들이 방문하는 순례자의 지식을 높여주는 '가르침의 보조' 역할을 할 수 있도록 박식한 성직자가 설계한 것으로 보인다. 이 시기 반유대주의가 팽배했지만 창문은 기독교가 유대교에 빚을 졌다는 부분을 명확하게 설명하며 주요 후원자인 프랑스 왕비 블랑슈 드 카스티유는 불공평한 공격으로부터 프랑스 유대교인들을 옹호한 인물로 알려졌다.

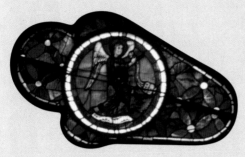

❷ 향료를 흔들고 있는 천사는 창문 중앙의 성모마리 아를 에워싸고 찬양하는 여덟 천사(향로나 초를 들고 있는) 중 한 사람이다. 또한 성령과 하느님의 은총을 상징하는 네 마리 비둘기도 보인다.

❸ 유다의 왕 아사의 모습으로 그는 자신의 왕국에서 우상숭배를 몰아냈다. 아사는 천사와 비둘기가 원형으 로 배치된 뒤쪽 사각형에 등장하는 12명의 유다 통치 자 중 한 사람이다. 12개의 외부 반원에는 구약 성서 속 예언자들이 등장하는데 기독교인들은 모두 이들이 그리스도의 선조나 선구자로 믿고 있다.

❹ 그리스도의 아버지 요셉의 선조인 다윗왕의 모습이 다. 성서에서 구세주는 다윗의 '아들' 혹은 '후손'으로 본다. 그리스도의 계보에 대한 이런 믿음은 신도들로 하여금 그가 '다윗의 아들'이라고 주장하게 만들었다.

❺ 지위가 높은 가문의 두 문장이 창문 여러 곳을 메 우고 있다. 특히 두드러지는 노란색과 파란색 백합문 장은 성모마리아와 프랑스의 카페왕조를 상징한다. 창 문은 아마도 프랑스 블랑슈 왕비가 기부한 것으로 보 이며 그녀의 가문 문장인 붉은 색에 금색 성 문양도 함께 보인다. 블랑슈는 프랑스를 섭정 통치했고 아들 루이 9세가 약 1234년부터 통치를 시작했다.

❻ 창문은 다섯 개의 랜싯을 통해 빛이 들어온다. 바깥의 두 개는 신부이자 왕인 멜기세덱과 최초의 제사장인 아론의 모습이 그려져 있다. 그들은 성직자를 대변하며 교회를 예시하는 반면 각각 믿음과 겸손을 상징한다. 미덕이 담긴 그들의 모습 아래로 악덕이 대비를 이룬다. 이 사진에서 보듯 멜기세덱 아래 네브카드네자르가 우상숭배를 하고 있다. 그리고 아론 아래에는 자만심을 대변하는 한 왕이 보인다.

❼ 창 중앙 안쪽의 랜싯에는 다윗과 솔로몬이 최고의 왕권을 표현하며 각각 희망과 지혜를 상징한다. 다윗(이 사진 속)은 손에 하프를 들어 시편을 쓴 그의 역할을 강조한다. 그 아래로 보이는 악덕은 절망에 빠져 자살하는 사울의 모습이다. 솔로몬의 랜싯(오른쪽에서 두 번째) 맨 아래쪽에는 여로보암이 황금 송아지를 숭배하는 모습으로 어리석음을 드러냈다.

❽ 중앙 랜싯은 성모마리아의 어머니 안나가 무릎에 어린 마리아를 안고 있는 모습을 담았다. 성서에 등장하지 않는 안나의 초기 이미지로 12세기에 그녀를 숭배하는 문화가 널리 확산되었다. 샤르트르 대성당은 1204~1205년 제4차 십자군 때 라틴 십자군이 비잔틴제국 콘스탄티노플에서 성 안나의 머리를 약탈해 와서 보관하고 있다고 알려졌다.

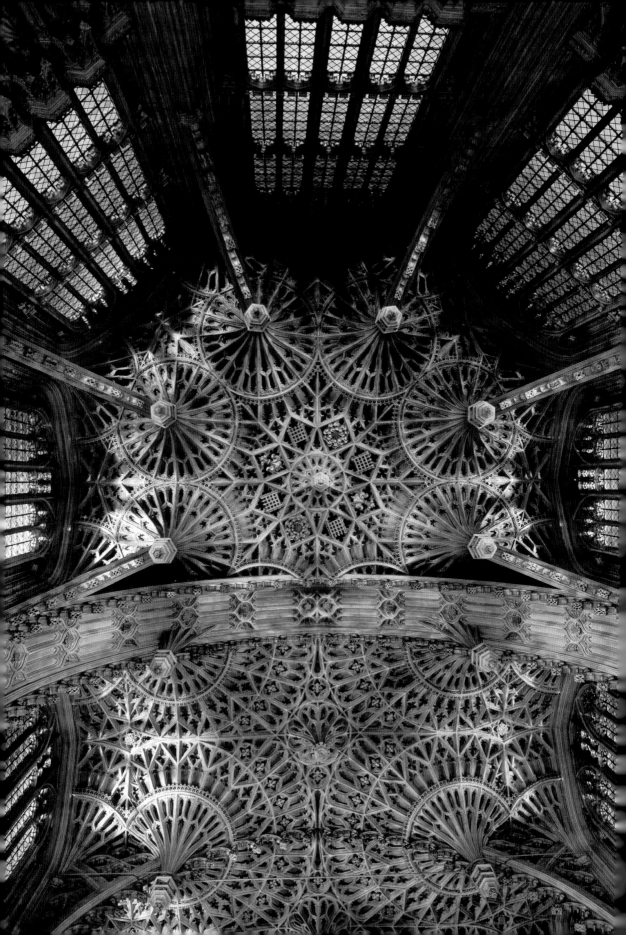

래서 이곳에 여러 색의 빛을 채워 천상을 고스란히 일깨울 수 있고 그 가능성을 일련의 위대한 건축물에서 찾아볼 수 있는데 샤르트르 대성당(1194년부터)과 랭스 성당(1210년경부터)이 대표적이다. 이들 교회는 석조를 골조로 하고 창문과 아치가 크고 내부는 상당히 반복적으로 정교한 조각이 등장한다. 로마네스크의 더럼 대성당(1093년부터)의 살이 있는 높은 아치형 지붕은 바닥에서 23미터 떨어져 있다. 1225년 보베 성당은 바닥에서 지붕까지의 높이가 47미터다. 지상에 천상의 예루살렘을 구현하려는 멈추지 않는 시도는 근본적인 건축 언어를 세웠고, 이것이 초기 방식은 거의 찾아볼 수 없게 된 고딕양식이다.

고딕 건물의 내부 골조의 특성은 외장에서도 극적인 효과를 준다. 많은 지지대가 무게가 거의 나가지 않는 것처럼 날렵하게 홈이 파져서 건축의 환상을 충족시키고 여기에 천사와 성자의 조각을 더했다. 파사드는 주로 쌍둥이 탑 위에 놓이며 커다란 창문과 입구를 알려주며 선명하고 생생한 세부 묘사가 살아 있는 조각상을 지탱한다. 종종 서쪽 입구는 예식 행진이나 고관들의 방문용 목적으로 사용되었고(81쪽 참고) 평신도는 다른 입구를 통해 건물 안으로 들어간다.

인물이나 자연의 요소 모두 상당히 두드러지고 양식화되며 우아하게 묘사한 것이 고딕 양식의 특징이다. 처음으로 전체 교회가 스테인드글라스와 페인트 글라스로 꾸며졌다. 벽 표면에 채색을 하고 바닥은 화려한 타일로 장식하며 공들인 가구 배치가 더해졌다. 특별히 돌로 만든 가구들이 생겨났는데 특히 성소 안은 성수반을 놓아 의식에서 손을 헹구고 성찬식 용기를 씻는 용으로 사용했다. 사제석은 사제가 앉을 수 있게 왕좌처럼 생긴 일련의 아치를 두었다. 그리고 성묘 교회의 여러 가지 이미지를 담았는데 벽에 고정된 석조 무덤(영국에서 볼 수 있는 성묘함) 같은 고정물부터 교회 전체를 그리스도의 무덤처럼 만든 설계(벨기에 브루제에 있는 예루살렘 교회처럼)까지 부활절 의식을 풍성하게 할 수 있는 다양한 발전이 이루어졌다. 성가대석은 정교한 목제 칸막이 속에 자리했다. 칸막이와 고위 인사의 무덤은 건축의 미니어처와 같은 작품이다. 고딕은 건축, 조각, 유리

헨리 7세의 예배당
1503~1509년, 영국, 런던, 웨스트민스터 수도원

한때 헨리 6세의 유해와 튜더 왕조의 왕들(그 표식이 아주 많음)을 매장하는 묘로 성모마리아의 예배당으로 사용된 것으로 보이는 이 건물은 웅장한 둥근 아치형 지붕이 가장 화려했던 고딕양식의 마지막 시대를 잘 보여준다.

공예, 회화에 영향을 미쳤다. 가구와 건물의 경계를 흐려 우리의 감각을 아름답게 공격했다. 비록 상당 부분이 재건되었지만 이를 가장 잘 경험할 수 있는 곳은 루이 9세가 파리 시테 섬 왕궁의 일부로 지은 샹트 샤펠(1243~1248년)이다. 이곳은 그리스도 수난의 유해를 보관하고 있는 거대한 예배당이다. 건물은 벽이 거의 없는 것처럼 보인다. 33미터의 단순하고 개방된 공간으로 애프스에 직사각형 마감이 되어 있고 벽은 커다란 스테인드글라스 창문으로 채워져 뾰족한 석조 골조 아치가 둥근 아치형 지붕을 지탱한다.

13세기 중반에 이 양식이 확산되었고 영국을 시작으로 이후 서구 기독교 세계 전역으로 퍼진 다음 1500년대까지 건축에서 주요한 접근 방식으로 남았다. 그러나 그 상태를 유지하지는 못했다. 더 많은 스테인드글라스로 장식하고자 창문은 더 커졌고 트래서리(1210년경 랭스 성당에서 처음 등장)로 알려진 정교한 석조 문양이 등장했다. 장식적인 가능성은 무궁무진하다. 커다란 창문은 건축에 있어서 새로운 요소였다. 덕분에 건물 내부를 각양각색의 빛으로 밝힐 수 있었다. 실제로 고딕은 다른 어떤 양식보다도 설계자가 빛으로 천상의 이미지를 마음껏 구현할 수 있도록 해주었다. 동시에 둥근 아치형 지붕에 추가로 살을 더해서 경외심을 불러일으키는 풍성함을 더하고 건물이 마치 무게가 나가지 않는 것처럼 착시를 주었다.

약 1350년부터 150년간 고딕 양식에서 특히 두드러지는 발전이 이루어졌다. 1348년에 흑사병이 발발해 유럽 인구의 3분의 1을 몰살했다. 서구 기독교는 죽은 뒤 영혼이 연옥으로 가서 천국에 들어가기 전에 죄를 '몰아낸'고 믿었고 죽은 자를 대신해 전구 기도를 올리면 최후의 심판에서 죽은 영혼이 더 나은 결과를 얻을 수 있다고 믿었다. 이 교리는 기독교가 인기를 끄는 데 엄청나게 일조했다. 사람들은 종교단체나 길드로 합심했고 자기 영혼의 미래를 위해 다 같이 투자를 했다. 그들은 교구 교회를 재건하고 그 속에 엄청나게 많은 정교한 예술 작품을 담았다. 유럽 전역에서 국가별로 다양한 고딕 양식이 출현했다. 영국에서는 수수한 수직양식에 직사각형 문양이, 오스트리아, 바바리아, 보헤미아의 특별한 고딕은 엄청난 빛으로 공간을 채웠고 이베리아에서는 이슬람 지역의 영향을 받은 호화로운 돌 패턴 및 플래터레스크 양식과 마누엘 양식의 웅장하고 어두운 실내가 주를 이루었다. 이런 많은 건축물이 이슬람 동부에서 유래된 곡선과 장식형태의 오지 아치(ogee arch)를 활용했다. 밀라노 대성당(1385년경부터)과 세비아 대성당(1402년부터) 등 기독교 세계에서 가장 규모가 큰 일부 교회가 이 시기에 세워졌으며 세비아 대성당의 경우 이슬람 왕국을 굴복시킨 승리주의자의 웅장함이 잘 드러나 이베리아 건축에서 인기를 끌게 되었다.

르네상스와 종교개혁

한편 독립된 지적 집단이 새롭게 등장했다. 15세기 초 예술가들은 인간의 눈을 통해 세상을 보는 방식으로 감정을 한층 직접적으로 드러내고 주위를 살피고 묘사하면서 신성한 이미지를 더 생생하게 표현했다. 부유한 이탈리아 도시국가인 피렌체에서 화가 마사초(1401~1428년)와 동료들이 고대 문명을 연구하고 로마 건축과 예술 사상에 대한 깊은 이해를 발전시켰다. 이 예술과 철학 현상은 '르네상스'로 불리며 신성한 건축물을 짓는 새로운 방식으로 피렌체에서 부흥했다. 건축가 필리포 브루넬레스키(1377~1446년)가 일련의 새로운 교회들을 설계하는 일을 맡았고, 그 건물들은 과거 500년의 건축 역사를 완전히 무시한 것이었다. 산타 크로체 성당에 있는 파치 채플(약 1442~1465년경)이 대표적인 예다. 이 중앙집중형 건물은 우아하고 묵직하며 평온한 구도를 가지고 있고 붙임기둥이라고 불리는 평평한 기둥이 벽면을 완벽한 조화

파치 채플
약 1442~ 1465년경, 이탈리아, 피렌체, 산타 크로체 성당

은행가로 부유한 파치 가문을 위해 지어진 이 예배당은 또한 산타 크로체 프란시스코 수도사들의 사제단 회의장이기도 하다. 돔으로 이루어진 이 르네상스 건물의 분명한 비율은 기독교 건축에서 가장 완벽한 균형을 보여준다.

베드로의 성스러운 자리
1506~1667년, 로마, 성 베드로 바실리카

르네상스 시대를 주름잡았던 브라만테, 라파엘로, 미켈란젤로의 뒤를 이은 베르니니가 유명한 바로크식 대중 광장을 완공하기 전에 전성기 르네상스 시대의 이 성당을 축조했다. 이 거대한 중앙집중형 건물은 신성한 건축에 엄청난 영향을 미쳤다.

로 분할해 돔으로 이르게 한다. 모티프는 천 년이 넘게 서구에서 보지 못했던 방식이다. 모든 세부 묘사가 로마 양식을 제대로 연구했다는 점을 잘 보여준다.

피렌체의 산타 마리아 델 피오레 대성당은 미완공이다. 폭 42미터의 팔각형 교차점이 있도록 설계한 돔을 누가 세웠는지는 아무도 알지 못한다. 1420년~1467년 사이에 브루넬레스키가 역대 가장 큰 90미터 높이의 돔을 덮었고 지금까지도 그 완벽한 비율은 도시 전체를 하나로 모아주는 역할을 한다(106~107쪽 참고). 정말로 대담한 시도였다. 천국을 새로운 비전으로 제시하고 도시적이고 문화적 자신감을 분명하게 드러내며 고대와 동양 세계의 위대한 돔을 한 차원 끌어올렸기 때문이다. 일반적인 중앙집중형 평면이 재탄생할 수 있도록 자극이 되어주었고, 특히 돔의 경우 기존에 알려지지 않은 규모로 세울 수 있게 해주었다. 르네상스 이후로 서양 교회 건축은 십자가형 평면 위로 커다란 돔을 올리고 시각적으로 건물 비율의 조화를 강조하면서 바실리카와 중앙집중형 건물을 어떻게 결합시켰는지 제대로 보여준다.

1500년대에 이르러 피렌체에서 처음 시작된 예술과 건축의 변화가 이탈리아 전역으로 확산되었다. 이는 16세기 서유럽의 다른 지역에 고딕 양식이 자리 잡을 수 있는 토대가 되어주었다. 그러나 르네상스 건축 자체도 계속 변화했다. 1506년 교황 율리오 2세가 콘스탄티누스의 고대 성 베드로 대성당을 재건하기로 결심했다. 재건까지 100년이 넘게 걸렸지만 결과적으로 기독교 사회에서 가장 훌륭한 교회로 자리매김했고 미켈란젤로 부오나로티(1475~1564년)가 설계한 높이 117미터, 지름 41미터의 세계 최대 규모의 돔이 탄생했다. 성 베드로 대성당은 전성기 르네상스 양식의 웅장한 건물로 15세기 양식에 화려함을 더해주었다. 르네상스 건축의 더 많은 진화는 이탈리아의 매너리즘 양식과 그 뒤를 따르는 안드레아 팔라디오(1508~1580년)의 작품에서 알 수 있다. 그러나 처음으로 이런 혁신에 원동력이 되어준 것은 기독교가 아니라 왕궁 등 다른 곳에서 나왔다. 세상은 변했다. 실제로 서양 기독교 사회 자체도 변했다.

종교적 실천에 대한 근본적인 비평도 발달했다. 영국의 존 위클리프(약 1325~1384년)와 보헤미아의 얀 후스(약 1370~1415년), 독일의 마르틴 루터(1483~1546년) 모두 오래 이어져온 종교적 실천을 비판하면서 교회 개혁을 주도했다. 16세기 중반에 들어 이런 사상은 개신교로 알려진 주요 현상으로 바뀌었다. 북유럽 일부 국가들은 교황의 권위에서 독립했다. 일부 종교개혁주의자들은 1200년 이상 진화해 왔던 많은 정교한 의식, 성자 숭배 문화와 이미지를 혐오하게 되었다. 영국 헨리 8세(1509~1547년 통치)는 자신을 국교회의 수장이라고 선포하고 모든 수도원을 폐쇄하고 성자의 묘를 없애버리고 수도사들의 부를 압수했다. 후계자인 에드워드 6세(1547~1553년 통치)는 수많은 제단화, 동상, 교회 내부 기기를 파괴하고 벽화를 흰 페인트로 덮어버렸다.

서유럽의 기독교는 현재 신성한 장소에 대한 두 가지 상반된 비전을 지닌다. 개신교 전통의 극단적인 영향으로 교회는 헐벗게 되었고, 의식보다는 말에 치중한 예식을 위한 장소가 되었다. 제단은 주로 탁자였으며 설교단이 내부 인테리어의 중심으로 현재 예배의 중심 역할을 하는 설교에 사용되었다. 그러나 교황을 따르는 보편적인 가톨릭 성소도 이에 대한 반발로 자리 잡았다.

성모마리아

약 1460~1470년, 이탈리아, 페루자, 움브리아 국립 미술관, 성 안토니오의 제단화

교회 제단에서 이루어지는 성찬식은 종교개혁 이전 기독교에서 가장 중요한 행사였다. 그래서 제단은 뒤에 제단화를 세우는 듯 화려한 장식을 더하게 되었다. 이 제단화는 1460년경 이탈리아의 화가 피에로 델라 프란체스카가 페루자에 있는 성 안토니오 델레 모나크 성당의 프린체스코회 수녀들의 의뢰를 받아 제작한 것이다. 에그 템페라(안료와 계란을 섞어 재료로 씀)와 유화물감을 사용해 정교하게 채색했고, 황금 잎사귀와 건축적인 조각들로 꾸민 것으로 보아 주 제단을 위해 만들어진 것으로 추정된다.

주제는 '그리스도의 강탄'으로, 성모마리아의 독특한 역할에 중점을 두었다. 성모마리아가 가장 위대한 성자이며 천국의 중재자 중 가장 자비롭다고 여겨지기에 성자들 역시 주제로 다루었다. 대다수의 다른 성인들은 '성스러운 대화'로 알려진 배치 속에서 성모 주위에 모여 있는 모습으로 묘사된다. 수녀들은 자신들의 수호자나 고유의 흥미와 가장 관련이 깊은 인물을 성자로 선택한 것으로 보인다. 피에로는 르네상스 시대 가장 큰 혁신으로 불리는 삼차원적 인물 묘사를 잘 보여주었다.

Ⓐ 수태고지

Ⓑ 성스러운 대화

Ⓒ 성자와 유물

Ⓓ 기적

성 안토니오의 제단화
약 1460~1470년, 이탈리아, 페루자, 움브리아 국립 미술관

이 다폭제단화는 크게 세 부분으로 나뉜다. 맨 위는 천사장(대천사) 가브리엘이 성모마리아에게 하느님의 아들을 잉태했다고 알려주는 수태고지를 묘사하고 있다. 중앙에는 파도바의 성 안토니우스, 세례자 요한, 헝가리의 프란시스와 엘리자베스 사이에 있는 성모자가 보인다. 그리고 '프레델라'라고 알려진 바닥면(제단의 대)에는 주요 장면에 등장하는 세 성자와 관련된 기적을 묘사했다. 프레델라와 중앙 부 사이에 일련의 작은 장면들이 삽입되어 구조의 복잡성을 더하고 있으며 중앙 부 뒤쪽에 있는 문 너머로 성유물함이 있을 것으로 추정된다.

Ⓐ

❶ 배경은 마리아의 고향인 나사렛이지만 예술가는 이곳을 르네상스 왕궁의 정원으로 묘사했다. 그는 수학적 원근법을 활용해 멀리 대리석 벽까지 회랑이 이어지는 것처럼 보이는 실제 공간의 착시를 만들어냈다. 피에로는 수학자로 자신의 지식을 최신 건축요소에 적용시키는 것으로 유명했다.

❷ 수태고지는 천사장 가브리엘이 성모마리아에게 그리스도를 잉태한 것을 알리는 장면으로 그리스도의 육체와 신성함을 확인하고 성모의 순결을 강조한다. 성모는 고개를 숙이고 팔로 가슴을 감싸 잉태의 모습을 보여준다. 가브리엘 위로는 비둘기의 형상을 한 성령이 천국에서 내려오고 있다.

❸ 기독교인들은 성모가 죽은 뒤 천국으로 올라가 그곳에서 여왕의 자리에 앉았다고 믿는다. 이 사진에서 마리아는 화려한 왕좌에 앉아 있고 무릎에 아기 예수를 올려두어 보는 이로 하여금 그리스도의 신성한 태생을 부각하고 마찬가지로 실제 인간의 모습을 하고 있다는 점을 알려준다. 그리스도가 인간의 몸으로 탄생한 것이다. 왕좌는 르네상스 양식으로 실질적으로 묘사되었지만, 그 뒤쪽 금색 표면은 한층 추상적이고 꽤 구식이다. 아마도 천국에 있는 장소를 나타내려는 의도로 추정된다.

❹ 1226년에 순교한 아시시의 성 프란체스코는 침례자 요한과 더불어 안쪽 무리 중에서 가장 중요한 성인이다. 그는 수녀회의 규율을 세운 인물로 특히 중요하게 여겨진다. 회색 의복에 십자가를 든 모습으로 그리스도의 십자가형의 상처인 성흔을 기적적으로 받은 모습을 보여준다.

❺ 바깥쪽에 배치된 인물들은 수녀들의 호감을 반영한다. 헝가리의 엘리자베스는 남편 루드비히가 십자군 전쟁에서 사망한 뒤 프란체스코회 수녀가 되어 후에 성인으로 공표받았다. 맞은편에는 프란체스코회에 들어가 이탈리아에 정착한 포르투갈 은자이자 설교가인 파도바의 성 안토니우스의 모습이 보인다.

❻ 이 빈 공간은 문의 형태로 세례자 요한의 머리를 묘사한 장식이 있었던 것으로 추정되며 그 너머로 중요한 유물을 보관했다. 양쪽에는 프란체스코 수녀회의 규율을 세운 성 클레어와 초기 순교자인 성 루치아의 초상화가 그려져 있다. 두 여성 모두 수녀의 삶을 보여주는 전형이다.

❼ 이 밤 풍경은 프란체스코가 그리스도의 성흔을 받는 기적을 묘사했다. 양옆으로 중앙의 장면에 묘사된 다른 성인들의 기적이 보인다. 오른쪽에는 우물에서 익사한 독일 어린이 고트프리트가 성 엘리자베스에게 기도를 한 뒤 되살아나는 장면이 담겨 있다. 왼쪽에는 성 안토니우스가 아이를 치료하는 모습이 보인다.

❽ 제단의 중심은 정교한 고딕 양식으로 꾸며졌다. 피에로는 이곳에 사용한 구식 모티프를 다른 곳에서는 활용하지 않았는데 수녀회에서 요청을 했거나 상징적인 의도로 이런 장식을 한 것으로 추정된다. 금박을 입힌 백합은 순결과 성모마리아를 상징하며 한때 꼭대기에 놓였을 것으로 추정된다.

바로크, 전 세계적인 기독교 건축양식

가톨릭교회는 자체적인 개혁과 활동 재기 프로그램을 주도했다. 반종교개혁의 일환으로 건축가들은 새로운 미적 양식을 발전시켰고, 웅장한 극과 이미지를 고딕 예술로 표현하게 만들었다. 트리엔트 공회의(1545~1563년)의 권유에 따라 의도적으로 감정을 드러내도록 설계해 보는 이의 신념에 새로운 활기를 불어넣고자 했다. 이 양식은 1560년대 로마에서 탄생해 '바로크'라 알려졌다. 양식은 빠르게 확산되었고 특히 가톨릭이 강세인 이탈리아, 비엔나, 독일 남부, 스페인, 포르투갈 같은 유럽 지역에서 두드러졌다. 18세기에 이르러 바로크는 '로코코'라 부르는 한층 멋진 양식이 되었다. 이 단계를 잘 보여주는 건축이 바로 발타자르 노이만이 지은 독일 바트 슈타펠슈타인 근교에 있는 14명의 원조자 성인 교회다. 많은 후기 르네상스 교회처럼 기본적으로 바실리카 건물에 넓은 교차랑이 있고 돔형 지붕이 일렬로 자리한다. 그러나 내부는 전혀 다르다. 공간이 사각이나 원형이 아닌 달걀면 형태이고 서로 포개져 유기적으로 결합된 느낌을 준다. 중앙 축성 평면은 균형이 잡혀서 동쪽에 있는 주 제단과 중앙 사이의 멋진 긴장감을 이루어주며, 찾아오는 순례자들이 헌신에 집중할 수 있도록 양치기의 기적이 이루어진 정확한 장소를 표시한다. 르네상스 양식으로 채색한 천장이 착시 효과를 주어 교회 지붕에 천국이 열린 것 같은 환상을 심어주어 기가 막히게

활발한 바로크 형태
1642~1660년대 초, 이탈리아, 로마, 산 티보 성당

프란체스코 보로미니 대학교회의 돔은 삼각형에 각 모서리를 오목한 형태로 배치하고 측면은 반원형으로 불룩하게 설계해 바로크 양식 특유의 활기를 잘 보여준다.

아름답고 환희에 찬 감정을 불러일으키게 해준다. 조각에 내재된 언어는 고전적이지만 다양한 깃털 모티프로 바뀌었다.

유럽 교회 건축은 또한 신대륙으로 전파되었다. 1600년에 스페인과 포르투갈이 페루에서 필리핀까지 세력을 확장하고 이곳에 기독교를 전파할 계획을 세웠다. 승리주의와 방어주의가 혼합된 바로크 양식은 이런 목적에 완벽하게 들어맞았다. 새로운 개척의 땅에서 전입자들은 웅장한 석조 교회를 지어 이베리아에서 인기가 높은 바로크 양식을 선보였다(장식은 유럽과 토착 수공예를 결합시키기도 했음. 92~93쪽 참고). 전 세계 대표적인 예로는 모잠비크의 16세기 교회, 인도 올드 고아(Old Goa)의 로사리오의 성모교회(1543년), 전 아즈텍 수도인 테노치티틀란의 신성한 구역 상당수에 세워진 멕시코시티의 거대한 메트로폴리탄 대성당(1563년부터), 필리핀 마닐라 외곽 산 아구스틴(1571년) 교회가 있다.

개신교의 독실함

1700년에 개신교 내에서 두 가지 제약이 발견되었다. 일부는 가톨릭교회의 체계와 의식을 상당수 받아들였지만 교황과 기적을 행하는 성자 숭배 문화 등 특정 실천을 거부했다. 개신교회는 바로크 주류 양식보다 치장이 덜한 경향을 보였다. 퀘이커교도부터 감리교도까지 자신들만의 종교를 믿고 비전을 찾는 소규모의 여러 집단인 다른 부류들은 비국교도로 불리며 성경의 권위에 깊은 흥미를 표출하고 복잡한 의식과 규율에 회의적이며 건축과 예술의 사치를 지양했다. 그래서 많은 사람들의 종교 장소를 교회라고 부르기보다는 '회관'이나 '예배당'이라고 칭했다. 보편적으로 이들 건물은 축성 평면으로 전통 교회와 시각적으로 유사하지만 내부는 신성한 공간이라기보다는 예배당의 형태를 더 많이 갖추었다. 축의 가장 끝부분에는 제단 대신 설교단이 놓였다.

수세기 동안 오랜 기독교 전통의 위대한 교회와 대적할 수 있는 유일한 개신교 건축은 건축가 크리스토퍼 렌(1632~1723년)이 영국 런던에 재건한 세인트 폴 대성당뿐이다. 이곳은 돔 건물로 웅장한 바로크 양식에 내부는 개신교의 신념과 의식에 맞게 조화를

셰이커교의 단순함

1795년경, 미국, 메인 주, 세바스데이 레이크 미팅하우스

셰이커교 예배당은 엄청난 단순함으로 하나님의 존재를 느낄 수 있는 신성함을 강조한다. 뉴 글로스터 근교에 있는 이 예배당은 마지막 셰이커교도 공동체에 속한다. 가옥과 같은 목재 건물 속 크고 단순한 공간에 성경을 공부할 수 있도록 밝은 빛이 들어오는 이런 공간은 기독교 건축이 시작되던 가옥 교회의 형태로 되돌아간 것이다.

이루었다. 이 자의식적인 대성당 교회는 영국 국교회인 개신교의 두드러진 영국 양식을 잘 보여준다. 이 유동적인 기관은 가톨릭 의식과 규율을 개혁했지만 궁극적으로는 이를 버리지 않았다. 주요 변화는 라틴어 대신 영어로 예배를 본다는 점이었다. 영국은 북유럽 식민지화를 주도해 나갔고(1706~1707년, 대영 제국) 영국 국교회와 그 건축이 영국과 더불어 세계적으로 퍼졌다.

북아메리카의 영국 식민지는 종교에 다채롭게 접근했다. 비국교도들은 박해를 피하거나 이상적인 공동체를 구축하고자 대서양을 건넜다. 퀘이커교의 펜실베이니아와 같은 일부 주는 이런 이상을 품고 생겨났다. 보스턴에 있는 영국 성공회교도(혹은 북아메리카의 감독교회)의 킹스 채플(1749년)과 로드아일랜드 프로비던스에 있는 제일 침례교회(1774년)에 이르기까지 교회와 예배당은 빠르게 확산되었고 그 건축물은 영국 모델을

딴 경우가 많았다.

위기에 처한 종교

계몽시대에 종교의 기저에서 독자적인 지성의 탐구가 비롯되었다. 교회 건축은 그 자체로 문화중심적인 역할을 잃고 있었지만 1840년대부터 특정 종교 집단을 차별하는 법이 붕괴되기 시작했다.

이것이 세계적으로 중요한 터닝 포인트가 되었다. 기원전 3,000년 이후로 일부 예외(중국과 고대 로마가 가장 두드러짐) 지역을 제외하고 종교건축의 이야기는 건축 그 자체의 이야기가 되어왔다. 18세기부터 유럽과 그 식민지에서는 더 이상 관례를 따르지 않았다. 다른 곳에서도 발견되는 폭넓은 건축적 내러티브의 구심점으로 종교건물이 기능하게 되었다. 거의 같은 시기에 건축은 재발전을 이루었다. 고대 그리스의 예술과 건축을 재발견하면서 신고전주의 양식이 생겨났다. 1850년부터 건축가들은 가장 적합하다고 생각하는 역사적인 양식을 적용하기 시작했다. 그래서 나온 것이 고딕 부흥으로, 이 중세 양식이 기독교의 숭배 장소의 전 세계적인 표식이 되었다(35~36쪽 참고).

근대 시대 헤아릴 수 없이 많은 교회들이 세계 전역에 생겨났고 종교건축은 창의적인 생각의 원천으로 남았다. 1900년경부터 건축가들은 과거에 덜 의존하는 양식을 추구하기 시작했다. 안토니 가우디(1852~1926년)가 설계하고 미완공인 스페인 바르셀로나의 사그라다 파밀리아 성당은 고딕에서 깊은 영감을 받아 자체적으로 환상적이고 유기적인 양식을 만들어냈다. 파리 근교 랭시의 노트르담(1922년)의 콘크리트와 유리 골조는 모더니스트 양식의 선구로 불린다. 르 코르뷔지에(1857~1965년)가 설계한 프랑스 롱샹의 순례교회는 건축가의 역작으로 자신의 이론을 더욱 발전시켜 모더니즘이 탄생하게 해주었다. 아주 빛나는 내부가 이 책에 등장하는 강력한 신성성을 일깨우는 반면 축성 평면이나 중앙집중형 평면, 돔이나 둥근 아치형 교회와 같은 전통적인 주제에서 벗어났다. 1962년 두 번째 바티칸 공의회를 통해 근본적인 예식 개혁이 일어났고, 그 결과 제단은 칸막이로 한층 홀가분해졌다. 이 시대 많은 가톨릭교회(알제리, 브라질, 리버풀의 대성당 등)들이 중앙집중식 평면에 단순한 콘크리트를 결합했다.

어쩌면 더 놀라운 사실은 비국교도 사이에서 종교적으로 훌륭한 건물들이 탄생했다

는 점이다. 시카고의 프랭크 로이드 라이트(건축가)의 유니티 교회(1906년)는 단순한 예배당을 세련된 디자인으로 바꾸는 사상을 보여주었다. 복음주의 비국교도들은 아칸소 주 유리카스프링스에 위치한 가시면류관 채플(1980년)의 멋진 목재 구조 건축과 캘리포니아 가든그로브의 126미터 길이의 유리로 된 크리스탈 성당(1981년)과 같은 압도적인 건축을 보여주었다. 그러나 이곳과 근래의 다른 교회 상당수에서 과거 위대한 대성당들의 영향을 쉽게 찾아볼 수 있으며 빛을 채우고 축성 평면에 중력을 무시하는 천장과 뾰족한 첨탑과 같은 기독교회의 모습 역시 담고 있다.

22억 명에 달하는 신도를 보유한 기독교는 세상에서 가장 규모가 큰 종교로, 그 놀라운 이야기는 계속 진화하는 중이다. 콘스탄티누스의 예배당에서부터 기독교는 모든 것을 수용하는 내부 효과를 창출해 공간과 빛을 다른 전통의 일부 구조와 잘 어울리는 방식으로 만들었다. 1100년경부터 서구 기독교 사회에서 양식적 활기가 뚜렷한 주제를 생성하기 시작했다. 어쩌면 다양한 형태와 양식이 기독교에서 끊임없이 등장하는 것은 '천국의 왕국'이 신념 그 자체와 관련이 있고 인간이 신이 되는 것 또한 기독교 정신의 본질이기에 건축적 환생을 구성하는 데 도움을 준 것 같다.

콘크리트 속 봉헌
1961년, 알제리, 알제, 성심 대성당

1944년 알제리 전투 이후 주교 레이나드가 이 교회를 세웠다. 철근 콘크리트로 지은 건물은 성 필립 교회가 사원으로 개조했을 때 도시의 대성당이 되었다

이슬람교

○─────── 신에 대한 복종 ───────○

이슬람교의 신성한 코란은 이슬람에서 하느님이 보낸 가장 위대한 마지막 예언자라고 믿고 있는 메카의 무함마드라는 남자가 한 모든 말을 기록하고 있다. 서기 622년 박해에 대한 두려움으로 무함마드와 그 추종자들은 메카에서 탈출했다. 그들은 야스립(후에 '메디나['예언자의 도시'란 뜻]'로 명명)에서 쉼터를 찾았고, 이 일이 '히즈라'('옮겨가기'란 뜻으로 예언자가 메카에서 야스립으로 옮겨간 일)로 알려졌다. 이 사건은 이슬람교도들이 신앙공동체인 움마(ummah)를 세우는 초석이 되었다. 사원 설계는 이런 사건을 바탕으로 했기에 종교 탄생지의 모습을 갖추었다.

예언자는 메디나에 커다란 안뜰이 있고 야자수 잎사귀로 만든 지붕으로 덮인 벽을 세워 부분적으로 그늘진 공간이 있는 건물을 지으라고 말했다. 벽에는 키블라(메카의 카바를 향한 방향) 방향 표시가 되어 있어서 추종자들은 기도를 할 때 그쪽으로 보아야 했다. 원칙적으로 무함마드는 추종자들에게 예루살렘 쪽을 향해 기도하라고 말했지만, 메디나에 도착한 뒤로 그는 지금부터 카바가 서 있던 곳으로 알려진 고대신전이 있는 메카를 향해 기도하라고 공표했다. 그의 가옥도 여기에 맞게 고쳐졌다. 이 건물 안에서 이슬람 숭배 장소에 필요한 특징들이 정해졌다.

신앙공동체

사원은 움마가 모두 모여 기도를 드리는 회관으로 키블라 벽으로 메카 쪽을 바라본다.

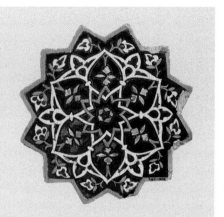
이곳은 다섯 가지 규율 중 두 가지를 실행하는 장소다. 모든 유대교인은 하루에 다섯
번 기도를 올려야 하며(꼭 사원일 필요는 없지만 주로 그러함) 매주 금요일 정오에 단체 기
도에 참석해야 한다. 그 밖의 규율로는 단순한 진리를 받아들이는 것이 있다. "알라 외
에 다른 신은 없으며 무함마드가 신의 전령이다. 그리고 수입의 40분의 1을 기부한다.
1년에 한 번 라마단 기간에 금식한다. 신체적, 재정적으로 가능하다면 평생에 적어도
한 번은 카바로 하지(메카 성지 순례)를 떠난다. "

사원은 그 자체로 신성성을 가지진 않지만 기도를 하기 전에 예배자들이 청소를 하
는 것 역시 중요하다. 사원은 다양한 형태로 존재하나 가장 중요한 것은 금요일 기도를
위해 집회를 할 수 있도록 설계된 자미 마스지드(금요집회 모스크, 자미 성원, 금요일의 모스
크)이다. 알라의 합일, 그를 받아들이는 공동체, 코란의 최종 말씀(비록 모세와 예수가 들
어 있는 기존의 버전도 수용하지만)이 가장 중요하다고 생각한다. 공식적인 사제직은 없다.
개개인이 명상을 하지 않은 상태에서 신과 소통하는 것이 중요하다. 무함마드의 종교
와 정치적 권한을 이어받은 칼리프(무함마드가 죽은 후 움마·이슬람 국가 등의 최고 권위자,
'뒤따르는 자'라는 뜻)는 원래 금요일 예배에서 설교를 하고 기도자들을 이끌었지만, 후에
이 역할이 분리되어 이맘(이슬람의 예배 인도자)이 관할하고, 무엣진(기도 시간을 알려주는
사람)이 소리쳐 기도 시간을 알려준다.

그랜드 모스크(메카의 대모스크)
638년 이후, 사우디아라비아, 메카

여러 국가의 이슬람교도들이 2011년 10월 하지
(hajj) 기간에 메카의 하람 성원으로 모였다. 하지
는 매년 열리는 성지 참배 행사로 이슬람의 다섯
개 주요 행사 중 하나다. 사원은 수차례 확장과
재건을 반복했다. 안뜰에 수용할 수 있는 인원을
77만 명에서 200만 명으로 늘렸다. 중간에 직사
각형 카바가 보인다.

신비로운 순교자

650년대 무함마드의 권위를 전하는 과정에서 폭력을 금해야 한다는 목소리가 제기되었다(235쪽, 240쪽 참고). 그래서 이슬람의 주요 종파는 알리(무함마드의 사촌으로 첫 남성 개종자)를 지지하는 쪽과 그의 후손으로 알리의 측근인 시아파로 나뉘게 되었다. 시아파는 거대 소수가 되었고, 시간이 흐르며 이들은 자체적인 문화를 발전시켜 옴미아드 왕조를 지지하는 주류인 '수니파'와 대조를 이루었다.

알리, 예언자의 후예
1125년, 이집트, 카이로, 아크마르 모스크의 메달 모양 장식

파티마 왕조 시대에 지은 이 사원의 아치형 입구에는 무함마드와 예언자의 사촌 알리의 이름이 반복해서 새겨져 있고, 중앙에는 시아 왕조의 증표가 보인다.

시아파는 여러 면에서 예언자의 후손을 숭배하는데, 특히 661년 순교한 알리와 680년 순교한 알리의 둘째 아들 후세인이 신적인 중요성을 지닌 순교자로 추앙받는다. 시아파의 이맘과 아야톨라의 권위는 성직자의 그것과 어느 정도 동일하다. 시아파 특유의 사원은 없지만 시아파의 정신성은 이슬람 숭배 문화와 사원에 강력한 영향을 미쳤다. 시아파의 문화는 분명해졌다. 시아의 영역에서 알리와 후세인의 이미지는 사방에서 볼 수 있는 반면, 예언자의 이미지는 한층 정통적인 수니 사회에서 확인할 수 있다. 아슈라 축제 때 전체 공동체가 모여 야외극장에서 후세인이 순교하는 장면을 극적인 형태로 재현하며 다 같이 슬퍼하는데, 이는 종교 행사의 한 부분이다. 시아파 교도들에게 각각 나자프(이라크 남부 도시)와 카르발라(이라크 중부 도시)에 있는 알리와 후세인의 무덤과 그 사원은 메카와 메디나를 잇는 두 번째로 중요한 순례지다.

또한 시아파의 적은 분파가 있는데 12이맘파(이맘파, 시아파의 정통파)와 이스마일파(7이맘파)는 이맘과 마흐디가 천년왕국으로 돌아오길 기다리며, 니자리 이스마일파는 이슬람의 소수 밀교 형태로 자마트카나스(jamatkhanas)라고 부르는 상당히 간소화된 예식을 행한다. 카림 아가 칸 왕자가 현재 이맘으로, 현대 이슬람 건축에 상당한 영향을 미쳤다.

예언자의 전형

632년 무함마드가 순교할 때 그는 정치적, 군사적 지도자이자 종교적 스승이기도 했다. 그는 메디나에 있는 가옥에 묻혔고 현재 이곳은 예언자의 사원이 되어 수차례 재건되었다. 이 단순한 건물 설계는 종교적 원칙을 반영하고 있다. 안뜰의 형태는 내향적인 방식으로 신도들을 하나로 모으는 역할을 한다. 키블라 벽은 기도자들 앞쪽에 일렬로 배치해 신 앞에서 동등하다는 점을 강조한다(축성 건물은 한쪽 끝 지점에 집중할 수 있도록 계층을 강조하는 경향이 있음). 사원은 길이보다 너비가 더 클 때가 많고, 그래서 줄지어 자리한 신도들이 이맘을 따라 한꺼번에 행동하기 수월하도록 만들었다. 마지막으로 무함마드가 직접 설계한 건물의 형태는 예언자의 권위를 다시금 알려준다.

700년대 초에 이르러 이 전형에 일련의 기능이 더해졌고 그 이후 지어진 거의 모든 사원에서 동일하게 드러난다. 키블라의 중간에 미흐라브가 생겨 내부에서 가장 중요한 장식적 요소로 기능한다. 비록 이론적으로 미흐라브는 기도자가 더 집중할 수 있도록 도와주는 기능이지만, 미흐라브와 주위의 공간이 신성한 느낌을 주고 이 장소가 성소와 같은 복도나 베이 옆에 자리한 것도 그런 느낌이 들 수 있게 만드는 요소다. 자미 마스지드의 경우 미흐라브 근처에 민바르가 세워져 있다. 지역 통치자가 있다면 미흐라브 주위 공간(혹은 특별한 플랫폼이나 칸막이가 쳐진 곳 내부)이 통치자만을 위해 만들어져 있는데, 이것을 마크수라(왕족 등 개인을 위한 개인 예배실)라고 부른다. 예배당이나 키블라 벽은 회랑이나 다주식 기둥으로 나눈 것으로 보인다. 야외 안뜰은 중앙에 손을 씻는 장소가 있어 기도 전에 세정을 할 수 있다. 입구와 별도로 건물 외벽은 일반적으로 내부의 안뜰이나 예배당보다 평범한 형태지만, 건물에 뾰족탑이 있어 멀리서도 볼 수 있고 이곳에서 기도 시간을 알려주며 돔은 미흐라브 면 위에 솟아 있다.

이슬람 건축은 1400년 동안 이런 단순한 요소에 미적 가능을 추구하며 여러 기능을 조합하고 또 조합했다. 뾰족탑과 돔은 외부의 장식과 시각미를 위해 생긴 부산물이고(간혹 뾰족탑은 실용성은 거의 없이 순전히 장식적인 용도만 지님) 미흐라브와 그 주위 공간은 돔으로 이어지면서 내부를 극적으로 만든다. 예배당의 확장된 공간과 내향적인 안뜰도 생겼다. 쌍을 이룬 뾰족탑과 돔은 이슬람 건축의 표상이 되었지만, 사원 내부의 공간과 기도자들이 하나로 뭉칠 수 있도록 하는 방식은 이슬람 정신성에서 마찬가지로 두드러

북아프리카식 아치
1147~1157년, 모로코, 마라케시, 쿠투비아 모스크

쿠투비아 사원은 스페인을 넘어 마그레브 서부 지역까지 평정했던 알모하드 왕조(1130~1269년)에서 한때 가장 중요한 사원이었다. 알모하드 왕은 독실한 이슬람교도로 장식을 거의 하지 않는 양식을 선호했다. 꾸미지 않은 벽과 흰 아치 공간이 사원의 두드러진 금욕주의적 아름다움을 드러낸다.

진다.

　이 안마당에 예배당과 키블라를 결합하는 방식은 아주 다양하다. 이슬람의 금욕적인 해석은 그대로이며 장식을 하지 않은 일련의 아치가 뚜렷한 순수함을 드러내며 소박하고 신앙심 깊은 삶을 보여준다. 모로코 중부의 마라케시에 있는 쿠투비아 모스크가 대표적이다. 그밖에도 안뜰의 각 면이 안을 향하는 파사드가 되었고 가장 큰 것이 예배당과 키블라 벽으로 이어지는 역할을 한다. 이 파사드와 그 너머 공간은 형형색색의 타일이나 강렬한 패턴으로 장식했다. 이란 이스파한에 있는 금요일의 모스크(마스지데자메 모스크)처럼 수피파의 신비주의를 생각나게 하는 열정적인 강력함을 지니고 있다.(247쪽 참고)

마드라사에서 영묘까지

이슬람은 모든 마음가짐을 포용하고 사원 건축 형태의 발전도 관련된 다양한 건물을 참고한 것으로 보인다. 돔과 안뜰이 있고 방 한쪽 귀퉁이에 미흐라브가 있는 여행자 숙소를 찾는 일이 어렵지 않다. 복잡한 상점가와 학교 중심부에 자리해 사원의 소득을 높이거나 의무적으로 헌금을 해야 하는 이슬람교도들이 자선 서비스를 제공하는 공간을 보는 일도 흔하다.

　다른 유형의 건물로는 법학을 가르치는 마드라사(이슬람교 고등교육 시설, 대학)가 있다. 샤리아(코란과 순나를 바탕으로 한 이슬람 성법)는 코란의 행동과 말을 해석하는 데 토대를 두고 있기에 이 장소 자체가 종교적인 활동지다. 칸카(수피파 신도의 수도생활을 위한 공동 도장)는 수피교로 알려진 이슬람의 신비로운 측면을 추종하는 자들을 위한 준수도회와 같은 곳이다. 칸카는 널리 퍼져 있다. 설계가 다양하지만 크거나 정교하게 꾸민 곳은 찾아보기 힘들다. 이와 대조적으로 마드라사는 웅장하다.

　처음에 공부는 모스크에서 이루어졌지만 10세기부터 불교 사원의 영향을 받아 이란 동부에 의도적으로 마드라사를 세웠다. 그때부터 이 건축물이 널리 퍼지기 시작했는데, 특히 사람들 사이에 이단의 교리가 퍼지지 않도록 하는 데 목적을 두었다. 대표적인 예로 줄무늬 기하학 무늬가 인상적인 바그다드의 무스탄시리야 마드라사(1262년부터)와 아틀라스 산맥의 삼나무를 가져다 풍부하게 조각해 장식한 페스(모로코의 교도로 이슬람 지성계의 중심이었던 도시)의 아타린 마드라사의 친숙한 공간을 들 수 있다.

영묘는 이슬람 건축양식에서 중요한 또 다른 건축이다(초기에 이슬람은 예언자를 온건히 매장했다는 사실 때문에 죽은 자의 공식적인 기념을 반대함). 영묘가 발달하게 된 여러 요인이 있다. 그중 하나가 바라카(신성함)에 대한 믿음으로 성자로 칭송받거나 순교로 사망한 개인이 매장된 장소를 특히 지칭했다. 시아파의 성장 역시 한 요인이 되었다(228쪽 참고).

그러나 웅장한 이슬람 묘는 통치자에게 귀속된다. 분명한 내부 통치체계가 부족했기에 왕이 건축 후원의 주요 인물이고, 많은 왕들이 스스로의 매장지를 지위에 걸맞게 꾸미고 싶어 했기에 모스크나 마드라사 같은 자선 기관과 결부하는 일이 많았다. 통치자들은 종교적 권위를 주장했고 자신만의 바라카를 지녔을 것으로 추정된다. 가장 잘 보존된 초기 웅장한 묘의 대표적인 예는 중앙아시아와 이란이 있는데 우즈베키스탄 부하라에 있는 사만 영묘(920년대)와 이란 구르간의 군바드 이 카부스(1006~1007년, 카부스의 탑이란 뜻으로 이슬람 탑 모양의 묘)를 들 수 있다. 이들은 이후 등장한 다른 묘들과 마찬가지로 돔 천장에 중앙집중식 건물로 로마 양식의 묘를 따랐다. 또한 작은 돔형 공간에 네 면을 개방하고 조로아스터교에서 보편적으로 사용하는 야외 제단을 결합한 형태를 보였다. 이집트 파

불멸의 우아함
920년대, 우즈베키스탄, 부하라, 사만 영묘

벽체가 두꺼운(1.8미터) 무덤은 약 11평방미터에 네 개의 출입구와 큐폴라 혹은 반원형 돔이 감싼 형태다. 아버지와 손자와 더불어 사만 왕조를 강력하게 만든 이스마일 사마니의 유해가 보관된 장소로 알려져 있다. 건물 내외부 전체가 구운 벽돌 패턴으로 장식되어 있다.

예배당의 미흐라브와 민바르

1356~1362년, 이집트, 카이로, 술탄 하산 모스크

이 모스크 영묘는 이슬람을 통틀어 가장 위대한 인물인 술탄 하산을 위해 지어졌다. 사원 안뜰 주위로 주거용 방과 강의실이 들어서 있으며 각각은 이슬람법을 가르치는 마드라사다. 미흐라브 벽감과 인접하는 민바르는 예배당의 주요 초점 포인트이며 그 설계는 카이로 양식을 극대화했다. 표면은 기하학적 디자인과 글귀로 덮여 있고 돌 패턴에는 보색을 썼다.

티마 왕조(969~1171년)는 양과 질 모두에서 묘의 엄청난 성장을 보여주는데, 시아파 이슬람교도의 신성한 인물이 놓인 장소를 기념하고자 하는 마음이 크다는 데서 그 이유를 어느 정도 찾을 수 있다.

아브라함과 모세와 같은 신앙 속 주요 인물의 유명한 묘 주변으로 주요 사원이 발전했듯이 무함마드와 그의 초기 동반자들의 경우도 마찬가지다. 이들 사원 중 가장 중요한 곳은 울타리를 친 커다란 장소 안에 홀로 세워지는데 카바 또는 바위사원(바위의 돔, 이슬람 성지이며 예루살렘 성전산 위에 있다. 현존하는 이슬람 건물 중 가장 오래됨)에서 하람('숨겨진' 혹은 '신성한'이라는 뜻)이라고 부른다. 건물들에 방해를 받지 않는(많은 사원들이 주변에 가옥들로 빽빽히 둘러싸이므로) 중앙집중 평면인 묘와 사원은 외부의 구도 배치를 발전시킬 수 있는 기회가 생겨 이라크 바그다드의 주무르드 카툰 묘(Zumurrud Khatun,

1180~1220년)의 신전을 내려다보는 무하르나스(내부 천장 부분을 장식하는 기법)의 작은 첨탑부터 인도 아그라의 타지마할(1631~1647년)의 형언할 수 없는 자태까지 다양한 모습이 탄생했다.

영혼의 기하학

이슬람의 두드러진 양식적 발전은 로마, 비잔틴, 사산 왕조 선조들로부터 점진적으로 출현한 사원의 기본적인 요소가 갖춰진 이후에 생겨났다. 이 양식은 모든 종류의 건물을 하나로 통합하고 직물부터 금속에 이르기까지 모든 부분에서 미를 추구하며 동시에 다양하고 분명한 양식을 선보였다. 그 중심에는 성스러운 언어에 대한 이슬람의 헌신이 담겨 있다.

이슬람교도들에게 코란의 권위는 상상 그 이상이다. 많은 교도들이 진심으로 114장을 암송한다. 각 장은 하느님이 무함마드에게 전한 말을 담고 있다. 신이 전해준 언어이기에 코란의 구절은 이슬람의 주요 예술 형태가 되었고, 이 아랍 글귀를 적는 행위 자체가 종교적인 경험으로 여겨졌다.

코란을 읽지 못하는 사람에게도 글귀는 특별하고 추상적인 선의 아름다움으로 작용했다. 다양한 양식의 문체 중에서도 다부지고 강한 느낌의 쿠픽체(7세기에 발달한 초기 아랍어 서체)와 우아한 술루스체(11세기 발명된 아랍어 서체)가 건축 명문으로 사용되며 그 미적 자질은 이슬람 양식에서 핵심적인 역할을 한다(236~237쪽 참고).

다양하고 추상적인 패턴이 글귀로 이루어진 명문을 완벽하게 마무리한다. 주로 식물 무늬 혹은 별과 같은 기하학적 형태로 원, 사각형, 삼각형, 다각형과 같은 형태에서 비롯된 것이다. 표면을 덮고 있는 장식들이 성스러운 말의 바탕이 되면서 그 속에 내재된 창조의 질서와 아름다움을 불러일으킨다. 하느님이 묘사할 수 없는 존재라는 점을 암시하면서, 패턴을 통해 창조의 추상적 완벽함을 드러내는 것이 이슬람 건축의 여러 측면에서 핵심을 차지한다. 사원에서 종종 볼 수 있는 무하르나스 천장은 패턴을 삼차원으로 구현하려는 시도다.

이슬람교도들이 신을 드러낼 수 있는 범주를 초월하는 존재로 여기지만 코란은 인간의 형태로 하느님을 묘사하는 일을 금지하지 않는다. 실제로 이슬람 원고 그림, 회화,

카바와 왕묘
1663년, 터키, 이스탄불,
타일로 묘사한 메카

이슬람교도들은 아브라함이 메카의 카바를 지었고 이곳이 세상에서 가장 오래된 일신교 숭배 장소라고 믿는다. 이단 우상의 장소에서 무함마드에게 정화받은 이곳의 현재 형태는 684년부터 이어져왔다. 카바를 7번 순회하는 것이 하지의 목표다. 내부 성소에는 무함마드가 입을 맞춘 왼쪽 벽(명문 옆에 작은 호 형태)인 검은 돌(중앙)과 성스러운 입구인 히즈르(백색 호, 오른쪽)와 아브라함과 이스마일이 섰던 돌(헛간 모양 형태, 아래)인 마캄 이브라힘(Maqam Ibrahim)이 보관되어 있다.

왕궁 장식에는 매우 정교한 서사장면이 자주 등장한다. 그러나 많은 이슬람교도들은 이미지 사용을 금하고 우상화로 여겨질 수 있는 행위는 피하기 때문에 모스크에서는 볼 수 없는 것이다. 명문에 집중하는 가장 큰 이유는 아름다움에 과도하게 헌신하는 것을 피하고 신성한 언어의 권위를 세우기 위해서다.

아라비아에서 더 넓은 세상으로

패턴과 글자를 강조한다고 건축이 단조롭고 창의성이 부족한 것은 아니다. 사실 그 반대다. 이슬람교의 광범위한 지리적 보급과 내부 구조의 부재는 지역적 다양성과 외부 영향을 상당히 많이 받아들이도록 해주었다. 새로운 종교건축의 단순한 모습이 다채로운 형태의 웅장한 건물로 탈바꿈하게 된 것이다.

무함마드가 순교한 뒤 뒤를 이은 네 명의 왕(아랍어로 '후계자'라는 뜻의 칼리프에서 따

신에 대한 칭송

1416~1418년, 이란, 마슈하드, 마스지드 이 고와르 샤드

　이슬람의 십이이맘파 제8대 이맘 레자의 시아파 사원 건물 안에서 역사적으로 가장 중요한 곳은 티무르 제국의 수니 통치자 샤 루흐(1405~1447년 재위)의 아내이자 왕녀인 고와르 샤드(Gawhar Shad)가 세운 금요일의 모스크다. 여성이 건축의 후원인이 되는 일은 아주 드물지만, 고와르 샤드가 지은 사원의 규모는 하나같이 놀랍다. 마스지드 이 고와르 샤드(고와르 샤드 모스크)는 주요 순례지로, 그녀의 지역에서 가장 신성한 장소이며 대부분의 명문이 페르시아어가 아닌 아랍어로 되어 있다. 인간의 무덤에 정통성을 높이기 위한 의도로 보인다.

　사원은 도시의 주요 예배 장소이자 북쪽에 있는 묘로 들어가는 입구로 기능하도록 설계되었다. 건물은 55×45미터의 안뜰을 품고 있으며 네 개의 아치형 출입구인 이완에서 내려다보인다. 마주하는 키블라 벽에는 돔이 올려져 있고, 그 측면에 두 개의 작은 뾰족탑이 서 있다.

마크수라 이완의 타일
1416~1418년, 이란, 마슈하드, 마스지드 이 고와르 샤드

마크수라 이완(247~249쪽 참고) 주위를 장식한 이 도기 부분은 아주 특이한 설계다. 미흐라브가 속한 분리된 성소와 같은 공간으로 이끌어주는 대신 사원은 상당히 개방형 아치에 그 너머 키블라 벽으로 감싼 미흐라브가 있고 안뜰의 여러 곳에서도 잘 보인다. 대중적 기도에 중심을 맞춘 배치는 타일 속 메시지를 강조하며 그 상당수가 기도자를 주제로 하고 있다. 아치는 금요일 예배를 위한 공간이 될 수 있다. 그 속에 적힌 글귀는 고와르 샤드의 아들 바이순쿠르 왕자가 쓴 것이다.

❶ 예언자 무함마드의 말씀을 전하는 기록인 하디스가 기도자의 미덕을 촉구한다. 글귀 중 하나는 사촌 알리에게 전해진 것으로, 지역 시아파에 대한 지지를 인정한 것으로 보인다.

❸ 사원 전체에 꽃 모티프가 반복적으로 표현된 것은 코란에 적힌 천국이 아름다운 정원으로 묘사되었다는 점을 다시금 일깨워 준다.

❹ 흰색 술루스체로 적힌 주요 명문은 이완 아치에 쓰여 있다. 코란과 하디스의 구절을 인용하며 여성 후원자의 미덕을 극찬한다. 꽃 장식 모티프가 글귀 뒤쪽으로 감싸고 돌며 푸른 쿠픽체로 '하느님의 왕국'이라는 문구가 반복된다. 패널에는 건축가와 서예가의 이름이 적혀 있다.

❺ 금요일 기도자의 중요성을 강조하는 코란 구절(62장 8~10절)이 생명의 나무 속에 적혀 있다. 이 프레임은 지그재그로 교차되어 '신은 영원하다'라는 구절을 반복적으로 보여준다. 코란은 이 나무가 천국에서 자란다고 언급하며, 신비로운 수피교에서 이 이미지를 상당히 많이 사용한다.

❻ 쿠픽체로 쓴 금박 글귀(알라를 찬양하라)는 일련의 별과 교차하며 각각에는 술루스체로 알라신을 칭송하는 문구가 쓰였다.

❽ 다각형과 뿔이 여러 개인 별이 하나를 이루어 생긴 이 패턴은 고도의 수학적 지식을 알려주고 세상에 내재된 기하학적 조화를 반영한다.

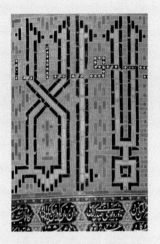

❷ 뾰족탑 맨 아래쪽에 있는 이 거대한 명문은 이슬람의 신앙 고백문인 샤하다의 두 구절을 거의 추상적인 그래픽 형태로 표현한 것이다. '알라 외에 다른 신은 없다'는 문구가 검정 테두리에 노란색 글자로 세로로 써 있으며 '무함마드와 그의 전령'이 흰 점이 들어간 검정색 글씨로 가로로 교차된다.

❼ 타일은 바나이(banna'i)로 알려진 평벽돌 위에 자리한다. 타일에는 많은 신들이 이름이 반복해서 드러난다.

온)은 그의 정치적, 종교적 권위를 이어받았다(그처럼 예언자의 지위가 아님에도 불구하고).

그 권력 아래에서 움마는 세력을 넓혔고 번창해 무함마드의 메시지를 널리 전할 수 있게 되었다. 얼마 지나지 않아 아라비아 사막 출신의 이슬람교도들은 예루살렘을 정복하고(638년), 북아프리카에서 중앙아시아, 멀리 아무다리야 강(옥수스 강, 중앙아시아에서 가장 긴 강. 러시아 남부, 투르크메니스탄, 우주베키스탄 국경 부근을 흐르는 강)에 이르는 지역을 다스렸다. 그들은 비잔틴제국(동로마제국)과 페르시아 사산왕조를 대신했고(후자는 현재 이라크와 이란을 점령) 기독교, 유대교, 조로아스터교를 비롯해 동쪽으로 불교 공동체까지 고대 도시의 상당 부분을 통치했다.

처음에 새로운 이슬람 통치자는 이라크의 쿠파와 바스라, 현 카이로 근교인 메디나 이후 최초의 사원으로 알려진 푸스타트 등 의도적으로 지은 성소로부터 통치권을 얻으려고 노력했다. 이들은 무함마드의 거처가 붙은 거대한 건물이다. 키블라를 바라보는 가려진 영역은 매우 크고, 일반적으로 다주실로 이루어졌다. 어떤 크기에서든 쉽게 적용할 수 있기에 이후 많은 사원의 예배당이 이런 형태를 갖추게 되었다. 작은 뾰족탑 혹은 무엣진이 설 수 있는 공간이 있는 지

대성당처럼 보이는 모자이크 파사드
706~715년. 시리아, 다마스쿠스, 우마이야 모스크

다마스쿠스의 우마이야 모스크는 무함마드의 가옥 형태를 따랐지만 로마와 비잔틴 세계의 모티프를 과장되게 표현했다. 이 사원은 원형을 그대로 보존한 이슬람에서 가장 오래된 사원이다. 안마당의 상당 부분이 회랑으로 되어 있고 예배당은 화려하게 장식했다. 이 사원에는 기독교 시대의 세례자 요한 무덤이 있다.

새로운 종교의 성취
684~691년, 예루살렘, 바위사원

바위사원은 우마이야 왕조의 통치자가 새로운 종교와 관련해 잊을 수 없는 건축을 남기고자 한 시도에서 탄생했다. 예언자의 삶을 추도하는 이 사원은 지금까지 남은 가장 오래된 코란의 구절을 보유하고 있다. 명문에는 이후 이슬람의 신성한 공간을 장식하는 중요 요소들이 남아 있다. 돔으로 덮인 신성한 장소는 세 부류의 '경전의 민족' 이야기에서 중요한 역할을 한다.

붕도 발전한 것으로 보인다. '경전의 민족'인 유대교와 기독교인(그리고 일부의 조로아스터교) 들은 자신들의 종교를 따르는 일이 허용되었지만 시민권이 일부 제한되었고 새로운 지배자에게 헌납할 의무가 생겼으며 주변 사원보다 더 웅장한 교회나 유대교회당을 지을 수 없었다.

그러나 왕의 후계에 대한 내재된 불만이 시민전쟁으로 표출해 궁극적으로 이슬람교를 크게 분리시켰다. 우마이야 왕조(661~749년, 아랍제국을 다스린 첫 번째 이슬람 칼리프 세습왕조)와 그 후계의 정통성을 받아들이는 수니파와 알리의 혈족만이 후계의 정통성을 가진다는 시아파가 그것이다(228쪽 참고).

우마이야 왕조는 수도를 메디나에서 고대 시리아의 도시 다마스쿠스로 옮겼다. 이후 300년 정도 수니파 칼리프로 이어진 두 왕조가 거대한 이슬람제국을 통치했다. 이 시기 이슬람 건축은 두 가지 발전 단계를 거쳤다. 첫째 우마이야 왕조와 초기 아바스 왕조(749년부터, 아랍제국의 두 번째 이슬람 바그다드 칼리프 왕조의 이름. 1258년 몽골족이 바그다드를 함락시킬 때까지 아랍제국을 다스림)에 이슬람의 숭배 장소는 왕실 권력에 버금가는 웅장함을 보였다. 그래서 사원 설계가 바뀌어 우마이야의 영토 내 화려하게 꾸민 교회나 유대교회당과 라이벌을 이루었다. 그 과정에서 로마 세계의 기술적 성취인 돔과 아치, 아치형 천장이 이슬람 건축의 요소로 통합되었다.

현재까지 남아 있는 건물 중 특히 두 곳이 인상 깊다. 한 곳은 독특하고, 다른 곳은 향후 발전의 토대를 형성했다. 팔각 형태의 예루살렘 바위사원은 일종의 묘로 언덕 울타리 중심부에 홀로 서 있으며 또한 중요한 초기 사원인 알 아크사 모스크를 포함하고 있다. 돔(지름 20미터)은 헐벗은 바위를 감싼다. 이곳은 오랫동안 버려졌지만 종교적으로 가장 중요하다. 이슬람교도들에게 이곳은 예언자 무함마드가 일곱 천국으로 올라가 신적인 존재가 되었다는 기적의 경험을 한 곳(미라지, 무함마드의 승천전설)이다. 유대인들에게는 예루살렘 성전의 지성소이기도 했다.

7세기 예루살렘은 기독교 도시였다. 바위사원은 특히 근처에 있는 경쟁적인 종교건축을 의식하여 원형에 중앙집중식 성묘 교회의 원뿔 돔과 거의 동일한 크기로 맞췄다. 바위사원 내부는 모자이크로 꾸며지고 유일신과 무함마드의 예언 능력에 대한 글귀가 아랍어로 적혀 있다. 이 건물이 주는 메시지는 분명하다. 아브라함 전통에서 세 번째이자 마지막 일신론이 성취되었다는 것이다. 이곳은 메카와 메디나의 뒤를 이어 이슬람에서 세 번째로 신성한 장소(성지)가 되었다.

그밖에 중요한 초기 건물들은 한층 영향력이 크다. 다마스쿠스에 세워진 우마이야 모스크는 706년부터 축조가 이어졌다. 무함마드 가옥의 기본 형태를 따랐지만, 다시 화려하게 장식했다. 로마식 모퉁이 탑이 다시 사용되어 기념비적인 뾰족탑을 구성했다. 예배당은 키블라와 평행을 이루어 으리으리한 건축과 장식적 효과를 주었다. 홀은 회랑을 통해 세 복도로 나뉘었다. 중앙의 높은 교차랑 위에 돔이 올라 복도를 구분하며 한쪽은 가장 먼저 알려진 장식 미흐라브로 이어진다. 이 풍부한 장식 공간은 왕과 그 가족들만을 위해 사용되었다. 건물의 표면은 대리석과 아름다운 모자이크로 도시와 정원을 새긴 슬라브로 덮었다.

어떤 우마이야 건축물도 인간의 존재를 묘사하지 않았다. 대신 정원과 같은 천국 장면과 화려한 표면 패턴, 바위사원의 코란 명판이 두 세기에 걸쳐 어떤 사상이 이슬람 양식이 되었는지 잘 보여준다.

이슬람 양식의 탄생

749/750년에 우마이야 왕조가 아바스 왕조로 넘어가면서 바그다드의 새로운 도시로 수도를 옮겼다. 건축 유산은 비잔틴 양식보다는 메소포타미아와 사산 왕조에 더 가까웠고, 새로운 모티프를 이슬람 건축으로 가져왔다.

아바스 왕조는 문학과 학문의 엄청난 부흥 위에서 발전했다. 하느님이 최후의 계시를 알린 언어인 아랍어가 공통어로 사용되면서 그리스어와 페르시아어를 대신하게 되었다. 이 시기 코란의 최종판이 완성되었다. 왕은 반드시 문명의 중심에 자리해야 했고, 왕조의 경제는 종교를 전파하는 원동력으로 작용했다. 9세기가 되자 상인을 비롯한 여러 사람들의 여행을 통해 이슬람교가 중국과 서아프리카로 전해졌다.

내부 장식의 배열
1228년, 터키, 아나톨리아 동부,
디브리지 대모스크

1070년대부터 셀주크튀르크가 아나톨리아의 비잔틴제국 상당수를 통치했다. 이곳의 사원들은 특히 다채로운 형태를 띤다. 이 문을 비롯해 디브리지에 있는 사원과 병원 건물의 식물과 기하학적 형태는 당대 아르메니아 교회에서 영감을 받은 것으로 보인다. 엄격하게 배치한 기하학적 프레임이 규칙을 갖추었다(위).

바그다드 건축에 대해서는 거의 알려진 바가 없고, 원형 평면의 중심부에 사원과 궁전이 있는 형태가 전부다. 그러나 잠시(836~883년) 바그다드를 대신해 수도였던 사마라가 사막 유적으로 남아 있다. 사마라의 대모스크(848~852년, 53쪽 참고)는 155×238미터로 최대 규모를 자랑한다. 나선형의 뾰족탑은 지구라트를 모방한 것으로 보이고, 상당수 아치의 형태가 고전 이후 극동 지역의 장식 요소에서 영향을 받은 것으로 추정되며 조밀한 스투코 패턴으로 덮은 벽 역시 사산 왕조의 유산이다. 점진적으로 패턴은 한층 선형적이고 추상적으로 변했다.

다른 9세기 사원들에서 이 양식은 더 널리 발전했다. 그 대표적인 예가 튀니지의 카이로우안에 있는 두 곳의 9세기 사원이다. 866년 삼문 모스크(Mosque of the Three Doors)의 파사드를 이루는 아치는 뾰족하고 기울어져 있다. 아치의 곡선이 시작되는 지점 전까지 곧게 연결되기 때문이다. 그 위로 복잡한 패턴과 아랍 명판층이 세워진다. 기하학적 장식이 주는 선형 리듬은 시선을 분산시키지 않고 신성한 글귀로 향하게 해준다. 이런 사원은 미흐라브의 장식과 주위 면 혹은 통로나 돔, 민바르와 결합해 내부적으로 공간을 둔다. 카이로우안 대모스크(836년부터)가 가장 오래된 예시며, 조밀한 패턴이 격자무늬 나무 패널에 자리해 열정적이고 강렬한 효과를 창출한다.

11세기에 들어 패턴의 다채로움이 벽면을 덮었고 내재된 웅장함은 사라진 것으로 추정된다. 그리고 대적할 수 없는 다양한 아치 형태가 발전했다. 벽과 돔 사이 전이 공간에서 미흐라브 상단과 다른 곳에 숟가락 형태로 상인방 위에 기하학적으로 배치된 장식인 무하르나스 천장이 등장했다. 돔은 이내 상당히 두드러져서 뾰족한 옆면과 같이 다양한 형태를 띄었다. 이런 모티프는 건물의 모든 부분이 하나의 통합된 미학으로 결합한 것을 확인시켜준다. 새로운 건축양식이 탄생한 것이다.

이베리아에서 이란까지

예언자 무함마드가 살아 있던 세기에 왕국이 세워지고 현재 파키스탄에서 이베리아 반도(현재 스페인, 포르투갈)까지 세력을 확장했으며 종교 창시자의 믿음에 기반한 주요 건축물이 생겨났다. 이

미흐라브 성소
961년부터, 스페인, 코르도바 대모스크

코르도바 대모스크는 칼리프의 지위를 주장한 알 하캄 2세(961~976년)가 지었으며 의도적으로 다마스쿠스의 우마이야 모스크보다 더 뛰어나 보이려고 노력했다. 미흐라브 앞에 있는 이 베이는 건축적으로 가장 복잡한 이슬람 성소다. 일부만 입장이 허락된 마크수라를 통해 안으로 들어갈 수 있다.

후 200년에 걸쳐 이슬람 양식이 발전했다. 하지만 10세기에 들어 이슬람의 정치적 통합이 해체되기 시작했다. 많은 지역 통치자들이 공공연하게 아바스 왕조의 권위를 부정했다. 이때 시아파 체제가 등장했다. 강력한 종교건축양식이 발전하면서 일부는 엄청난 혁신을 이루었고 15세기에 크게 부각되면서 왕실의 권위가 다시금 이슬람 세계를 점유하게 해주었다.

이런 두드러진 종교 양식의 대표적인 예가 이슬람의 위대한 건축물이다. 스페인 남부 코르도바에 마지막 생존자인 우미이야 왕자가 왕국을 세웠다. 961년부터 이 도시의 금요일의 모스크(코르도바 대모스크, 785~787년에 처음 축조)가 엄청난 확장을 시작했고 건물은 웅장하고 화려함으로 멀리 다마스쿠스의 우마이야 모스크(다마스쿠스의 대모스크)를 떠올리게 해주었다. 그러나 양식적으로 이 건물은 북아프리카의 지역 색을 드러낸다. 말굽모양의 긴 아치와 적색과 백색 돌을 교대로 배치하고 돔 표면이 둥글납작한 살로 덮여 있으며 뾰족탑은 사각형 모양이고 표면에 짙은 벽돌 패턴이 들어 있는 것이 그 증거다. 코르도바 대모스크의 예배당을 채우는 17개의 복도는 이런 말굽모양 아치가 서로 겹치게 배열해 무한대로 확장된 것처럼 보인다.

이어지는 시대도 십자군 시대와 유사하다. 13세기부터 기독교인들은 이베리아의 요충지를 재탈환하기 시작했다. 1492년 스페인에서 이슬람을 완전히 몰아낸 것은 이슬람이 중앙아시아에서 인도에 이르는 동쪽으로 영향력을 확장하지 못하도록 한 조치였다. 그래서 비아랍계 문화가 두드러지게 되었다. 터키어를 쓰는 중앙아시아 부족, 페르시아의 고대 문명에 사산 왕조와 조로아스터의 일신교 후손들, 1258년 아바스 왕조의 바그다드를 정복하고 파괴한 수욕주의자이자 유목생활을 하는 몽골 민족들이 여기에 속한다. 몽골 제국은 칸이 다스리는 여러 개의 왕국으로 분리되어, 그중 상당수가 이슬람으로 흡수되었다. 이런 인물들이 다스리는 지역은 가장 영향력이 높은 건축 혁신이 일어난 장소로, 사원은 지역 건축 전통에 따라 변했다.

예를 들어, 셀주크튀르크는 중앙아시아에서 도시국가를 운영하던 민족으로, 권력이 지역 통치로 많이 배분된 상태였다. 이란을 정복하면서 1070년대부터 셀주크족은 아나톨리아의 대다수 지역에서 비잔틴 기독교를 쫓아냈고, 그 일로 현 터키로의 변화가 더디게 진행되었다. 셀주크족은 이 지역을 럼(Rum 또는 Rome)이라 칭했고, 사원은 특히

영예로운 입구

12세기부터, 이란, 이스파한, 금요일
의 모스크

'학생들을 위하여'라고 알려진 이
이완의 전망은 무하르나스 천장의
거대한 형태와 함께 14세기 무자파
리드 마드라사 혹은 우마르의 이완
을 연상시킨다. 금요일의 모스크에
세워진 커다란(65×55미터) 이완
네 곳은 교육을 위한 장소로 보인
다. 가장 중요한 이완은 키블라 면
쪽으로 나 있다.

다채로운 형태를 보인다(디브리지의 대모스크가 한 예). 무
엇보다도 습한 환경 때문인지 혹은 지역 돔과 중앙집중
식 교회의 영향 때문인지 알 수 없으나 사원은 완전한
지붕이 있는 형태로 만들어졌으며 커다란 돔이 자리했
다(1258년 터키 코니아에 있는 인스 미나렐리 마드라사 등).

아나톨리아의 건물들은 1288년 오스만이 세운 제국
에서 더 발전해 나갔고, 그 후계자들이 오스만 왕조를
구축하며 지역 통치자로 확고한 위치를 세웠다. 일부 사
원은 단순한 사각형 형태에 커다란 반원형 돔을 올린 모습이고 각각은 입구에 포치가
있고 날카로운 꼭대기와 연필 굵기의 뾰족탑이 일렬도 세워져 있다(1358년에 지어진 부
르사의 알라 알딘 모스크[Ala᾽ al-Din]처럼). 이 건축양식이 오스만 통치시대인 14세기 중반
부터 확산되어 발칸 반도까지 퍼졌다. 이 양식은 약 100년 정도 지역색으로 남았다. 더
오래 유지되었더라면 엄청난 영향력을 끼쳤을 것이다.

이란의 초창기 발전은 한층 즉각적인 효과를 가져왔다. 셀주크 왕조의 수도인 이스

파한에는 당시 가장 큰 규모의 이슬람 돔(지금 15미터 높이 30미터)이 1088년 금요일의 모스크(마스지드-이-자미 대모스크)가 미흐라브 앞에 세워졌는데, 이곳은 술탄을 위한 장소로 보인다. 이후 12세기에 커다란 사각형 지붕 구조가 마당 파사드 중심부에 삽입되었다. 각각은 크고 속이 움푹 팬 아치 형태로 포치로 기능한 것으로 추정되며 개방부는 상대적으로 작았다. 이를 '이완'이라고 부르며 주요 미흐라브 돔과 함께 사용하는 방식이 급속도로 전파되었다.

이완의 기원은 이라크의 크테시폰에서 부흥한 사산 왕조의 강연장 외부에 세워진 현관에서 기인한 것이다. 이스파한의 이완은 사원 설계에 새로운 시도를 가져왔고, 안뜰 각 면을 완전히 활용할 수 있는 건축 구도로 바꾸어놓았다. 비록 가장 웅장한 곳이 항상 네 개의 이완을 가지지만 한 사원 내 이완의 수는 다양할 수 있다. 제일 중요한 점은 이완이 미흐라브를 향한다는 것이다.

이완의 활용도가 급속도로 커진 것은 셀주크족이 거대한 마드라사 건물을 시아파의 영향을 줄이고자 하는 용도로 활용한 것도 일부 이유가 된다. 14세기 이슬람 역사 중심부 근처 쿠르크 왕조가 세운 건축물이 그 예다. 1249년 아바스 왕위 계승에 위기가 닥치면서 아바스 왕조를 따르던 투르크 용병들이 자신들만의 국가를 세웠다. 수도는 위대한 도시 카이로로 969년 푸스타트 강 위에 세워졌으며 빠른 시일 안에 이슬람 세계에서 문화적 중심지인 바그다드를 대체하게 되었다. 맘루크 왕조(군사를 담당하던 용병, 맘루크가 세운 왕조)로 알려진 이들은 도시를 웅장한 기념비로 가득 채웠고, 그중 가장 위대한 것이 술탄 하산(1347~1351년, 1354~1361년 재위, 233쪽 참고)이 세운 영묘 술탄 하산 모스크다.

아시아의 움마

한편 중요한 문화적 발전이 인도, 중앙아시아 및 그 일대에서 발생했다. 이슬람은 1193년 쿠트브 알 딘 아이바크 왕을 델리에 잡아두고 인도를 이슬람 세력 안으로 넣었다. 1206년 강력한 델리 왕조가 세워져 거대한 힌두교 인구를 통치했다.

이와 거의 동시에 초기 지역 건물들의 재료를 활용해 쿠와트알 이슬람 모스크('델리의 위대한 모스크'로 알려진 인도 최초의 이슬람 사원)가 축조되었다. 전능한 쿠트브, 미나르

단지(인도의 가장 높은 미나레트이며 가장 높은 건물의 유례)에 있는 뾰족탑은 73미터로, 이슬람에서 가장 높으며 전체가 명문으로 덮였다. 사원은 힌두교와 이슬람 전통을 혼합했지만 이슬람적인 대담한 색채가 한층 눈에 띈다. 인도는 결국 페르시아 문화권의 일부가 되었고, 자체적인 건축 특성을 지니게 되었는데 이는 이완 사원과 이후 이어진 발전 덕분이다.

중앙아시아에서 1370년부터 몽골 칸의 후손이자 티무르 왕조를 설립한 티무르가 사마르칸트에 수도를 세웠다. 웅장한 일련의 건물은 완전히 페르시아 양식을 띠었으며, 12세기 이스파한의 혁신 이후로 전통이 어떻게 발달해왔는지 잘 보여준다. 돔은 뾰족한 옆면에 지지대 위에 올려져 한층 강조되었다. 이완이 주도하는 파사드는 타일로 강화되었고, 타일 벽은 명문과 복잡한 기하학적 패턴이 청록

승리의 탑
1199년~1368년경, 인도, 남 델리, 메흐라울리, 쿠트브 미나르

쿠와트 알 이슬람 사원의 위로 올라갈수록 뾰족해지는 이 5층 높이의 사암 뾰족탑은 73미터로 인도에 세워진 고대 석조 건물 중에서 가장 높다. 석조의 상당주가 파괴된 힌두교와 자이나교 사원의 것들을 가지고 온 것이다. 미완공된 뾰족탑은 원래 145미터 높이로 세워질 예정이었다.

색, 군청색, 노란색, 흰색, 검은색과 같은 두드러진 색채로 조화를 이루었다. 일부 사원은 천국과 같은 정원을 꾸며 직선형 공간 사이에 십자가로 수로를 파 물이 흐르도록 연출했다(55쪽 참고).

이 모든 티무르 왕조의 업적은 왕묘(아흐마드 야사비 영묘, 1398년 축조, 야스의 도시에 있

으며 투르크인 사이에 성지로 명성이 높음), 사원(티무르의 후계자 샤 루흐의 아내 고와르 샤드가 마슈하드에 만든 사원, 236~237쪽 참고), 마드라사(사마르칸트의 레기스탄 광장이 내려다보이는 세 곳 중 1417년에 울루그베그[티무르 제국 4대 술탄]가 처음 지었음)에서 볼 수 있다.

동아시아에서 실크로드 무역 루트의 끝에 중국의 위대한 왕실 문명이 자리한다. 일각에서는 중국에서 가장 오래된 이슬람 사원이 627년 광저우에 세워진 화이성사(懷聖寺)라고 말한다. 이보다 한층 근거가 분명한 이슬람 사원은 1009~1010년에 처음 세워진 취안저우의 칭징사(清净寺)다. 그밖에 중국에서 유명한 이슬람 사원으로 시안 대모스크(1392년 이후 재건축)와 베이징에 있는 우가예배사(뉴제리바이사)가 있다. 이들 이슬람 사원은 중국내 다른 종교건축과 마찬가지로 고대 중국 전통양식(332~340쪽 참고)을 채택해 이슬람 종교 실천에 필요한 예배요건을 갖추었다. 또한 작은 돔과 석조 예배당 및 두드러진 뾰족 아치를 통해 이슬람의 모습을 각인시켰다.

그 밖의 다른 지역에서 가장 오래된 사원(인도네시아 자바섬 드막의 마스지드 아궁[Masjid Agung Jawa Tengah] 등)은 15세기에 이슬람 소수 국가가 말레이시아와 자바 동부를 통치하던 시대의 건축으로 거슬러 올라간다. 이 지역 사원들은 타주그(tajug)로 알려진 목재를 계단식으로 쌓은 피라미드 탑과 같은 단순한 큰 지붕으로 덮었다.

아프리카의 이슬람

아라비아의 이슬람 중심부에서 남쪽과 서쪽으로 섬세한 지역 토착 이슬람 건축양식이 발달했다. 아프리카 동부에서는 잔지바르(키짐카지 모스크, 1107년)부터 모가디슈(파크르 알딘 모스크[Fakr ad-Din Mosque], 1269년)까지 근사한 이슬람 사원들이 많이 있다. 아프리카 서부의 경우 기니가 이슬람 숭배의 중심지(기니[Dingueraye]의 대모스크, 1849~1893년)로, 사리탑처럼 생긴 특별한 돔 지붕이 카바 형태의 건물을 뒤덮고 있다. 나이지리아는 자리아에 있는 아치형 사원 내부(1830년대/1840년대)가 유명한데, 진흙을 입힌 야자 잎사귀로 아치를 만들고 브라질에서 돌아온 노예들을 동원해 두드러지는 바로크 양식의 사원을 지었다(라고스, 시타 모스크, 1894년). 이 모든 건물은 말리의 위대한 흙 사원들(팀북투의 징가레베르 사원, 1342~1347년과 1907년에 재건한 젠네 대모스크)만큼 추앙받지 못했다. 이들 진흙 건축물은 무너지는 것을 막기 위해 주기적으로 보수를 했다.

진흙으로 만든 뾰족탑

1907년, 말리, 젠네 모스크

14세기부터 진흙 벽돌과 야자나무로 지은 이 신전은 1907년에 프랑스 정부의 지휘하에 재건되었다. 탑 꼭대기에는 순수함과 다산을 상징하는 실제 타조 알이 놓여 있다.

15세기 말 이슬람이 대서양에서 남중국해까지 세력을 확장했다. 따라서 그 두드러진 건축양식이 이들 지역으로 전래되어 토착 양식과 결합되었다. 아나톨리아의 건물을 완전히 덮는 단일 돔 사원부터 이란에서 중앙아시아와 인도 전역에 퍼진 두드러진 돔과 이완이 있는 웅장한 페르시아 형태의 사원까지 다양하다. 이 지역에서 페르시아어가 아랍어만큼 지위를 격상시켰다. 예를 들어, 페르시아의 헌시는 간혹 사원의 명문으로 사용되었다. 전통적인 이슬람 건축이 위대한 세 왕국인 페르시아의 사파비 왕조, 인도의 무굴 왕조, 현 터키의 오스만 왕조 아래에서 융성한 덕분에 가능한 일이었다.

위대한 세 왕국

1453년 콘스탄티노플이 오스만에 함락되면서 메흐메드 2세가 성 소피아 성당으로 진입해 자신의 터번에 묻은 먼지를 털며 굴욕을 씻었고, 이곳을 웅장한 금요일의 모스크로 바꾸라고 명했다. 기독교의 주 제단과 설교단은 다른 의식도구와 함께 치워지고 미흐라브와 민바르가 세워지고 뾰족탑 건설에 들어갔다. 건물의 다른 부분은 크게 바뀌

왕실의 블루모스크
1609～1617년, 터키, 이스탄불, 술탄 아흐메드 1세 사원

성 소피아 성당과 비슷한 이 거대한 사원 건물은 오스만 제국 건축에서 가장 완성된 형태를 보인다. 건물의 외관은 일련의 돔과 반 돔으로 이루어져 내부 공간의 미적 양식을 충족시킨다. 황제를 위해 지은 가장 큰 사원건물만이 여섯 개의 뾰족탑을 가질 수 있다(이 사진 각도에서는 다섯 개만 보임).

빛으로 가득 찬 내부
1550~1557년, 터키, 이스탄불, 쉴레이마니예 모스크

오스만 제국은 비잔틴 성 소피아 성당과 같이 넓은 내부를 지닌 쉴레이마니예 모스크처럼 커다란 사원에 교육, 자선 및 여러 시설이 결합된 퀼리예(kulliye)를 발전시켰다. 인접한 쉴레이만의 묘는 터키 이슬람교도들에게 성스러운 장소로 꼽힌다.

지 않았다(102~105쪽 참고). 그리고 도시는 '이스탄불'이라고 불리게 되었다.

1463~1471년 사이 왕은 건축가 아티크 시난을 시켜 왕국의 가장 높은 언덕 위에 성 사도 교회를 대체할 사원을 지으라고 명했다. '승리 사원'(Faith Cami, 정복자 모스크)은 단독 돔으로 덮인 지역 전통의 예배당을 가진 구조였지만 성 소피아 성당에 대적할 만한 규모로 생겨났다. 사원 주변에는 부대시설이 계획적으로 들어섰다. 초등학교, 도서관, 수피파 칸카, 병원, 여관, 대중목욕탕, 시장, 왕실의 묘가 있는 정원이 생겼다.

1520년대에 오스만 왕조가 아나톨리아, 북아프리카, 이집트, 중동, 그리스, 발칸 반도, 캅카스 상당 지역과 헝가리를 통치하는 대제국을 건설했다. 이 제국은 1922년까지 번성했다. 술레이만 대제(1520~1566년 통치, 술레이만 1세)와 그의 수석 건축가로 아르메니아 기독교 후손인 미마르(건축가란 뜻) 시난이 이스탄불을 새로운 종교에 걸맞은 새로운 로마의 지위로 격상시키고자 했다.

시난은 선조와 동명의 승리 사원에서 영감을 받은 것으로 보인다. 부대시설이 딸린 복합 건물은 또한 이스탄불에 시난이 건축한 쉴레이마니예 모스크(1550~1557년)와 에디르네에 위치한 셀리미예 모스크(Selimiye mosque, 1574년)에서도 찾아볼 수 있다. 두 건물 모두 두 개의 반 돔이 지지하는 성 소피아 성당의 돔 방식을 따라 특별히 내부적으로 풍성한 효과를 주었다. 그러나 성 소피아 성당의 주 공간을 감싸는 그늘진 회랑은 배제시켰다. 극과 계층 예배를 위한 공간으로 대체하고 넓고 분명하며 밝은 내부를 구성해 기도할 수 있도록 했다. 시난은 22개의 현존하는 사원을 설계했다. 오늘날까지 그가 지은 일련의 위대한 건물들과 하위 돔을 감싸고 주 돔을 두드러지게 해주는 뾰족탑이 이스탄불의 전경을 결정짓고 있다. 후에 오스만 왕조의 제14대 술탄 아흐메트 1세의 모스크인 블루 모스크(1609~1617년)는 이 복잡하고 신중하게 배치된 풍경에 정점을 찍었다.

사파비 왕조는 시아파의 교리를 페르시아 국교로 정했고, 오늘날까지 이란에서 이어오고 있다. 사파비 왕조의 수도는 이스파한으로, 이곳의 광장 주위로 새로운 왕실의 근교지가 생겨났는데 1611/1612년부터 1637/1638년에 완공된 '마스지드 이 알리'(Masjid-i Ali[Shah])라고 부르는 거대한 '금요일의 모스크'와 셰이크 로트팔라 모스크(Shaikh Lutfallah)의 아름다운 사원(1603~1619년)이 들어섰다. 이런 건물은 페르시아

디자인 전통에 돔, 이완, 무하르나스 천장, 색상 타일을 결합해 패턴과 형태의 강렬한 효과를 주었다.

인도에서 티무르의 후예 바부르가 1526년 왕조(무굴 제국)를 세우고 19세기까지 인도의 상당 부분을 통치했다. 이곳 지도자들은 티무르의 고향인 투르크 몽골 부족의 뿌리를 따서 스스로를 무굴이라고 칭했다. 특히 샤 아크바르 1세(Shah Akbar, 1556~1605년 통치)와 샤 자한 1세(1627~1658년 통치) 시대 무굴은 현존하는 인도의 전통에 페르시아와 티무르의 전통을 결합해 발전했다. 신성한 건축에 있어서 이는 델리, 라호르(파키스탄 펀자브 주의 주도), 아그라에 일련의 새로운 금요일의 모스크가 생겨나게 해주었다. 이후 아그라에 사랑받던 아내인 뭄타즈 마할이 묻힌 타지마할(55쪽 참고)로 알려진 중앙집중식 묘를 탄생시켰다.

무굴의 건축은 대리석과 붉은 사암을 써서 웅장한 색상과 왕실의 권위가 조화를 이루는 효과를 주었다. 대리석을 사암에 프레임 형태로 삽입하고 꽃무늬로 장식했다. 대리석은 또한 묘나 돔과 같이 건물의 중요한 부분에도 사용되었다. 두드러진 예시가 파테푸르 시크리에 있는 세이흐(shaykh, 이슬람 종교의 장로 등 성직자를 뜻함) 살림 치쉬티(신비주의 사상 수피즘의 성직자, 기적을 행하는 성직자로 유명함)의 묘(1568~1578년)다. 힌두교와 불교 건축의 연꽃과 독립적인 돔 궁전인 차트리(인도 건축요소로 높은 돔 모양의 파빌리온)의 모티프를 무굴 양식으로 결합시켰다. 힌두교 사원 또한 같은 방식으로 지었다. 거대한 양파 모양 돔이 건축 구도를 하나로 잡아준다. 타지마할에서 전체 구조는 흰 대리석이 감싸며 나머지 부분은 붉은 사암으로 되어 있다. 타지마할의 골조는 궁극적으로 뛰어난 세부묘사와 완벽한 비율의 조합을 통해 탄생한 것이다.

타지마할은 전 세계에서 가장 위대한 건축 중 하나로 손꼽힌다. 사파비 왕조와 초기 타일로 된 이완 사원은 마당과 예배당 형식의 잠재성을 가장 잘 표현해주었다.

현재 세계적인 움마

뾰족한 아치와 양파 모양 돔으로 페르시아와 무굴의 영향을 받은 오늘날 오스만 제국의 돔 예배당은 근대 시대에 이슬람이 유럽, 북아메리카 및 다른 지역으로 확산되면서 전 세계 수많은 사원의 표준으로 사용되었다. 많은 새로운 국가들이 웅장한 국립 사원

사적인 완벽함

1658년 이후, 인도, 델리, 모티 마스지드

델리 붉은 요새 안에 있는 모티(진주) 사원이다. 독실한 황제 아우랑제브(1658~1707년 통치)를 위해 지은 개인 사원으로 추정된다. 구근 형태의 돔은 원래 구리 도금이 되어 있던 것으로 보이며 그 외 건물 전체가 대리석으로 지어졌다. 이 작은 뾰족탑은 순전히 장식용이다.

이슬람의 근대성

1984~1995년, 이탈리아, 로마, 이슬람문화
센터 사원

파올로 포르토게시와 비토리오 지글리오
티가 설계한 이 사원은 근대, 이슬람, 로
마, 바로크의 미적 양식을 통합시켰다. 여
성을 위한 별도의 갤러리가 있는 예배당은
2,400명을 수용할 수 있으며 돔은 지름이
20미터에 이른다. 이 건물에는 교육과 공
통 시설이 속해 있다.

을 만들었다. 이들 중 이슬라마바드(파키스탄의 주
도)의 샤파이잘 모스크(1976~1986년)처럼 일부는
상당히 근대적이고, 다른 일부는 기념비적인 중요
성을 지니지만 지역과 전통이 잘 결합되었다. 모로
코 카사블랑카의 하산 2세 사원은 세계에서 가장
큰 규모를 자랑한다. 많은 단순한 기능에 강화된
전통적인 모티프를 결합시킨 모습은 인도네시아

수라바야의 알 아크바르 사원(2000년, 수라바야 사원)에서 볼 수 있다.

한편, 이슬람교의 탄생지인 아라비아에서는 메카, 메디나와 다른 지역의 위대한 묘
들이 부유한 석유국 체제하에서 호화롭게 재건되어 많은 순례자들의 발길을 끌었다.

덕분에 684년 마지막으로 재건된 단조롭고 웅장하지만 단순한 장방형 카바가 세상에서 가장 중요한 순례지의 중심으로 지위를 얻게 되었다. 이슬람 종교건축은 풍부하고 다채로우며 가끔은 상당히 현대적이다. 로마(로마 모스크와 이슬람문화센터, 1984~1995년)에서 방글라데시 다카(이슬람 공과대학교 모스크, 1986년)에 이르기까지 최고의 건축가들이 이슬람 문화 전통 속에서 영감을 얻어 현대적인 재료와 기법으로 이들 건축물에 새로운 생명을 불어넣었다. 덕분에 현재 16억 개에 이르는 공동체를 하나로 이어지게 해주었고, 예언자 무함마드의 집을 더 새롭게 해석할 가능성을 열어주었다.

인간과 우주의 법칙

남아시아의 환생주기

중동과 마찬가지로 인도도 위대한 종교적 사상의 근원지 중 한 곳이다. 그러나 대다수의 고대 종교 전통은 사라지지 않았다. 그 대신 힌두교로 알려진 복잡한 전통이 수 세기에 걸쳐 이를 바꾸어 놓았다. 힌두교의 진화 과정에서 일부 승려들은 근원적인 혁신을 이룩했고, 이것이 불교, 자이나교, 그리고 후에 시크교와 같은 새로운 종교로 탄생했다.

서기 3세기경부터 불교와 자이나교는 남아시아에 처음으로 영구적이고 기념비적인 종교건물을 세웠다. 불교는 이후 아시아 전역에 엄청난 영향을 미쳤다. 힌두교는 본거지에 깊이 뿌리를 내리고 있지만 동남아시아에도 전파되었고 서기 5세기에 마찬가지로 중요한 건축물을 창출했다.

이들 종교는 죽음이 끝이 아니라는 신념을 갖게 했다. 영혼은 수차례 다시 태어날 수 있고, 종교의 목적 중 하나는 영혼을 자유롭게 하거나 환생이라는 다양한 주기로 들어갈 수 있도록 돕는 것으로 가끔 특정한 형태나 패턴으로 인간과 신 사이의 공백을 이어나갔다. 이런 개념에서 비롯된 사상이 힌두교와 불교 예술과 건축을 형성했고, 아시아와 그 너머의 종교 예술에까지 영향을 끼쳤다.

인생의 수레바퀴
1679년 이후, 중국, 윈난 성, 더칭, 쑹짠린사(松贊林寺)

불교와 힌두교는 존재를 순환의 주기로 보았다. 불교에서 생명의 수레바퀴는 신, 인간, 동물, 영혼 및 다른 것들이 끝없는 환생의 주기를 돌고 업에서 자유로워지거나 득도에 도달해야만 벗어날 수 있다고 보았다.

고대 인도

인도의 종교는 고대부터 이어져왔다. 일부 실천방식은 기원전 2600년경 인도 북서부와 파키스탄의 광활한 지역에서 출현한 하라파 문화(인더스 계곡 문명)에 등장하기도 했다. 비록 하라파와 모헨조다로(현 파키스탄) 같은 도시들은 상당히 두각을 나타냈지만, 그들의 종교적인 삶은 그리 잘 알려지지 않았다. 하라파인들은 인공 수조를 세웠고, 시바신에 대적할 수 있는 인물의 이미지를 예술에 포함시켜 이후 종교와의 연관성을 보여주지만 그 근거가 너무 미약해 단언할 수는 없다. 이 문명은 기원전 1800년경에 붕괴되었다.

중요한 사실은 인도 외부 지역에서 생겨난 사상이 인도 북쪽으로 다양한 새 종교와 언어를 양산했다는 점이다. 산스크리트어는 인도-유럽어족으로 현 인도의 북서부 지역에서 생겨난 것으로 추정된다. 산스크리트어를 쓰는 사람들이 하라파 문화를 구축해 함께 했는지 혹은 이를 대체했는지에 관한 논쟁은 여전히 진행 중이다. 하라파 문화가 산스크리트어의 영향보다 먼저라면 인도 남부지역의 원주민 문화와의 연계성이 있어야 한다.

베다 시대

기원전 1000년경 산스크리트어는 갠지스 유역을

아디나트— 최초의 티르탕카라(깨달음에 의해 불사의 경지에 도달한 24명의 성인)

약 1032년, 인도, 라자스탄 주, 아부 산, 비말 바사히 사원

흰 대리석 조각상이 유명한 이 사원은 자이나교에서 신성하게 여기는 아부 산에 있는 다섯 곳의 딜와라 사원 중 한 곳이다. 비말 바사히는 아디나트에게 헌정된 곳으로, 긴 머리카락으로 식별되는 우상이 구드 만다파에 자리한다.

티르탕카라에 대한 믿음

기원전 6세기 전통 인도 종교가 직면한 지적인 도전으로 자이나교가 탄생했지만, 불교와 마찬가지로 이 종교도 헌신적인 힌두교에 밀려 사라지고 이후 이슬람의 영향을 받게 되었다. 그러나 아직도 인도에는 수백만 명의 자이나교도가 남아 있고, 전 세계적으로는 더 많다. 불교 신자들과 마찬가지로 자이나교도들도 특정한 행동 양식이 삶과 죽음이라는 고통스러운 윤회로부터 자유롭게 해준다고 믿는다. 우주 만물의 안녕을 걱정하기에 이 종교적 삶은 상당히 비폭력적이다. 자이나교의 설립자로 현 시대 마지막 현자로 알려진 이는 바르다마나 마하비라(위대한 영웅, 기원전 약 599~527년)다. 그는 마찬가지로 권위를 지닌 다른 23명 현자의 뒤를 이어 등장했고, 그 첫 번째가 '아디나트'(Adinath)다.

이들 현자는 자이나교 숭배사상의 중심이다. 그들의 가르침인 '아함'이 자이나의 신성한 문서를 구성한다. 현자들은 완벽한 영혼이지만 신은 아니다. 자이나교는 스스로 윤회의 사슬을 끊을 수 있는 초자연적인 존재를 받아들이지만, 창조나 신의 존재에 대해서는 인식하지 않는다. 자이나교는 사제직이 없지만 승려와 비구니의 규칙은 존재한다.

자이나 사원은 옷을 걸치거나 자신의 지위를 부각시키는 것을 금하며 엄격하게 금욕적인 공의파나 정교한 사원과 의식을 행하는 백의파에 따라 차이가 난다. 성상화를 통해 힌두교 사원에서 시각적으로 식별이 가능하다. 자이나교의 현자는 나체에 안거나 선 자세로 명상에 잠긴 모습으로 묘사된다. 비록 백의파 사원의 활동이 힌두교와 흡사하지만 자이나교의 숭배 목적은 신의 축복을 얻기 위해서가 아니라 현자가 세운 선례에 집중하고 자신의 영혼을 더욱 발전시키는 데 둔다.

일부 자이나교 사원은 상당히 두드러진 배치를 보인다. 작은 묘가 일렬로 서 있는 안뜰이 중앙의 사원을 감싸고 이곳은 일련의 만다파 홀을 지나 도달할 수 있어 '천상의 설교단' 혹은 마하비라가 득도를 얻은 '사마바사라나'(자이나교에서 모두의 은신처를 뜻하는 타르탕가라의 신성한 설교단을 가리키는 용어)를 연상시킨다. 이곳은 자이나교 순례 중심지인 아부산(Mount Abu) 사원의 만다파 형태를 그대로 따랐다.

기반으로 한 브라만이라고 알려진 세습 승려들에게서 사용되었다. 이것은 승려들 사이에 구전되는 찬가인 '베다(지혜의 책)'의 언어다. 오늘날까지 이어져오며 베다는 현재 힌두교로 알려진 종교의 핵심으로 남아 있다.

베다에는 다양한 신들의 찬가가 들어 있고, 야외나 가정에서 행해지는 의식에 대한 설명도 찾아볼 수 있다. 중요한 것은 불에 태워 신에게 바치는 희생의식이다. 베다 혹은 브라만의 신념은 건축이나 이미지로는 거의 남아 있지 않지만, 그 측면이 불교와 힌두교의 종교 예술에 완전한 영향을 미친 것으로 보인다.

가르바그리하
영국, 런던, 스리 스와미나라얀 만디르

힌두교 승려인 브라만은 고대에 뿌리를 두고 있다. 근대 사원의 삶은 신의 존재가 깃들어 있다고 믿는 이미지에 초점을 둔다. 구현된 신은 가르바그리하라고 알려진 방 크기 성소에 보관된다. 신성한 프라묵 스와미 마라하지(His Holiness Pramukh Swami Maharaj)가 최근 수십 년간 인도 외곽에 여러 사원을 세운 힌두교 단체인 BAPS 스와미나라얀 산샤의 영적 지도자다. 그는 힌두교 스승인 바그만 스와미나라얀과 두 제자의 이미지 옆에 서 있다. 바그만 스와미나라얀은 추종자들 사이에서 신으로 추앙받고 있다.

야외 제단의 정확한 기하학적 배치와 건축은 베다에 자세히 적혀 있어 그 패턴이 효과적이라는 것을 알려준다. 우주의 개념은 이들 형태에 암호화되어 등장한다. 우주의 축(산으로 묘사)인 메루산과 시작을 창조한 원시인간 푸루샤(Purusha)가 대표적이다. 특정한 추상적인 형태가 상징적으로 중요하다고 여기는 종교적 패턴(만다라)과 그 자체로 영적인 힘을 가지고 있다는 믿음이 힌두교와 불교 종교건축에서 중요한 역할을 담당했다.

신을 위한 공간 설계

베다 시대 초기, 사각형은 인도에서 신성한 형태로 매우 중요했다. 우주와 브라만의 표상이며 만물의 근원으로 인식했기 때문이다. 그래서 만다라의 토대로 힌두교 사원에 사용되었으며 불교 건축에서도 상당 부분 찾아볼 수 있다.

예를 들어 바스투푸루샤만다라스는 힌두교 사원의 평면을 창출하는 데 사용된 세분화된 사각형이다. 이들은 베다의 존재 이야기에서 의식을 통해 희생을 당하고 주검을 훼손당한 원시인간 푸루샤의 몸에서 나왔다고 전한다. 바스투푸루샤만다라스의 격자무늬는 인체의 여러 부분을 지칭하며 각기 다른 신을 의미하기도 한다. 중앙의 주요 사각형은 브라흐마(Brahma, 창조의 신)에게 속하고 또한 푸루샤의 심장이기도 하다.

실제로 개별 사원의 평면이 바스투푸루샤만다라스에 설명한 것과 정확히 일치하지는 않지만, 최종 신전 설계는 세분과 격자 속 분열 도형의 확장에서 비롯된 결과로 사각형이 복잡하게 상호 연결되는 패턴 속에 배치된다. 그렇게 탄생한 건물은 우주를 대표하는 이미지이면서 동시에 인간을 구현한 모습이다.

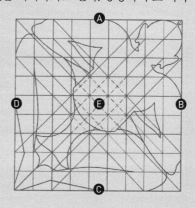

Ⓐ 북쪽의 신과 데바타스(devata, 여성 신성 장식): 인체의 윗부분
Ⓑ 동쪽의 신: 인체의 오른쪽
Ⓒ 남쪽의 신: 다리와 아랫부분
Ⓓ 서쪽의 신: 인체의 왼쪽
Ⓔ 중심부(브라흐마) 혹은 내부의 신에 둘러싸인 몸 중앙

우주의 체계

브라만은 스스로를 위대한 영적 계층 구도의 일부인 인간사회 최고위 자리에 있다고 믿는다. 이 구도의 정점에는 엄청난 권위를 지닌 신과 여신이 자리하고, 그 아래로 네 개의 인간 카스트 제도가 놓이며 맨 아래에 동물이 자리한다. 브라만은 반드시 의식적 으로 순결해야 하며 카스트를 벗어난 결혼을 할 수 없다. 우주는 하나의 연속체로 브라 만으로 알려진 신성한 본질에 내재하는 표현이자 많은 신들과 복잡한 우주의 공간과 시간을 수용할 수 있는 유일한 존재다.

브라만에게 영혼은 죽지 않고 윤회의 주기에 들어간다. 업보에 대한 생각은 이와 더 불어 발전했다. 영혼은 행동에 따라 가치 있거나 그렇지 않게 되며 이것이 다음 생에 영향을 미친다. 예를 들어 한 브라만이 자신의 의무를 저버리거나 카스트를 오염시켰 다면, 다음번에는 그보다 더 낮은 계급이나 심지어 동물로 태어날 수도 있다.

고통은 어디서나 존재한다. 수많은 삶을 경험하면서 좋아지거나 나빠질 수 있고 그에 따라 엄청난 고통을 겪을 수도 있다. 일각에서는 금욕적인 실천이 한층 높은 계층의 존 재로 다시 태어날 기회를 주거나 고통 그 자체에서 벗어날 수 있게 해준다고 주장한다.

새 시대의 선각자

기원전 500년경, 북인도의 삶은 급속도로 바뀌었다. 도시의 삶은 하라파 문명이 붕괴 된 이후 새롭게 정비되었다. 일부 스승은 베다의 권위를 부정했고, 다른 일부는 카스트 의 타당성을 부정했다. 상당수가 종교적 규율의 다양성 효과에 대해 논쟁을 벌였다. 이 들 중 가장 두드러진 영향을 끼친 두 인물이 지나(승리자, '최상의 깨달음을 얻은 사람', 264 쪽 참고)로 불리는 바르다마나 마하비라와 석가(부처, 득도한 자, 기원전 약 565~485년경)가 된 싯다르타 고타마다. 두 사람은 각기 분명하고 설득력 높은 주장으로 인간이 고통에 서 벗어나는 방법에 대해 알려주었다. 그들이 세운 자이나교와 불교는 명백한 설립자 와 개종 의무가 있는 가장 초창기 종교다. 두 종교 모두 수많은 신자를 모았고 이내 기 념비를 세워 인도 풍경 속 최초의 영구적인 종교건물이 되었다. 그렇게 탄생한 종교적 사상은 상호 소통했고 힌두교가 출현하고 세월이 흐르면서 환생과 신성한 패턴의 중요 성에 대한 고대 인도의 사상을 멋지게 해석한 일련의 결과물을 창출했다.

불교

—○ 중도 ○—

약 기원전 500년경 브라만에서 배척당했지만 종교에 귀의하고자 한 부유한 상인 계급이 인도 북부지역에 도시를 세웠다. 브라만도 마찬가지로 단순히 고대 의식을 전하고 행하는 의무를 넘어 종교적 실천 형태를 추구한 것으로 보인다. 서기 565년 이 세상에 샤키아 족 출신의 왕자 '싯다르타 고타마'가 태어났다.

부처와 설법

싯다르타 고타마는 편안하고 넉넉한 환경에서 성장했으며 처음으로 인간의 고통을 목격하고 큰 충격을 받았다. 그래서 자신의 안락한 집을 떠나 금욕적인 삶을 살면서 성인의 길을 걷게 되었다. 모든 종류의 궁핍을 겪으며 그는 세속적인 삶을 배척하거나 관여하는 것 사이의 중도를 옹호했다.

35살의 고타마는 가야(인도 동북부 도시) 근교 강가의 나무 아래 앉아 명상을 했다. 이곳에서 그는 완전한 변화를 경험하고 새로운 의식을 얻었다. 그래서 '깨어 있는 자'라는 뜻의 부처가 되었다. 그를 추종하는 사람들이 늘어나면서 자연스레 그를 '샤키아(석가)의 현자(성자)'라는 뜻인 '석가모니'라고 부르게 되었다.

큰 불상(대불)
743년, 일본, 나라현, 도다이지

일본 대불로 알려진 이 거대한 15미터 높이의 도다이지 조각상은 대일여래(비로자나불, 우주 만물의 창조신)를 나타낸 것이다. 이 대불은 전 세계에서 가장 큰 입상 청동 조각상이다. 연꽃 옥좌는 원본 그대로이나 원래 금으로 만든 입상은 여러 차례 주조를 다시 했다(상당수가 1692년 이후에 이루어짐). 대불은 오른손을 들어 올려 두려움이 없다는 것을 나타내는 '시무외인' 자세를 취한다.

부처는 자신의 깨달음 덕분에 고통의 고리를 끊어내고 영혼이 윤회의 주기에서 자유로워졌다고 가르쳤다. 이 단계를 열반에 오른다고 설명한다. 누구나 열반에 오를 수 있으며 다른 사람에게 그 지식을 알려주는 것이 석가의 세속적인 사명이었다. 카스트는 이 가르침을 거부감 없이 받아들였다. 그의 추종자들 모두 '삼보'에 귀의했다. 삼보란 영적 표본인 부처, 그의 가르침인 법, 그리고 추종자들의 공동체인 승가를 지칭한다.

불교는 자체 윤리를 자이나교와 힌두교의 환생에 대한 여러 사상과 공유했다. 불교가 신의 존재를 요구하지는 않지만, 천신이나 다른 신성하고 초자연적인 존재는 인정한다. 불교는 또한 엄청난 문학을 발전시켰고 대다수가 인생과 부처의 예전 삶에 대한 기록으로 불교 예술에서 널리 묘사된다. 고타마는 득도의 경지에 오른 보살이 되었다. 보살은 거의 무한한 연민을 가지고 있어서, 사람들이 그에게 간청하고 도움을 요청하는 다른 종교의 성인이나 신과 거의 같은 지위에 있다.

불교는 크게 세 부류로 나뉜다. 대안적인 부처와 보살을 강조하는 경향은 대승불교로 발전했다. 그 기원이 이르지만 별도로 인식된 것은 서기 4세기경부터다. 대승불교는 고도로 깨달음을 얻은 존재를 종종 신과 같은 권력을 지닌 인물로 묘사하며 이미지와 예식 모두에서 풍성하게 활용한다. 대승불교는 더 오래되고 설법이 단순한 소승불교와 대조적이다. 대승불교 내에서 서기 약 500~1000년 사이에 금강승이 발전했다. 득도하기 위해서는 신비로운 실천을 해야 한다는 이 학파는 불교계에 빠르게 뿌리내렸다. 소승불교는 스리랑카와 동남아시아에서, 대승불교는 동아시아에서, 금강승은 티베트와 몽골에서 크게 융성했다.

사리탑과 조각상

최초의 불교 건축은 석가모니 부처의 죽음 직후에 생겨났다. 그는 높은 지위를 가진 인물의 매장 전통에 따라 자신을 화장해 유해를 언덕에 봉안해달라고 부탁했다. 하지만 자신이 묻힐 언덕은 교차로에 있어서 순례자들이 방문할 수 있어야 한다고 했다. 일종의 묘와 같은 셈이다.

부처의 유해는 사후에 곧바로 나뉘어 사리탑이라고 알려진 여덟 개의 언덕 안에 안치되었다. 마우리아 왕조의 통치자인 아소카왕은 불교를 국교로 정하고 영토를 통일하

는 데 활용했다. 왕은 또한 인도를 넘어 스리랑카, 버마, 현 아프가니스탄과 파키스탄까지 불교를 전파했다. 아소카왕은 자신의 영토 안에서 인도 최초의 영구적인 종교건물로 추정되는 여러 곳에 부처의 유해를 분할해 안치했다. (아소카왕의 입상 기둥은 남아 있지만)그 원형을 보존하고 있는 사리탑은 없으며 1세기 뒤에 자이나교(264쪽 참고)와 불교 신자들이 세운 유적은 일부 남아 있다. 사리탑은 묘이자 우주의 표상이며 동시에 종교의 물리적 상징이다. 그 형태는 다양해졌고 불교 건축에서 창의성을 발휘하는 용도로 널리 활용되었다.

불교 사원

사리탑은 내부 공간이 전혀 없다. 아소카왕의 통치 직후 진정한 의미의 최초 사원이 인도에 나타났다. 처음에는 건축물이 아니었고 조각에 더 가까웠다. 바위를 깎아 만든 동굴 사원이었다. 가장 중요한 공간은 석굴로 알려진 집회 공간이다(40~41쪽 참고). 하나로 모여 있는 사각형의 거주 공간이 불교 사원 혹은 절로, 부처의 일생에 대한 가르침을 얻는 곳에서 유래했다. 석굴과 절은 기원전 3세기에 목조 건축물을 표본으로 한 것으로 보인다.

마하라슈트라의 바자(Bhaja) 석굴 사원은 입구가 위에서부터 내려오는 곡선 골조 위에 짚으로 만든 지붕을 모방했다. 이 말편자 모양의 지붕 곡선은 반곡선 아치(연꽃 아치)처럼 꼭대기가 뾰족하다. 이 첨두 아치의 외곽선은 인도 전역의 모든 종교건축에서 발견된다. 이를 종종 가바크샤(gavaksha) 혹은 불교 사원 아치라고 부른다.

부처를 대신하여

원래 불교는 비인격적인 상징을 통해 교리를 전달했다. 그러나 석굴사원이 생겨난 뒤로 100년 정도 지난 뒤 그리고 서기 1세기에 정점을 맞으며 부처의 많은 이미지들이 생겨나게 되었다. 부처를 신격화하고자 하는 경향이 커진 점을 반영한 듯 보인다. 초기 이미지는 주로 쿠샨 왕조(서기 약 50~250년)와 결부되었고, 두 중심지에서 생겨났다. 서쪽 지역은 간다라(아프가니스탄 서부/파키스탄 동부, 284, 286쪽 참고)이고, 동쪽 지역은 마투라(인도 마디아프라데시 주)다.

두 지역 모두 부처의 확실한 비전을 보여주었다. 완전한 의식을 가지고 한 치의 흐트러짐이 없는 자세를 지녔다. 간다라의 예술가들은 최선을 다해 그리스와 불교 문화의 인본주의적인 특성을 극대화하고 그리스와 인도 건축요소를 결합했다. 중앙아시아와 중국으로 이어지는 간다라의 지리적 위치 덕분에 예술의 영향력이 커졌고, 7세기부터 9세기에 이르는 이슬람의 침범이 있을 때까지 잘 보존되었다. 인도에서 조용하고 내면을 들여다보며 미소를 짓고 있는 마투라 부처는, 이후 주요 양식적 발전을 형성하는 데 중요한 역할을 했다.

서기 320년경부터 550년까지 북부 인도는 굽타 왕조의 통치 아래 하나가 되었다. 간다라와 마투라 부처가 전파되어 범아시아의 표본이 된 것으로 추정된다.

암반에 조각한 석굴사원이 계속 나왔지만, 가장 유명한 아잔타의 고대 불교 석굴사원의 경우 주요 후원자는 왕에서 상인, 비구니, 스님으로 대체되었다. 점차 사원에 직선 회랑 주위로 승려의 방이 생겨났고 축의 한쪽에 입구가 달리고 그 맞은편에 사각형의 부처 이미지를 담은 공간 혹은 성소가 자리했다. 석굴은 사라지기 시작했고 사리탑이 건물의 주요 기능을 담당하면서 신자와 승려 모두 볼 수 있는 자리에 위치했다.

불교가 아시아로 전파되면서 부처의 삶과 관련된 장소는 순례의 중심지가 되었다. 엄청나게 영향력이 높은 건물들이 세워졌는데, 부처가 득도를 얻은 곳인 부다가야(불교의

성지, 석가모니가 이곳의 보리수 아래에서 깨달음을 얻었다고 함)의 절은 엄청나게 높은 55미터의 시카라가 서 있고 날란다 대학교는 거대하고 정교한 사리탑을 가지고 있다. 그러나 10세기에 들어 인도에서는 불교가 쇠퇴했고, 이슬람이 인도 북쪽에 들어온 이후 많은 불교 유적지가 파괴되거나 폐허로 남았다.

아잔타의 26번 석굴
약 470년, 인도, 마하라슈트라

26번 석굴은 초창기 거대한 부처 이미지를 보유하고 있다. 7미터 규모의 조각상은 부처의 대반열반경 즉, 임종 순간을 묘사한다. 이 장면에서 엎드린 부처 아래 제자들의 반응은 다양하다. 스스로 성불했다고 생각하는 자들은 부처가 고통을 넘었고 육체적인 죽음은 그리 중요하지 않다는 것을 알기에 침착하다. 득도의 경지에 도달하지 못한 영혼은 슬픔에 잠겼다.

불교의 전파

1~3세기에 불교는 인도에 뿌리내렸고 범아시아적인 현상에 가까워졌다. 모든 불교 건물에서 보편적으로 볼 수 있는 사리탑이 다양한 방식으로 발전해나갔다. 스리랑카의 미리사바티야에 있는 사리탑은 지름이 60미터이고, 인도 안드라프라데시 사리탑은 화려하게 채색하고 조각했다. 일부는 단순하고 예배당 같은 개방구를 통해 부처의 이미지로 이어지는 방식이고, 현 파키스탄의 타흐티바히의 보다 작은 규모의 사리탑 혹은 이미지 예배당은 바닥을 중심으로 기하학적으로 배열되어 있다. 이런 변화는 불교 이미지를 강

대 사리탑

기원전 약 250~서기 50년, 인도, 마디아프라데시, 산치

산치는 현재까지 1세대 사리탑(270~271쪽 참고)이 가장 잘 보존된 장소로, 불교 예술의 초창기 시대 위대한 업적이 모여 있는 곳이기도 하다. 당시 부처를 지칭하는 어떤 이미지도 만들어지지 않았지만 그의 유물은 매우 중요해졌고 대 사리탑은 아소카왕이 거대한 인도제국에 지은 수많은(약 84,000개) 사리탑 중 하나다. 산치는 한때 승려용 건물이 즐비했으나 13세기 이후로 버려졌다. 순례자들은 사리탑 남쪽으로 올라와 37미터 너비인 탑을 동쪽에서 서쪽으로 바닥과 플랫폼 위에서 모두 돈다. 내부 공간은 울타리로 막혀 있고 네 방위마다 문이 나있다. L자형 진입구는 신성한 평면을 만자 모양으로 만들어준다. 다른 곳에 있는 일부 사리탑은 위에서 내려다보았을 때 만다라의 형태를 하고 있기도 하다. 사리탑의 모든 부분에는 상징적인 의미가 담겨 있다. 맨 꼭대기는 우주의 축인 메루산을 지칭하며 부처가 나무 아래서 깨달음을 얻었다는 점을 일깨워준다. 사리탑의 3층 구조는 부처, 법, 승가의 삼보를 상징한다.

동쪽의 토라나
기원전 50년경 이후, 인도, 마디아프라데시, 산치

산치에 있는 네 개의 문 혹은 토라나(스투파의 사방에 나 있는 문)는 초기 불교 조각상 중 가장 정교하다. 사리탑의 크기가 두 배로 커지면서 기원전 2세기 중반경 건축적 요소로 추가되었다. 동쪽 토라나(맞은편)를 장식하는 이미지는 불교 역사의 핵심인 부처의 일생과 부처의 전생 이야기인 자타카(본생경)의 장면을 주로 담는다. 부처 자체를 묘사하지는 않으며 대신 법륜, 보리수, 족적, 빈 옥좌, 기수가 없는 말 등의 모티프를 그렸다.

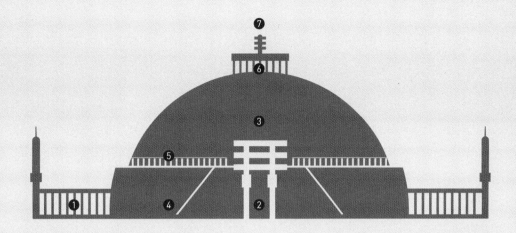

사리탑 주위는 ❶울타리가 쳐져 있고 입구는 ❷토라나로 알려진 장식된 석조문으로 되어 있다. 산치 사리탑은 16 미터 높이로 ❸안다(anda)라고 부르는 반구형 돔으로 이루어지는데, 돔이 된 이중으로 감싸고 도는 길을 덮어준다. 바닥의 ❹통로와 그 위의 ❺플랫폼이 그 길이다. 안다 주변으로 ❻유물함이 놓여 있고, 이것은 성스러운 우산 혹은 ❼차트라로 감싼다.

❶ 법륜은 불교 예술에서 핵심 이미지다. 윤회의 주기(부처가 득도를 통해 벗어날 수 있다고 함)를 상징하며 부처의 설법과 정신적 발전의 끊임없는 추구를 대변하기도 한다.

❷ 젊은 싯다르타 왕자는 인간의 고통을 목격하고 상당한 충격을 받았다. 그는 밤에 왕궁을 빠져나와 인간을 고통에서 구제할 수 있는 영적인 수도의 길을 찾아 떠났다. 기수가 없는 일련의 말들이 성곽을 넘은 그의 여정을 알려준다.

❸ 마침내 싯다르타 왕자는 시종 찬다카를 왕궁으로 돌려보낸다. 하인은 주인에게 절을 하고 여기서 부처의 족적이 남았다. 부처의 족적은 모든 불교 성상에서 가장 크게 숭배된다.

❹ 부다가야의 보리수는 부처가 득도를 얻은 곳으로, 최초의 불교 순례지이자 가장 중요한 곳이다. 아소카왕이 이곳을 방문한 것은 불교에 대한 왕의 헌신을 잘 보여준다. 이 사진에서 자신이 탄 코끼리에서 내린 아소카왕은 예를 갖추고 나무를 향해 다가간다.

❺ 간혹 약시(yakshi)로 불리는 이 요염한 정령은 과실수에 붙어 산다. 그녀는 다산과 행운을 상징하며 주로 입구에 장식하는 수호신이자 신화 속 이로운 인물로 자주 등장한다. 역사에 걸쳐 불교는 지역 신화와 우주관을 흡수했다.

조하고 사리탑과 만다라와 같은 상징의 결합을 강화시킨다. 부처를 대변하는 일은 보편적이고 대규모로 진행되었고 자체적인 건축양식을 필요로 하게 되었다. 그래서 남쪽으로는 스리랑카, 북쪽으로는 간다라에 걸쳐 불교문화가 발전하는 토대가 되었다.

스리랑카의 불교

아소카왕의 아들 마힌다와 그의 여동생 산가미트라는 기원전 약 250~210년경에 스리랑카를 왕국으로 개종하고 부처가 득도한 보리수 가지의 일부를 잘라왔다. 328년에 얻은 치아 유물과 보리수를 잘라와 모셔둔 순례지가 그때부터 스리랑카 불교의 중심지가 되었다.

대승원은 수도 아누라다푸라에 세워졌고, 이 공동체가 불교 지식의 위대한 저장소로 기능했다. 사리탑(신할라어로 '다고바')이 이곳에 생겼고 이어지는 세기에 스리랑카의 왕들은 경쟁적으로 더 다채롭고 규모가 큰 사찰을 세웠다(301년 이전에 세워진 제타바나 사원의 원래 높이는 122미터로 알려졌으며 세상에서 가장 높은 건물 중 하나가 되었을 것임). 대승원에는 로하파사다로 알려진 거주와 의식용 건물도 속해 있는데, 9층 높이로 구리 명판으로 덮여 있으며 1,600개의 기둥이 지탱한다.

스리랑카 불교의 독립과 번영이 이루어진 위대한 두 시대는 아누라다푸라에서는 459년부터 993년까지이고, 새 수도인 폴로나루와에서는 1073년부터다. 스리랑카에서 경쟁적으로 생겨나는 불교 공동체는 대승원의 '최고 권한' 아래 파라크라마바후 1세(1153~1186년 통치)가 통일해 스리랑카를 국가적인 소승불교 지원국으로 만들었다.

건축적으로는 첫 시대에 일련의 혁신이 이루어지고 두 번째 시대에 한층 다양성이 추구되었다. 이미지 사원은 부처의 초상화를 건 다양한 건물 형태다. 바타다게는 기둥이 감싼 사리탑으로, 원래는 커다란 원뿔형 초가지붕을 지탱하는 용도로 사용된 것으로 보인다. 일종의 '사리탑 사원'이다. 두 가지 모두 폴로나루와에서 발견되며 이 지역은 갈 비하라(북부 수도원)의 절벽 석상과 랑카틸라카 사원의 벽으로 싸인 성소 파티마가라(12세기 말), 12.5미터로 서 있는 부처가 내

사리탑 사원

1160년경, 스리랑카, 폴로나루와, 바타다게

스리랑카에서 바타다게 원형 유물함 혹은 묘는 기둥이 감싼 지붕이 있는 원형 사리탑 속에 자리한다. 네 개의 원 개방부는 스리랑카의 반원형 월장석으로 꾸며져 동물적 욕망의 지닌 외부 세상에서 득도를 얻는 내부 세상으로의 변화를 상징한다.

려다보이는 회랑 등으로 유명하다. 이 건물들은 간혹 인도 사원의 형태를 차용하며 종종 커다란 수도원처럼 자리 잡는다. 전형적인 예시인 푸바라마비하라에는 해자, 격자로 된 승방, 내부 성소가 있고 네 방위로 난 길을 따라 접근할 수 있는데 사리탑, 파티마가라, 회의장, 보리수를 모신 묘도 속해 있다. 이 평면은 만다라와 흡사하다.

화강암을 깎아 만든 거대한 부처
약 1153~1186년, 스리랑카, 폴로나루와, 갈 비하라

갈 비하라의 네 개의 묘에는 석조 인물상이 함께 있다. 연꽃잎 위에 '서 있는 부처'는 7미터 높이이며 '누워 있는 부처'는 14미터 길이로 반 열반이라기보다는 자고 있는 사자의 자세를 취한다. 둘 다 한때 가려져 이미지하우스로 기능했다. 인도에서 중국에 이르기까지 비슷한 거대 이미지가 거의 동시에 등장하며 대불은 현재까지도 불교 예술에서 주요 주제로 남아 있다.

　　대승원이 소승불교의 분수령이 되어 동남아시아와 인도네시아 불교를 변화시켰기에 스리랑카의 영향력이 크고 널리 퍼져 있지만, 사리탑을 중심으로 한 두드러진 건축양식, 이미지하우스, 만다라 사원은 다른 종교에서는 찾아보기 힘든 혁신 그 이상을 보여준다.

인도네시아에서 버마까지

아소카왕은 기원전 3세기에 현재 버마 지역(혹은 미얀마)인 이와라디 계곡에 사는 몬 족

에게 불교를 전파했다. 서기 5세기 전후부터 이 지역에는 초기 불교양식이 정착했다. 약 800년경 이 지역에 소규모 불교 신전이 있었지만, 주요 불교 건축물은 먼 남쪽 자바 섬에 생긴 것이 유일했다. 이 섬은 인도와 동아시아 사이 정기 기항지로 중요한 역할을 했고 소수의 밀교 경향이 발전함과 더불어 대승불교의 중심지가 되었다.

그래서 불교의 사리탑, 힌두교 사원, 건축적인 만다라가 혼합된 개념의 강인한 불교 유적 여러 개가 생겨났다. 칼라산 사원(778년)과 플라오산 사원(825~850년)처럼 전형적으로 이들 건축물은 십자가형 평면에 대각선으로 마주보는 네 개의 입구와 어두운 내부 성소, 그 위에 솟은 풍부하게 장식한 탑을 가지고 있어 중앙집중식 힌두교 사원 혹은 옴폭하게 팬 사리탑처럼 보였다. 특히 뾰족탑은 힌두교 사원의 시카라처럼 보였지만, 신의 조각상 대신 작은 사리탑으로 구성되었다. 이 전통은 보로부두르(약 780~850년, 293~296쪽 참고)가 작은 사원들로 이루어진 순례지가 되면서 절정에 달했다. 이런 구조물이 일반적으로 사리탑(상징적인 단계로 중심부가 탑처럼 뾰족한 인공 언덕에 내부 공간이 없는 형태)으로 분류되지만 조각으로 장식된 삼차원의 거대한 만다라이기도 하다. 작은 언덕 크기로 영적으로 변화하는 특성을 지닌 순회 의식을 위해 설계된 것으로 보인다.

자바의 불교는 근교의 거대한 프람바난 힌두교 사원(856년, 324~325쪽 참고)의 힌두교에 휩쓸려 융합되었다. 이 거대한 힌두교 사원은 47미터 높이의 시카라에 240개의 소규모 신전을 보유하고 만다라와 같은 격자무늬 속에 사리탑이 세워진 형태다. 보로부두르 혹은 프람바난은 크메르 건축양식에서 영향을 받은 것으로 추정되며 크메르 족은 앙코르(수리야바르만 2세의 앙코르와트를 지칭, 94~97쪽 참고)의 힌두 도시에 만다라와 같은 평면을 가진 거대한 사원을 세웠고, 이곳이 대승불교에 헌신한 자야바르만이 왕위에 오르고 나서 불교의 마지막 발전을 잘 보여준다.

캄보디아 앙코르 왕국의 자야바르만 7세(약 1181~1219년 통치)는 선조들이 세운 중심 도시를 밀어버리고 새로운 앙코르 톰을 세워 불교 사원으로 장식했다. 125×136 미터의 직사각형이 에워싸고 있는 왕의 묘인 바이욘 사원이 이 도시의 주를 이룬다. 비슈누에서 시바로, 다시 부처로 헌신의 대상이 바뀌면서 조각에도 변화가 나타났다. 특히 부처와 왕들의 거대한 얼굴 216개가 시카라 54개에서 내려다보는 형상이 압도적이다. 지금까지 이중 37개만 남아 있다.

산에서 영감을 받은 사원의 도시
약 1050~1250년, 버마(미얀마),
만달레이, 바간

바간 평원에 세워진 2,217개의 사원 중에서 버마에서 규모가 가장 큰 곳으로 탓빈유(중앙 왼쪽, 약 1155년), 아난다(중앙, 약 1105년), 고도팔린(중앙 오른쪽, 약1227년) 세 곳을 꼽는다. 아난다는 53제곱미터 너비에 시카라의 높이가 51~52미터에 달하고 만다라와 같은 복도와 네 개의 입구, 주위를 도는 길과 내부의 중심을 가로지르는 대각선 방향으로 금박을 입힌 커다란 불상이 놓여 있다. 탓빈뉴는 높이 61미터에 상층부에 커다란 부처의 이미지 하나가 걸려 있고 옴폭한 아래층에 전체 승려의 거주 공간이 있다.

이 시기 아나우라타 왕(1044~1077년 통치)과 그 후예가 북쪽으로 1,800킬로미터 떨어진 부지에 마찬가지로 중요한 도시를 세웠다. 동남아시아 힌두/불교 만다라 사리탑 신전과 이 지역 불교 역사의 새로운 장을 열 조짐이 되는 바간(미얀마)이 생겨났다. 849년에 세워진 바간에서 아나우라타 왕은 국가를 통합하고 소승불교를 국교로 만들었다. 이 과정에서 현재 미얀마로 불리는 버마를 효과적으로 국가로 만들었다.

다음 세기 바간에는 2,217개의 불교 유적이 세워졌고, 오늘날 대평원에 흩어진 우주선 잔해처럼 남아 있지만 다른 건물들은 모두 소실되었다. 그중 대표적인 것이 1090년에 완공된 중요한 사리탑인 신성한 쉐지곤 파고다(미얀마 바간 옆 낭우에 있는 황금색의 웅장한 파고다)다. 가장 큰 유적은 약 1105년에 세워진 아난다 사원과 약 1155년에 세워진 탓빈유 사원(파고다)이다. 외부적으로 이 두 건물이 사리탑처럼 보인다. 중앙집중형 언덕에 층이 있고 주위를 도는 테라스와 수려한 곡선의 뾰족탑을 지니고 있기 때문이다. 그러나 둘 다 움푹 팬 형태의 거대한 사원이며 은은하게 빛나는 내부 벽은 거대한 부처의 금박 이미지로 장식되어 있다.

오늘날 이 지역 전역에서 미얀마, 캄보디아, 라오스, 태국 사람들 대다수가 다양한 왕들의 국가 건설 노력의 일환으로 스리랑카의 대승원(278쪽 참고)에서 곧바로 유입된 정통 소승불교를 믿고 있다(자바는 인도네시아에 속하고 지금은 대부분이 이슬람교임). 사원은 만다라를 일깨우는 형상의 울타

금빛 기하학
14세기 이후, 버마, 랑군, 쉐다곤 파고다

부처의 머리카락 여덟 가닥을 보유하고 있다고 전해지는 이 사리탑은 14세기에 처음 문서에 등장했고 1774년에 현재의 높이인 99미터에 도달했다. 원래는 나선형으로 계단을 오르게 설계되었다. 바닥에는 작은 사리탑 64개, 큰 사리탑 4개가 명상용으로 배치되어 있다. 전체 구조는 금박으로 덮였고 아래쪽은 금 잎사귀 무늬로 장식되었다. 맨 꼭대기에는 다이아몬드로 장식한 구가 있다.

리에 에워싸이며 모자이크로 장식한 복도와 이미지 홀, 거대한 사리탑이 중앙에 놓인다. 건축은 회오리 형태로 밝게 채색한 지붕으로 덮으며 구조재로 목재가 주로 쓰인다. 미적으로 제약된 우아함에 세로선을 강조하고 통일성이 특징이다. 랑군(미얀마 양곤)에 있는 쉐다곤 파고다(사리탑, 14세기 추정)는 가파르고 마치 로켓 같은 형태로 여러 몰딩 층으로 되어 있으며 작은 사리탑이나 이미지 하우스가 주위를 에워싼다. 태국 불교의

신성한 중심이자 방콕 왕궁에 인접한 와트 프라케오(1784/1785년)와 같은 사원 건물은 사리탑이 있고 형형색색으로 장식한 태국 프랑(힌두교 시카라에 영향을 받은 성탑)과 사제관에 조각된 바이세마 3개가 주위를 에워싸고 우주의 방향과 불교의 팔정도에 대해 알려준다.

현재 만달레이(미얀마 왕국시대 최후의 수도)에 민돈 왕(1853~1878년 통치)이 커다란 사리탑 주위로 729개의 작은 사리탑을 배치했다. 각각은 분명한 소승불교의 계율을 보여주며 1871년 도시에서 열린 불교 회의에서 동의한 내용도 적혀 있다.

요약하자면 남부 불교 전통은 식별할 수 있으며 동인도와 스리랑카에서 영감을 받아 동남아시아와 인도네시아까지 확장했고, 여기에 다양한 건축 주제가 등장한 것으로 보인다. 사리탑을 사원으로 바꾼 것은 내부를 갖춘 건물로 만든 것이며 사원 혹은 사리탑이 만다라로 변해 엄청나게 신성한 조형물을 형성해 주위 풍경을 바꾸어 놓았다. 그리고 힌두교, 불교, 토착 종교와 예술적인 아이디어가 조화를 이루어 탄생한 사리탑, 만다라와 같은 평면 및 사원은 남부 불교 전통이 종교건축에 끼친 가장 큰 공헌이라고 해도 과언이 아니다. 덕분에 독창적인 불교와 미적으로 아름다운 구조물이 탄생했다.

신성한 패턴을 강조한 이들 건물은 보로부두르 사원와 앙코르와트에서 절정에 달했으며 정통 소승불교 사상뿐 아니라 중세시대 이 지역의 대승불교와 밀교 문화에도 큰 영향을 미쳤다. 스리랑카와 동남아시아가 얻은 정통성은 남부 불교 건축물의 혁신이 거의 끝나가는 시기와 궤를 같이 한다. 그러나 북부와 동부 아시아에서 대승불교와 밀교는 예술적인 영향력을 유지했다.

간다라와 중앙아시아의 불교

북부 인도를 통해 불교는 실크로드의 사막을 건너 동아시아로 확산되었다. 7세기부터 한때 독립 왕국이었던 간다라의 영향력이 줄어들면서 이 지역이 이슬람권에 함락되었다. 이때 상당수의 불교 예술이 폐기되거나 버려졌다.

교리에 따르면 간다라는 대승불교의 초기 중심지였다. 예술적으로는 이 지역은 교차로로 기능했다. 중앙아시아의 이 지점부터 다양한 사상이 인도, 이슬람, 기독교, 중국 종교 문화에 퍼진 것으로 보이는데, 기독교에서는 천사로 알려지고 이슬람에서는 말라

부처의 제스처

3세기 이후 부처와 관련 인물을 묘사할 때 문서로 내려오는 분명한 규칙이 있었고, 여기에는 그 기원과 힌두교의 실파 샤스트라(317~319쪽 참고) 속 원칙을 담고 있다. 무엇보다도 석가모니와 다른 부처와 보살을 묘사하는 데 사용되는 손짓(무드라, 불교에서 사용되는 상징적, 의례적 동작으로 인계, 수인, 인상이라 함)에 대한 내용이 인상 깊다. 무드라는 종종 특정한 포즈와 결합해 부처의 일생 속 특별한 순간을 나타내거나 일반적인 중요한 특질을 설명해준다.

명상
약 780~850년경, 인도네시아, 자바, 보로부두르

완전히 집중한 상태인 석가모니는 늘어진 귓불과 디야나 무드라로 손을 접고 앉아 있는 상태로 식별된다.

그중에서도 가장 중요한 두 가지는 부다가야에서 가부좌를 틀고 명상에 잠긴 부처의 모습에서 자주 볼 수 있다. 명상에 잠겨 모은 손인 Ⓐ디야나 무드라(선정인, 부처가 선정에 든 모습을 상징하는 인상)와 오른손을 가볍게 땅에 대고 깨달음을 얻기 위해 깊은 명상에 들어간 부처의 존재를 증명하는 Ⓑ부미스파르샤 무드라(항마촉지인, 석가모니가 깨달음을 얻은 순간을 상징하는 인상)가 그것이다. 다양한 무드라가 설법 과정에서 등장한다. 가장 보편적인 것으로는 엄지와 중지를 하나로 모아 원을 만들어 설법을 하고 있다는 것을 알려주는 Ⓒ비타르카 무드라가 있다. 이와 비슷한 달마차크라 무드라는 법륜의 움직임을 표현한 것으로 두 손을 가슴에 모으는 제스처로 특히 사르나트의 사슴 사냥터에서 있었던 석가모니의 첫 번째 설법과 관련이 깊다.

한손을 들어 손바닥을 청중에게 보여주는 Ⓓ아바야 무드라(시무외인, 부처가 중생에서 무외를 베풀어 모든 두려움을 없애주는 인상)는 부처의 두려움 없는 마음가짐과 영적인 자신감을 보는 이에게 전해주고자 하는 뜻이 담겨 있다. '바라다 무드라'도 손을 보여주지만 아래로 내려서 중생 구제에 자신을 바친 부처의 뜻을 표현한다.

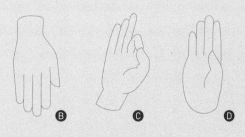

사리탑에 대한 공경

약 75~125년경, 고대 간다라(파키스탄), 버너/스와트

그리스 예술에서 영향을 받은 묘사가 돋보이는 인물들이 여러 겹으로 감싸고 화려한 표면 장식에 여린 형태가 인상적인 정교한 간다라 사리탑 주변을 돌고 있다. 승려들은 이 신성한 대상을 기준으로 시계 방향으로 돌며 한 인물이 봉헌된 램프를 들고 이끄는데 승려는 아닌 듯 보인다(머리를 밀지 않았기에). 아마도 이 작품의 후견인으로 추정된다.

크(malaks, 천사), 불교와 힌두교에서는 '천신'으로 알려진 날개가 달린 의인화된 존재와 성스러운 인물을 나타내는 광륜과 오지 아치가 대표적이다.

건축적으로 이 지역은 세심하게 계획한 사찰 건물과 상당히 야심찬 사리탑을 특징으로 한다. 아프가니스탄 굴다라에 있는 한 사리탑(2/3세기 혹은 이후)은 단순한 코린트식 벽기둥으로 덮여 있고 민무늬 아케이드에 인도식 불탑 오지 아치가 특징이다. 사리탑의 경우 복잡한 표면에 여러 층과 약화된 외곽선이 엄청난 영향을 미쳤다. 여러 층으로 이루어진 사리탑의 초기 실험적인 모습은 중국 신장 투루판 근처 지린의 폐허에서 발견된 약 7세기경 석탑에서 볼 수 있는데, 이 탑은 부처 석상을 세우는 작은 벽감들로 이루어져 있다.

바위를 깎아 만든 석굴은 이 지역에서 가장 잘 보존된 불교 건축으로, 베제클리크(중국 신장 투루판 지역의 최대 석굴)와 둔황(둔황 막고굴)에서 발견된 것들은 현재 모두 중국(각각 신장과 간쑤)에 속한다. 이 석굴사원은 웅장하게 채색된 내부로 유명하며 직선 공간은 부처의 이미지로 차 있다.

간다라는 부처의 조각상이 새겨진 최초의 장소지만, 엄청나게 퍼진 바위조각상의 역할이 무엇인지는 파악하기 힘들다. 일본 가마쿠라의 13미터 청동 아미타불(1255년, 가마쿠라 대불[가마쿠라 다이부쓰])부터 46미터 길이의 태국 방콕 왓 포의 와불상(라마 3세가 누워 있는 거대한 불상)에 이르기까지, 불교 세계 전역에서 조각상이 발견되지만 이들 중 가장 위대한 작품으로 꼽히는 두 가지는 아프가니스탄(북동부 고원시대) 바미안의 절벽에 거대한 벽감을 파서 세운 두 개의 거대한 석불이다. 이 불상들은 2001년 탈레반의 공격으로 파괴될 때까지 그 자리에 있었다.

이 7세기 간다라 거대 불상은 높이가 각각 53미터(서대불), 38미터(동대불)로 원래 최소 하나 이상의 부처가 계곡 바닥에 더 새겨졌을 것으로 보인다. 한때는 사원의 일부여서 절벽면이 채색과 조각한 방으로 이루어졌으며 원래는 나무로 된 통로와 복도가 절벽 면에 닿아 있었다. 이 작게 조각한 석굴사원은 거대한 부처의 이미지가 바위 풍경에 홀로 서 있지 않다는 것을 보여주었다. 부처 주위로 장식한 나무 혹은 벽돌 이미지 하우스가 에워싸여 여전히 그 자리를 지키고 있다. 이들은 기념비적인 건축 규모와 종교건축 이야기의 일부가 되는 양식을 보여준다.

동아시아의 불교

동아시아에서 불교 건축은 갑작스런 변화를 거쳤다. 사원은 거의 전체가 나무로 만들어졌고, 가장

석굴의 미륵
483년. 중국. 산시 성. 다퉁. 윈강석굴

12번 석굴 속 천상의 존재와 미륵(미래를 보는 부처, 먼 왼쪽)이 다채로운 조합을 이룬다. 윈강에 있는 50개의 석굴 속 50,000개의 조각과 채색된 인물상 중 일부다. 윈강은 뤄양 근교 용문과 더불어 웅장한 불교 조각이 있는 석굴로 북위왕조 시대(386~534년)에 지어졌다.

우선되는 부분은 축을 따라 배열된 일련의 이미지 홀이다. 사원의 예배당이 긴 벽을 따라 키블라 방향으로 마주하는 것과 달리 이어지는 각 공간은 축을 따라 배열된다. 둥근 석조 사리탑은 크고 얇아졌으며 주로 목재로 만든 탑으로 바뀌었다. 불교 건축물은 간단히 말해 중국 건축의 현존 양식을 받아들여(332~340쪽 참고) 탑을 제외한 불교 사원을 다른 종류의 사원 혹은 높은 지위의 건축물과 동등하게 만들었다.

동아시아의 이 두드러지는 불교 예술의 특성은 부분적으로는 이런 영향을 반영한 것이지만 계속되는 대승불교와 밀교 전통을 증명하는 것이기도 하다. 중국, 한국, 일본의 불교 사원은 부처, 보살 및 다른 신이 주를 이루며 이들 건물에 헌신하는 것이 사리탑 순례가 아주 중요하게 여겨지는 다른 곳과 차별화된 특성이다.

우선, 불교는 중국에서는 크게 중요하지 않은데 외국과의 교역과 지역 상인들과 결합해서 복잡하고 도시화된 사회 속 강력한 토착 종교와 철학, 예술적 전통을 형성한 것 때문으로 보인다. 148년 허난성 북부의 세워진 바이마스(백마사)와 같은 절이 어떻게 생겨났는지 정확히 알 수 없다.

220년 한 왕조(202~220)가 몰락하면서 이어지는 400년 동안 정국이 복잡했다. 여러 통치자들이 불교를 진흥시켰는데 북위왕조(386~534년) 수도가 산시의 평성이었다. 약 400년경 거의 2,000개의 절이 황허 강 남쪽에 생겼고 불교는 북쪽 지역보다 인기가 높아졌다. 외래에서 들어온 불교는 대두하던 대승불교의 전통과 더불어 확산되었고 문화적인 영향력이 넓게 퍼졌다.

불교 건축은 유교와 도교 사원의 확산을 앞질렀다(4세기 뤄양의 불교와 도교 사원의 비율은 약 10:1 정도). 그리고 사리탑은 확산되고 독특한 종교적 본성을 지닌 중국의 유일한 건축양식으로 남았다. 초기 탑들은 특히 석조로 만들어진 경우 풍경에서 두드러지고 이국적인 존재감을 발산했다.

숭악사 사원 탑
523년, 중국, 허난성, 등봉현

40미터 높이로 12면으로 된 이 벽돌 구조물은 위진 남북조 시대(220~581년)에 세워진 것으로 중국 최초의 여러 층의 처마로 된 탑으로 여겨지며 크고 뾰족한 시카라를 통해 간다라 양식의 영향을 받은 것을 알 수 있다. 석조 첨탑은 받침, 몸통부, 상단을 분명하게 나눈다. '수미산 받침'은 연꽃잎 모양이다. 일곱 개의 원반형인 몸통부는 커다란 구슬로 덮여 있다.

목재 관음상
1755년, 중국, 허베이 성, 청더, 푸닝스(보녕사)

보녕사에 있는 탑과 같은 이미지 홀에는 전 세계에서 가장 큰 목조 불상으로 알려진 팔이 여러 개인 21미터 높이의 관음상이 자리한다. 소나무, 잣나무, 느릅나무, 전나무, 보리수 등 다섯 가지 목재로 만들어졌다. 관음은 자비를 베푼다.

토속 신앙 속으로 들어간 불교

수나라(581~618년)와 당나라(618~906년) 시대 중국의 통일로, 안정적이고 번영하며 문화적으로 개방되었다. 현재 시안인 수도 장안은 세계에서 가장 위대한 도시 중 한 곳으로 성장했다. 다싱산사(대흥선사)는 장안 전역을 감싸는 규모였다. 하지만 불교를 받아들인 것이 수월하거나 단순한 과정은 아니었다. 특히 유교주의자들의 반발이 극심했고, 845년 우중 황제는 '외국 문명'을 금기시해 44,600개의 불교 사원과 절이 폐쇄되었다고 전한다. 황제의 철저한 조치는 탑과 석굴사원은 별도로 오로지 하나의 사원만 남은 점에서 잘 드러난다. 그 주인공은 산시 성 우타이 산 근처 마을 끝에 위치한 난찬사(남선사, 782년)다. 이런 사건에도 불구하고 불교는 점진적으로 사람들과 통치자들 사이에 깊이 뿌리를 내렸다.

석조와 목재로 만든 탑이 널리 지어졌고 목탑은 토착 방어탑의 형태를 차용했지만 주위를 도는 플랫폼과 중앙 기둥 꼭대기의 차트라 우산 형태의 마무리는 사리탑의 기원에서 벗어나 우주의 축을 연상시킨다.

중국의 석굴사원은 2세기부터 국가 전역에 널리 생겨났다. 내부는 모두 좁고 인도 석굴이 당대 목재 사원을 모방한 것처럼 이곳도 지역 목재 건축물을 모방했다. 일부는 하나의 중앙 기둥에 탑과 같은 형태로 조각하고 부처의 작은 이미지로 채워 좁은 순행 공간을 만들었다. 주요 석굴 조각상 역시 일찍부터 여러 곳에서 만들어졌고(5세기 윈강에 실크로드 예술의 인상적인 전초가 세워졌는데[윈강석굴] 기원지인 간다라에서 3,700킬로미터 떨어져 있음) 13세기까지 중국 불교 예술의 주요 테마로 남았다.

713~803년에 고대 세계 최고인 71미터 높이의 조각상이 중국에서 만들어졌다. 쓰촨성 러산(낙산)에 있는 대불(러산대불, 낙산대불)이 그 주인공이다. 그러나 이 시기 실크로드 교역은 점차 사라지는 중이었다. 예술적으로 섬세한 허난성 뤄양의 룽먼석굴(용문석굴, 약 494~1120년), 간쑤성 둔황의 일련의 조각상과 회화, 베이산과 쓰촨성 다쭈 근교의 바오딩 산의 정교한 후기 석굴(마지막은 13세기에 만들어짐, 다쭈 암각화) 등 조각 양식은 인도와 간다라 뿌리를 잃어버렸고 중국 예술의 주류로 편입했다. 불교가 지역 문화로 토착 신앙 속으로 스며든 것이다.

순례 절차

약 780~850년, 인도네시아, 자바, 보로부두르 사원

순례자들은 2.5킬로미터 길이의 벽면 부조가 있는 보로부두르 회랑을 따라 걸으며 동료 순례자인 부유한 상인의 아들 선재동자(Sudana)가 지혜를 찾아 여정에 오르는 이야기를 담은 장면 460점이 담긴 사리탑의 중간 단계에 도달한다. 이 이야기는 《화엄경》이 절정이던 2세기 산스크리트어로 쓰인 화엄경(Gandavyu ha Sutra)에 등장한다. 이 사진에서 석가모니 부처의 어머니인 마야 여왕은 선재동자에게 빛과 어둠의 힘의 전투에 대해 이야기를 들려주는데, 그 대상은 거의 알려지지 않은 부처 그리고 보살이 되는 비말라다라하(Vimaladhraja)가 득도를 얻게 된다는 내용이다.

장면에 내재된 주제는 득도하려면 속세의 문제에서 완전히 벗어나야 한다는 내용을 담고 있다. 이는 명상 중인 석가모니를 자신의 군대와 아름다운 세 딸을 동원해 유혹하려고 했던 악마 마라(인도 신화에 등장하는 악마)의 이야기와 유사하다.

삼차원의 만다라
약780~850년, 인도네시아, 자바, 보로부두르 사원

보로부두르는 대승불교의 뛰어난 건축적 업적을 잘 보여준다. 119제곱미터 너비에 30미터 높이로, 미로 같은 길로 이루어져 있다. 그 길을 걷는 것은 교육이자 영적 변화의 과정이다. 시작은 세속적인 욕망(욕계)에서 출발하지만, 중심부의 형체의 세계(색계)를 거쳐, 꼭대기의 사리탑에 거주하는 부처에게로 닿으면 무형(무색계)에 도달한다. 마지막으로 열반에 오르면 텅 빈 중앙의 사리탑에 닿는 것이다.

❶ 나발 머리를 하고 앉아 있는 비말라다라하는 잠재적인 보리를 나타내며 명상을 하는 자세로 나무 아래에 앉아 있다. 이 고대 자세는 불교시대 훨씬 이전에 요가 수행자들이 취한 자세다.

❷ 부처가 되고 싶은 자가 보리수나무 아래 앉아 있다. 북 인도 부다가야의 보리수나무는 우주의 신성한 중심으로 여겨지고 석가모니를 비롯해 부처가 되고자 하는 이가 득도를 얻기 위해 찾아오는 곳이다. 부다가야는 불교의 가장 중요한 순례지로 지금까지 남아 있다.

❸ 평정심을 유지하고 있는 비말라다라하 주위로 빛과 어둠이 사투를 벌이고 있다.

❹ 석가모니의 어머니인 마야 여왕이 전생의 한 모습인 여신 네트라스리(Netrasri)로 등장했다. 나중에 선재동자에게 이야기를 해주는 사람은 마야다. 이 사진 속 여왕은 비말라다라하의 하녀로 표현되었다. 마야는 전생에 많은 부처들에게 삶을 준 인물로 알려졌다.

❺ 이야기는 부처가 되려고 하는 자를 괴롭히는 전투를 막기 위해 개입하는 왕의 모습을 담고 있다. 이 왕 역시 후에 깨달음을 얻는다. 왕이 몸종 두 명을 데리고 있는 모습이며 소동을 지켜보고 있다.

일본과 한국에 퍼진 불교

한편, 불교는 중국에서 한국(4세기), 그리고 일본(552년)으로 각각 전래되었으며 두 국가 모두 중국의 건축, 예술, 문화적 실천방식이 엄청나게 유입되었다. 이들 국가에서 불교는 단연코 국가의 표상이 되어, 초기 동아시아 불교 건축물이 잘 보존될 수 있었다.

일본 나라의 도다이지(745~749년)는 일본 모든 지역에서 생겨난 불교의 중심이 되는 절로 중국 당 왕조의 웅장한 건축에 대적(혹은 초월)하고자 지어졌다. 당의 건물이 사라지고 절(여러 차례 재건되었지만)은 현재 세계에 남아 있는 다른 위대한 종교건축에 필적할 수 있는 유일한 동아시아 사원 건물이다. 이 건물은 거의 전체가 목재로 지어졌다.

사원의 중심축은 약 800미터로 남과 북을 가로지르며 대불전이 주를 이루는데, 일본에서 콘도로 알려진 황금홀의 전형을 보여준다. 절의 뒤쪽에는 승려들의 공간이 있고 설법을 배우는 두 번째 회관이 위치한다. 절 전체가 대칭의 움직임과 직각 공간, 합리적인 배열에 웅장한 분위기를 주며 오늘날까지 이어진 동아시아 전역의 사원과 왕국의 다채로운 변화를 즐길 수 있다.

동아시아 이미지홀

동아시아 불교 사원 건축이 야심차게 남아 있지만 건축적으로 거대한 건물이 다시 출현하는 일은 거의 없었다. 허베이성 정딩에 있는 룽싱사(륭흥사, 971년)와 같은 거대한 중국 사원은 길이 370미터 너비 50미터가 채 되지 않는 울타리 속에 에워싸여 있고, 대부분이 개방형 공간이다. 주 건물은 원래 다섯 개의 큰 회관으로 축을 따라 일렬로 배치되어 있다. 각각은 커다란 동상을 보유하고 있다. 참배객은 중앙 축을 따라 움직이며 부속건물과 같은 종탑(기도 시간과 주요 행사를 알려주는)과 목공의 기적이라 할 수 있는 회전식 도서관이 있는 수트라 홀을 거친다. 승려들의 공간은 대칭면의 한쪽에 자리한다. 부처의 이미지로 꾸며진 명상실과 강연장이 뒤쪽에 자리한다. 이런 기능은 동아시아 전역의 많은 건물들에서 반복적으로 드러난다.

일부 중국 사원 건물은 '게'(가건물)라고 부르는 수직형 이미지홀을 포함하고 있는데 여러 층 높이로 되어 있어 신도들이 커다란 나무 조각상 주위를 돌며 중앙에 자리한 인물을 볼 수 있도록 설계되었다. 이런 건물은 측천무후(690~705년 통치)를 위해 세워졌

호오도(봉황당)
1053년, 일본, 교토 근처, 우지, 뵤도인

뵤도인의 전통 목재 구조와 정교한 기와로 된 지붕이 있는 봉황당은 동방 정통의 귀족적인 모습으로 연꽃 연못을 통해 서양 낙원의 신성한 호수 왕궁을 표현했다.

고 그녀의 '빛의 회관' 근처에 자리하는데, 이 두 건축물이 뤄양 시를 압도한다.

점차 사원은 커다란 이미지를 놓기 위한 일련의 회관에 집중하고 내부는 석가모니, 아미타, 미륵의 삼대 대불로 꾸몄다. 건물로 들어오는 사람들을 맹렬하게 내려 보는 사천왕이나 최대 500개의 개별 조각상을 보유한 방 안의 나한과 같은 부수적인 인물은 다른 공간에 자리한다. 그리고 모든 부처와 보살 앞에는 제단이 놓여 있는데 예식에 필요한 것들과 제물을 올리며 소승불교가 주도하는 지역보다 한층 더 기념비적인 특색을 지닌다. 같은 시기에 사리탑이 대부분의 건물에서 신에게 헌사하는 중심부로 남아 있다면 동아시아에서는 거대한 규모에도 불구하고(271쪽 참고) 그렇지 않다.

동아시아 불교 건축은 다른 특성 또한 발전시켰다. 한국의 사찰은 사리탑과 조각에 화강암을 쓰는 것으로 유명하며 대담한 기하학적 배치와 부드러운 색감이 인상적이다.

차크라
삼바라 만다라

1500년경, 티베트,
능고르 사원

밀교 추종자들은 만다라에 묘사된 신성한 공간을 통해 한 단계씩 점차 자신의 의식을 변화해 간다고 믿었다. 각 만다라는 비밀리에 정해진 수도원의 전통 안에서만 전해졌다. 이 사진은 승려 라충 센게(1468~1535년)가 스승 콩총 팔와(1445~1514년)에게 받은 것이다. 둥근 울타리가 사각형의 신성한 구조물을 감싸는데 인체, 왕궁, 수미산과 전 우주가 신이 거주하는 중심부의 성소와 함께 자리한다.

사카파의 규칙을 따르는 승려들은 원시의 부처인 바즈라파니가 이 만다라를 후대에 전했다고 강조한다.

중앙 구조물 속 네 입구 중 한 곳이다. 네 입구는 바즈라파니의 영적 힘의 표상인 다이아몬드 벼락을 의미한다.

아촉여래의 소산인 차크라삼바라의 남성과 여성성이 성적 결합을 이룬 것은 축복, 힘, 분명한 득도를 상징한다. 분노에 찬 모습은 열정적인 에너지를 나타낸다.

초기 한국 사리탑은 부여의 정림사에서 찾을 수 있다. 규모는 작지만 구상이 훌륭한 석굴암은 불국사에 있는 8세기 사찰이다. 둥근 지하의 내부는 화강암을 깎아 만든 좌불상이 하나 놓여 있으며, 평범하면서도 강렬한 힘을 지닌다.

일본의 신사 건축물 또한 자체적인 주제로 발전했다. 색감은 한과 당 시대 중국의 초창기 두드러진 모습을 그대로 가지고 있는 반면 중국 건물에서 많이 볼 수 있는 금색, 청색, 녹색, 적색의 조화가 두드러진다. 천태종과 진언종의 밀교 사원의 경우 천장이 이미지홀과 지붕 사이에 놓이며 장막이 내부 공간을 나눈다. 이런 사원에는 독점적인 뒤쪽 공간이나 연결하는 건물이 있어 별도의 방과 복도를 포함하며 내부는 가구, 조각상, 만다라로 빼곡히 채워져 있는데, 오사카 카와치나가노의 14세기 진언종 사원인 간신지(観心寺)가 대표적이다.

동아시아의 이미지가 풍부한 불교 예술은 대승불교와 밀교 학파의 헌신적인 필요성을 반영하며 도교와 유교(중국), 신도(일본), 한국의 무속신앙과 같은 토착 종교의 영향력도 함께 담고 있다. 이 지역은 전까지 대승불교(아 밀교)가 주를 이루었고 동남아시아에서 소승불교가 대대적인 변화를 거친 때에도 영향을 받지 않았다.

관음보살의 이미지는 석가모니 부처의 이미지보다 관심을 더 많이 받는 듯 보인다. 두드러진 밀교의 이미지로 채색한 만다라와 타라와 여러 노한 신들의 모습이 함께 드러난다. 불교 이전의 숭배 문화는 일본의 후지산과 한국의 지리산으로 대표되었고, 이 위에 신성한 풍경이 더해졌다. 중국의 경우 불교는 특정한 보살과 네 곳의 신성한 산과 연계되었다. 보현보살은 어메이산, 문수보살은 우타이산, 지장보살은 지오화산, 관음은 푸터산과 관련이 있다.

동아시아 불교 학파는 대승불교와 밀교의 신비주의가 점차 잊히고 있지만 득도는 여전히 모든 부분에서 중요하다는 점을 강조했다. 정토회를 포함한 이들 학파는 아미타불이 쉽게 깨달음을 얻을 수 있는 천국의 땅을 창조했다고 주장했다. 이와 대조적으로 7세기부터 선종은 명상과 다른 기교에 중점을 두었다.

이 두 중요 학파가 건축에도 영향을 미쳤다. 8세기 정토를 묘사한 회화를 보면 부처가 숲과 연못, 다른 건물들이 있는 풍경에 즐겁고 안정적인 모습으로 앉아 있는 모습으로 묘사된다(56~57쪽 참고). 후에 실질적인 사찰은 인위적으로 설계된 시골 풍경 속에 자리 잡아 주변을 돌아보는 것이 정토를 경험하는 것처럼 느끼도록 했다(예를 들어 한국의 불국사와 일본의 뵤도인, 298쪽 참고). 또한 일본의 경우 그 효과가 아주 다르지만 교토를 비롯해 료안지(1499년)와 다이센인(1509~1513년)과 같은 곳에서 선종 승려들이 명상을 위해 정제된 정원을 축조하기도 했다.

마지막 발전은 중국 불교 건축에 중대한 영향을 미쳤다. 1271년 몽골 침략자들이 원나라 왕조 때 왕좌를 탈환하려고 하면서 궁정에 티베트와 몽골의 불교 실천방식을 들여왔다. 이 방식이 청 왕조(1644~1911년)까지 남아 있었다. 그 결과물 중 하나가 티베트 양식 사리탑의 증가다. 석조로 된 티베트 양식 수도원인 피서산장(사리탑, 1767년)은 청의 여름 수도인 청더에 세워졌다.

티베트와 몽골

내륙 국가인 티베트는 힌두교와 불교에서 모두 신성한 곳으로 여긴 카일라스 산(시바와 차크라 삼사라의 집으로 신성시됨)을 품고 있다. 7세기 라싸의 조캉 사원의 일부가 처음 이곳에 불교를 보급했다. 오늘날 티베트 종교 문화의 깊숙한 뿌리는 대승불교와 밀교가 정점이었을 때 많은 장소들에서 행해지던 관습을 통해 확인할 수 있다.

카규파(붉은 모자)와 겔루파(노란 모자)와 같은 여러 승려사회의 규율은 티베트 불교만의 특색으로 주지를 툴쿠(tulku) 혹은 환생한 스승(이 당파의 창시자가 불교 전파를 위해 다시 태어났다고 봄)으로 본다. 몽골의 지도자 쿠빌라이 칸(1260~1294년 통치, 원의 초대 황제)은 이 불교 양식을 채택했고, 현재까지도 몽고의 주요 종교로 남아 있다. 16세기에 왕의 후예인 알탄 칸이 겔루파의 후계구도의 세 번째 '라마'라는 타이틀에 '달라이'(지혜의 바다)를 더했고, 17세기 5대 달라이 라마가 라사의 포탈라 궁에서 신권 국가로 티베트를 통치했다.

포탈라 궁(1645~1648년, 1690~1694년)은 왕궁이자 수도원(그리고 5대, 6대, 7대, 8대 달라이 라마의 장례용 사리탑을 보유한 왕묘)이기도 했다. 많은 티베트의 수도원들처럼 언덕과 절벽과 같은 외부 벽이 있고 금박 지붕에 중국풍의 가파른 처마, 인도 모델에서 차용한 라마승의 기념비가 있다. 티베트의 위대한 건축 유산인 포탈라 궁만 놓고 보자면 규모는 작지만 만다라를 생생하게 일깨우는 23미터 높이의 흰 간체 사리탑(1427년부터)이 있다. 70개의 기도실이 들어갈 수 있는 높이는 가장 높은 곳의 사원을 만들었다. 이런 곳들은 장식적인 이미지와 심오한 회화로 꾸며지며 지역 숭배자들이 계속적으로 주변을 돌며 기도할 수 있도록 했다.

티베트의 이웃나라 또한 이 지역의 교차되는 종교적 영향을 깊게 받았다. 힌두교와 불교를 융합한 사상이 네팔 카트만두 계곡에서 번성했고, 이곳 불교 승려들은 신분 세습제 속에서 '바하'로 알려진 수도원 건물에서 생활했다. 카트만두 외곽의 스와얌부나트 사원의 사리탑은 아소카 시대의 건축양식을 상당히 부흥시킨 예로 볼 수 있다.

현대의 불교 건축

오늘날 불교는 다양한 종파를 포함해서 전 세계적으로 약 4억 9천만 명의 신도를 거느리고 있다. 태국, 스리랑카, 일본 같은 국가에서 특히 두드러진다. 네팔과 인도에서는 부처의 출생지인 룸비니, 부처가 깨달음을 얻은 부다가야, 부처가 처음으로 설법을 전한 사슴 숲인 사르나트, 부처가 육신을 버린 쿠시나가라(쿠시나가르)와 같은 장소들을 비롯해 여러 국가의 불교 기관들이 최근에 세운 사찰 등이 유명하다. 아시아 바깥에서 불교는 디아스포라 공동체를 넘어 전파되어 지역에 융합되어 사찰을 세웠다. 현대 아시아 경제의 부흥으로 많은 사찰이 생겨날 자금력이 확보되었고, 2002년 중국 허난성의 루산에 128미터 높이의 큰 부처상이 세워지는 것들이 이런 상황을 잘 보여준다. 일본 교토 근교 즈이센지에서 타카시 요마구치가 지은 화이트템플(2000년)은 근대 디자인의 수려한 면모를 잘 보여준다. 아마도 진정한 현대 불교 건축은 기원전 마지막 세기의 아소카나 쿠샨 왕조의 소박함으로 되돌아간 듯 보인다. 바닥에서 반타원형으로 솟은 형태나 단순히 앉아 있는 부처의 이미지에 중점을 둔 예술 등이 그 단적인 예다.

힌두교

◦ 수많은 것에서 벗어난 일체 ◦

기원전 6세기경 사회적·종교적 변화로 불교와 자이나교가 출현했고, 이들은 브라만에도 커다란 영향을 미쳤다. 일부는 부처의 금욕적인 생활방식을 받아들였다. 그보다 중요한 것은 신에 대한 헌신적인 사랑을 뜻하는 '바크티(bhakti) 문화'가 점진적으로 발달했다는 사실이다.

바크티는 종교적인 관습을 복잡한 절차로 바꾸었고 약 500년까지 지속되었다. 신의 이미지 앞에 희생이 없는 제물을 바치는 행위인 '푸자(puja)'는 숭배의 중요한 부분이 되었다. 누구든 이 행위를 할 수 있었고 처음으로 종교에서 평범한 사람들이 참여할 수 있는 기회가 생겼다. 고대 베다 의식은 잊히지 않았지만 희생의식은 점차 감소하고 브라만은 평신도와 신성한 이미지 사이의 중간자로서 새로운 역할을 하게 되었다. 수많은 지역의 신을 받아들인 덕에 이 같은 전통이 확산될 수 있었다.

이는 인도 전역에도 퍼졌다. 실제로 바크티 자체는 남부 인도 혹은 드라비다 문화를 북쪽의 인도유럽 영향권으로 융합시켰다. 베다가 신성한 주요 문서로 남아 있지만 '라마 왕의 일대기'라는 뜻의 대서사시 《라마야나》와 '바라타 족의 대서사시' 《마하바라타》와 같은 신화서사시를 포함해 《우파니샤드》와 《푸라나》와 같은 문서로 결합되었다.

힌두교는 그 결과다. 문명의 종교적 사상을 하나의 체계로 융합한 것이다. 많은 신들을 포함하고 있으며 모든 사물의 필연적인 합일을 강조하고 우주를 신이 창조하고 유지하고 파괴하는 위대한 주기에 따라 움직인다고 보았다. 점진적으로 특히 세 신에 대

신의 왕궁
1992∼1995년, 런던,
스리 스와미나라얀 만디르

이 60미터 길이의 힌두교 사원은 런던
북서쪽 니스던에 있다. 각 시카라가 신의
이미지를 포함한 성소를 알려준다. 깃발
은 신이 상주하고 있다는 뜻이다. 이 사
원은 석회석과 대리석으로 만들어졌으며
전통 건축양식에 따라 베다의 콘셉트로
신성한 공간을 꾸몄다. 1995년 8월에 축
성되었다.

엄청난 신전

브라만은 베다의 실천을 수많은 지역 신을 흡수하면서 힌두교로 변모시켰다. 이 신전은 이미지가 필요한 푸자와 결합되어 풍부한 시각적 문화를 탄생시켰다. 비록 시간이 흐르면서 세 신(비슈누, 시바, 데비/두르가)이 전면에 등장했지만, 그들 모두가 다양한 형태로 발현해 종종 위대한 신의 힘으로 이해되는 지역 신들의 모습을 보여주기도 했다. 이 과정의 일부로 중요한 인물들이 현재의 형태를 얻게 되었는데, 비슈누의 구원자로 발현한 크리슈나와 코끼리의 머리를 한 것으로 묘사된 시바의 아들 가네샤는 장애를 극복하고 언어와 문학을 후원하는 능력으로 인기가 높다.

나라야나(비슈누는 천 가지의 이름이 있는데, 그중 하나로 '태초 바다에서 온 자'라는 뜻)로 발현한 비슈누의 석조 조각상(약 1000년). 작은 소라 껍데기와 옥수수로 신의 특성을 잘 드러냈다.

한 헌신이 두드러졌다. 초월적이고 만연한 존재인 비슈누, 수호자이자 파괴자로 모순이 되는 창의적인 에너지를 발산하는 시바, 여신 혹은 신성한 어머니로 여러 가지 형태를 보이지만, 일반적으로 어머니의 보호와 육체적 사랑, 위험을 지칭하는 데비 혹은 두르가(힌두교에서 여신을 뜻하는 데비는 모든 힌두교 여신들의 궁극적 본질이라고 보는데, 이런 면에서 두르가는 데비의 한 모습)가 그들이다. 이들은 다양한 모습으로 발현하고 종종 이전의 지역신이 후에 이들의 한 측면이라고 밝혀진 것도 많다(306쪽 참고). 다른 주요 신에게 일부 사람들이 보이는 강렬한 헌신은 그들 자체의 개별 종교로 기능한다. 비슈누교, 시바교, 샤크티교(특히 두르가를 숭배함) 등이 그 예다.

힌두교 건축과 예술의 탄생

초기 브라만의 야외 제단 축조 이후로 정교한 의식이 생겨났고 베다어로 지역과 사용되는 도구, 설계가 정해졌다. 이들은 제단이 신성한 에너지를 전달하고 받는 역할을 충분히 할 수 있게 도와주었다.

기원전 2세기 부처의 사리탑은 신성한 존재를 묘사한 유물 중 처음으로 보존된 것으로

신성한 조각 사원
약 756~773년경, 인도, 마하라슈트
라, 카일라사 사원, 엘로라 16번 동굴

엘로라의 34개의 불교, 자이나교,
힌두교 구조물 중에서 웅장한 스케
일 위에 세워진 이 조각상은 길이
60미터, 깊이 30미터로 암벽을 깎
아 히말라야의 신성한 산을 인도
중심부로 옮겨왔다.

자연의 정령이 주를 이루었지만 후에 힌두교 신전의 일부
가 되었다. 그 직후 주요한 신들이 숭배 이미지를 만들어
주었다. 초기 예시는 나무로 만든 비슈누의 이미지로 278
년에 야외 돌 플랫폼 위에 서 있었다고 기록되었다. 건물
을 묘사한 부조 역시 남았지만 기능에 대해서는 알려지지
않았다. 하지만 일부는 뾰족탑과 같은 탑을 보유했다.

  5세기에 등장한 초기 벽돌 혹은 석조 힌두교 사원의 특징은 탑이다. 다양하고 실험
적이지만 이런 건축물이 갑작스럽게 등장하게 된 것은 굽타 왕조(약 320~550년)가 안
정기에 접어들고 번성한 결과로 보이며 왕실 후원자를 보유하고 있었기 때문이기도 하
다. 브라만주의는 이미 신의 역할과 같은 왕권과 강렬한 유대를 구축했고 사원 건물은
특히 강력한 왕권과 영적인 강점을 얻는 방법으로 화려하게 장식했다. 후원이 특정 종
교적 헌신만을 강요하지는 않았다. 힌두교와 불교 세계에서 두 종교건물 모두에서 같
은 후원자가 나오기도 했고 한 전통의 신이 다른 사원에서 묘사되기도 했다.

  굽타의 조각은 불교의 이미지만큼이나 힌두교 조각에서 중요한 비중을 차지한다

(272~273쪽 참고). 힌두 신을 식별할 수 있는 성상화가 출현했고 다수가 춤을 추고 있는 시바신의 모습이다. 비슈누는 푸른 피부에 네 개의 팔에 소라고둥, 원반, 육두구, 연꽃(306쪽 참고)을 들고 있는 모습이고 두르가는 마히사수라(아수라와 삼지창을 든 마히사[물소로 변신학 악마]의 조합)를 침착하게 처단하는 모습으로 비춰진다.

7세기 이후로 정교한 조각이 들어간 사원이 기하급수적으로 늘어났다. 최초의 독립적인 인도의 석조 건축물인 이 사원은 현재의 전통인 불교와 자이나교의 바위사원에서 엄청난 영향을 받았다. 힌두교의 동굴 사원은 6세기에 처음 등장했는데, 뭄바이 근교 엘레판타의 석굴이 대표적이다(약 550~575년). 처음에는 다주식 형태로 집회보다는 이미지의 숭배에 중점을 두었다. 그러나 8세기에 이르러 독립적인 힌두 숭배 건축이 확산되면서 석굴 전통에도 근본적인 변화가 찾아왔다. 절벽에 굴을 파고 내부를 조각하고 개별 건축의 파사드를 모방하기보다는 자연 암반의 노출부에 완전한 삼차원의 사원을 구축하는 것이다. 판차 라타(《마하바라타》에 등장하는 판다바 5형제들을 형상화한 다섯 라타)를 포함해 먼 남쪽(7세기 혹은 8세기, 310~313쪽 참고) 케랄라 주 마하발리푸람의 특이한 사원 및 부조와 마하라슈트라 주 엘로라의 위대한 카일라사 사원(암석사원, 약 756~약 773년)이 대표적인 예다.

전통적인 바위 건축물은 9세기 들어 사라졌지만 독립적인 사원은 계속 남아서 자이나교의 전통(160쪽 참고)과 일련의 지역 양식들을 도입해 약간의 변화를 이루었다. 이들 사원은 두드러지는 건물이지만 도로변의 사원, 신성한 나무, 신과 인간이 서로 가까워진다고 알려진 냇가처럼 다른 종류의 신성한 부지에 함께 자리한다. 이중 가장 신성시 되는 일곱 도시가 있는데, 일곱 곳의 신성한 강 중 가장 신성시 되는 갠지스 강에 자리한 바라나시와 네 곳의 신성한 거주지인 바드리나트, 푸리, 라메스와람, 드와르카는 인도의 방향을 표시하며 인도 전체를 순례하는 순서가 된다.

영혼과의 교감
약 1800~1816년, 인도네시아, 자바, 두르가 그림자극 인형

힌두교의 그림자극 인형은 오락뿐 아니라 신의 에너지가 악마로부터 관중을 지켜준다고 믿기에 신성한 의식이기도 하다. 이 인형은 두르가의 무서운 모습으로 자바 시민들에게는 시바의 아내 우마(Devi Umayi, 황금의 여신·빛과 미의 상징) 여신으로 불린다. 인형을 다루는 주술사인 '다랑'이 주도하는 극은 사원 안에서 주로 열린다.

아르주나의 고행

약 630~668년, 인도, 타밀나두, 마하발리푸람

일반적으로 '아르주나(《마하바라타》의 주인공격. 판바다 5형제 중 둘째)의 고행' 혹은 '갠지스 강의 하강'으로 알려진 이 거대한 바위 표면은 구도의 중심이 되는 좁은 틈(자연적 틈새)이 있다. 움푹 팬 곳의 잔재와 그 아래 웅덩이는 간간히 이곳으로 물이 들어와 장면의 중간을 채운다는 것을 알려준다.

이 이미지를 해석하는 두 가지 방식이 있는데, 모두 멀리 떨어진 히말라야를 배경으로 한다. 가장 유력한 설이 영웅 아르주나가 시바를 위해 고난을 겪고 그 대가로 초인적인 무기를 얻었다는 것이다. 다른 설에 따르면 금욕주의자인 위대한 바기라타 왕이 시바신에게 강가를 다시 지상으로 보내 갠지스 강의 힘을 실어달라고 간청했다는 내용이다. 조각이 이중적인 의미를 가진 시처럼 두 가지 설명이 동시에 가능하도록 짜여진 것에서 충분히 신빙성이 있다.

어떤 경우든 장면은 위대한 삶의 주기를 생생하게 묘사한다. 가장 낮은 계층의 동물에서 자유로운 영혼을 지나 초자연적인 존재를 거쳐 마침내 신이 되는 것이다. 따라서 이 암반 예술은 업보와 환생이라는 주제를 담고 있다.

마하발리푸람 단일암
약 630~668년, 인도, 타밀나두

인도 남부 해안의 주요 항구도시인 마하발리푸람은 비슈누의 추종자들이 방문하는 주요 순례지이기도 하다. 팔라바 왕조시대(나라시마 바르만 1세 시절로 추정, 약 630~668년 통치)에 해안지구의 너른 화강암 암반 위에 장엄한 단독 사원, 동굴, 부조를 새겼다. 암면은 30미터 길이에 높이가 15미터이고, 거의 실물 크기의 인물들이 새겨져 항구에서부터 알아볼 수 있다. 이 장면에는 약 90명의 인물이 담겨 있다. 조각의 4분의 1은 미완성이고 근처의 같은 장면에도 마무리짓지 못한 부조가 보인다.

❶ 자신의 권속인 난쟁이들(가나)과 함께 있는 시바신이 팔을 뻗어 '바라다'(varada)로 알려진, 선물을 내리는 자세를 취하고 있다. 신은 우주 무기인 '파슈파타스트라'를 건네려고 한다. 신도는 신 앞에 요가 자세를 하고 있다. 아르주나는 헌신의 행위를 보여준 뒤 이 무기를 얻었고 《마하바라타》에 따르면 적을 물리치는 데 사용했다고 한다.

❷ 스승과 세 제자가 비슈누 신의 사원에서 요가 자세로 기도를 올린다. 사원 자체는 드라비다족 혹은 남부 인도 사원의 이미지를 지녔다. 이 장면은 시바나 비슈누에게 헌신하는 모습을 묘사한 것으로 추정된다.

❸ 나가(남성 뱀신)와 나기니(여성 뱀신)는 물과 관련된 뱀 인간으로 지하세계에서 나타나 바위의 갈라진 틈이 신성한 갠지스 강과 그 위로 천국이 있다는 것을 알려준다.

❹ 6세기 시인 바라비가 지은 《키라타르주니야》에는 동물과 새들이 인간에 대한 반감을 버리고 아르주나를 방어하는 시바의 사냥 군대에 동참했다는 구절이 나온다. 이 위대한 수행단들이 조각의 대다수를 이룬다. 다리 사이에 새끼를 데리고 가는 코끼리와 개미핥기, 사자, 야생돼지, 원숭이, 토끼, 거북이와 다른 짐승들이 속한다.

❺ 강의 반대편에 있는 신도를 따라하듯 고양이 한 마리가 요가 자세를 보이고 주변의 쥐들이 고양이를 경배한다. 혹은 고양이가 힌두교의 자기 절제를 통해 본성을 초월한 것일까?

❻ 신, 반신, 나는 현자 및 마을사람과 야생 사냥꾼, 악기를 연주하는 새 인간 등을 포함한 여러 인물들이 한자리에 모여 있다.

정의된 사원

바깥쪽에서부터 접근하는 전형적인 힌두교 사원은 벽으로 둘러싸인 높은 플린트 기둥 위에 솟아서 신성한 의식을 행하는 곳의 위엄을 보존한다. 근처에는 커다란 물탱크가 놓여 있는 경우가 많은데 브라만이나 순례자들이 건물로 들어가기 전에 의식적으로 몸을 정화하는 장소로, 그 자체로 주요 건축요소가 되기도 한다. 안으로 들어서면 수많은 부차적인 묘나 기도실이 있고 각각은 작은 사원과 같은 구조를 하고 있다. 예를 들어, 사이바이트 사원의 경우 난디라고 부르는 시바의 언덕이 있다. 그리고 제물을 바치는 야외 제단인 발리 피탐이 주 사원 앞에 위치한다.

사원 자체는(321쪽 참고) 곡선형으로 끝이 점점 뾰족해지는 피라미드형 시카라(산스크리트어로 '산봉우리'를 뜻함) 탑을 지니고 있는데 만다파의 한쪽 면에 부착되어 있다. 그래서 축성 구조물이 15~30미터 길이이며 입구는 일반적으로 서쪽에 위치하고 시카라가 동쪽에 있는 방식이다.

사바 만다파와 라마쿤트
1026~1027년, 인도, 구자라트, 모데라, 태양사원

태양신 수르야에게 바쳐진 모데라 사원은 세 개의 축이 나란히 배열된 구조를 하고 있다. 여러 기둥(52개, 하나가 1년 중 1주일을 상징)으로 이루어진 개방형 공간은 신성한 음악과 춤을 추는 사바 만다파로 열두 개의 아디타야 조각상(1년의 12개월을 상징)이 있다. 연결된 가르바그리하와 라마쿤트(넓은 못)는 기하학적으로 배치된 네 개의 계단형 테라스 위 물탱크로 108개의 묘와 결합되었다.

사원 내부에는 만다파가 신도들을 모으는 작은 회관을 보여준다. 만다파를 넘어 시카라 아래는 기능이 없는 다락 공간이 있는데, 방 크기 만한 성소로 전체 건축의 중심이 되는 곳이다. 이곳은 가르바그리하로 이미지를 보관하고 브라만이 들어갈 정도의 크기다. 이 공간이 건물의 중심이다. 실제로 일부 사원은 가르바그리하 위에 시카라가 있는 이미지하우스 그 이상도 아니다. 가르바그리하 내의 이미지는 사원의 존재 이유이며 건물은 주로 신의 으리으리한 거주지로 기능한다.

신은 인간, 의인화된 사물 혹은 추상적인 형태로 발현될 수 있다. 시바의 사원에는 종종 남근과 외음부를 의미하는 추상적인 형태인 '링가'(인도에서 숭배하는 신의 표상, 남자 생식기 모양의 돌기둥)가 많이 보이는데 그로써 신과 여신의 에너지 결합을 생성한다. 그렇지만 사원의 존재 이유는 이미지 그 자체보다는 가능성에 있다. 많은 고대 종교 사원들(메소포타미아부터 이집트, 그리스 등)과 마찬가지로 힌두교 사원의 조각상은 묘사한 신이 물리적으로 발현해 거주할 잠재성을 지니고 있다. 이 능력은 사원 의식과 사원 건축 모두에 핵심적으로 작용한다.

사원 의식

이미지는 브라만이 구축하며 그 의식은 신이나 여신을 일깨워 명예로운 손님으로 사원의 조각상 속으로 초대하는 데 집중한다. 푸자의 경우 하루에 4~6차례 이루어지며 승려가 의식에 따라 이 장소로 들어온다. 그들의 의식은 스스로와 공간에 의해 정화되며 신을 부르고 제물을 바치며 종을 치고 독음을 하고 만다라를 암송하고 일반적으로 산스크리트어로 된 신성한 구절이나 다른 경전을 외운다. 동상은 성유를 바르고 목욕을 시킨 다음 옷을 입히고 음식을 먹이고 꾸미는데, 종종 꽃 화환을 씌운다. 독자적으로 서 있는 이미지라면 성소가 닫히기 전에 사제가 주위를 돈다.

이 의식의 주된 목적은 신을 대접하는 것이기에 다른 사람이 참여할 필요가 없지만 대부분의 의식을 볼 수 있는 기회이고 조각상을 알현하는 '다르사나'(신이나 성인의 상서로운 눈[서야])라는 경험을 할 수 있기에 헌신적인 신도들 사이에서 인기가 높다. 의식의 절정에서 드럼과 악기 소리를 들으며 만다파에서 가르바그리하의 동상을 분리했던 커튼이 다시 쳐지면 브라만이 이미지 앞에서 램프를 흔들고 그 불빛이 만다파에 있는 신

사원 묘의 푸자

950년경, 인도, 오리사, 부바네스와르,
묵테스와르 사원

대부분의 힌두교 사원들처럼 묵테스
와르에도 물탱크와 많은 작은 예배
당이 있는데 모두가 벽으로 된 울타
리 안에 있으며 가장 중요한 구조물
은 플랫폼 위에 올려져 있다. 피라미
드처럼 층이 있는 피다 지붕(중앙과
오른쪽)은 오리사 지역만의 특색을
보여준다.

자들의 얼굴을 밝혀 신의 밝음과 온기를 전해준다. 승
려는 각 신도들에게 강황, 흰 재 혹은 다른 물질이 섞인
가루로 만든 틸라크(힌두교에서 하얀색 진흙이나 붉은색 가
루로 이마에 그려넣는 종교적 표식)를 이마에 찍어준다.

신도들은 언제든 사원을 방문할 수 있고 교리 수업
을 듣거나 스스로 영적 자유를 추구할 수 있다. 사람들
은 자신을 대신해 브라만이 특정 예배를 하게 해주거나
꽃, 음식 혹은 향유와 같은 제물을 바칠 수 있다. 가끔 순례행렬이 만다파에서 출발해
가르바그리하 주위를 돌며 사원 바깥에서도 이 행위를 할 수 있다.

조각으로서의 건축

그러나 사원의 내부 공간만으로는 전체 형태를 설명할 수 없다. 예컨대, 시카라는 기본
적인 구조의 한 부분이지만 상당수가 실용적인 용도를 지니고 있지 않다. 실제로 시카
라는 건물의 다른 측면과 마찬가지로 상징과 마법적인 기능을 충족시키는데, 사원의

기본 형태는 신이 거주하는 공간으로서 효과적으로 기능하는 것이 중요하기 때문이다. 명칭에서 알 수 있듯 이 부분과 건물 전체는 메루산의 형상을 하며 건물을 신이 거주하는 곳이자 세상의 우주론을 구현한 곳으로 만든다. 다시 말해 힌두교 사원의 형태는 사상을 표현하는 매개인 셈이다.

그 원칙은 장식에도 이어진다. 사원의 모든 표면은 안과 밖 모두 조각으로 이루어졌다. 힌두교 사원은 다른 종교건물과 대적할 수 있는 건축 문법들을 담고 있는데, 기둥은 기둥머리와 바닥이 있고 엔태블러처를 사용해 구획을 나누었다. 그러나 이런 기능들의 구조적 측면은 거의 강조되지 않았다. 기둥은 다양한 형태의 장식 모티프를 쌓은 형태로 변했고 기둥머리와 바닥은 간혹 거의 두드러지지 않게 되었다. 창문은 중요하지 않고 오지 아치의 차이티아 모티프는 수많은 방식으로 활용되었다. 그 위로 벽감에 이미지를 넣거나 벌집무늬를 반복적으로 사용하고 다시 시카라를 올린다.

이런 장식 모티프는 서로 반복된다. 작은 모티프가 같은 형태의 큰 모티프를 구성하는데 수학의 차원분열도형(프랙탈)을 활용한 패턴과 유사하다. 이는 힌두교의 우주관을 반영한다. 내재한 유일한 존재인 브라만은 영원한 정신과 신체 형태가 생명으로 변환하는 미묘한 방식을 하위단계로 구분한다. 표면적으로 이들 건축은 표면 장식에 모든 것을 치중한 듯 보이지만 실제로는 정교하게 판단하고 내린 비율을 지켜 효과적으로 규모와 우아함을 드러내 별도로 보이는 장식 요소들을 하나로 결합한다. 그리고 작은 조각 장식부터 내재된 비율 체계에 이르기까지 모든 것이 신이 거주하는 이미지하우스로서 건물의 역할을 돕는다. 여기에는 둥근 지붕의 인물 조각, 조각 장식이 된 기둥, 불탑머리의 작은 건물들도 속한다. 일반적으로 이런 장식은 건물이 헌정된 대상을 칭송한다. 카일라사 사원의 엘로라 16번 동굴(307쪽 참고)에는 이 사원이 대표하는 카일라사 산을 뿌리 뽑으려는 악마 라바나의 조각상이 있다. 그의 열 개의 팔은 사원의 토대가 되며 이 사원의 주인인 시바가 그 위에 앉아 힘들이지 않고 그를 누르고 있다.

비율, 정교한 조각형태, 개별 신과 여신을 묘사한 방식 등 모든 요소들이 잘 짜인 규칙 아래 행해졌고 수세기 동안 '샤스트라'로 알려진 경전을 통해 정제되고 다듬어지며 전해져왔다. 이들 지침은 종교적인 권위를 가지고 있지만 그 내용 속 형이상학적 중요성은 거의 드러나지 않았다. 《바스투》(vastu, 건축)와 《실파》(shilpa, 예술과 공예) 경전은

태양의 마차
1238~1264년, 인도, 오리사, 코나라크
의 태양신 사원

태양신 수리야가 천상의 마차(라타)
를 타고 하늘을 건너는데 이 일상은
3미터 높이의 바퀴 24개를 통해 드
러난다. 원래는 여기에 일곱 필의 말
조각상과 70미터 높이의 시카라가
있었다. 나라싱하 1세(나라싱하 데
바)는 힌두교가 적군인 이슬람을 무
찌른 것을 축하하고자 이 사원을 지
은 것으로 보인다.

건물과 조각에 대한 내용을 담고 있는데 부지 선정에서
부터 최종 구조의 신성함, 정확한 신의 표현에 이르기
까지 모든 지침을 알려준다.

샤스트라는 베다의 사상을 바탕으로 하며 제단면을
신성한 도식으로 구축한다. 사각형의 만다라는 힌두교
사원 설계에서 많이 볼 수 있는데, 이는 모든 것의 창
시자인 푸루샤를 지칭한다(266쪽 참고). 인도 사원의 목
표는 브라만의 제단과 마찬가지로 신성함을 효과적으
로 구체화해 성스러운 에너지를 끌어내는 것이다. 이런 이유로 사원 설계의 규칙은 힌
두 신과 여신을 묘사하고 브라만이 행하는 의식에 대한 지침까지 모든 것이 예술의 형
태로 이어진다. 신성한 춤과 극, 만다라 그림(힌두교에서 기원한 실천으로 불교의 주요 요소

가 됨), 만트라의 구현은 모두 신성한 에너지를 드러낼 수 있는 행위로 인간이 신과 소통할 수 있게 해준다. 초기 브라만이 산스크리트어를 신성하다고 믿었기에 그 암송문이나 단어가 신의 힘을 가졌다고 전해진다. 힌두교의 옴은 '소리의 근원'으로 전 우주를 발현할 깊이와 공명을 지녔다.

이 건축물의 목표는 완전한 일체다. 신이 거주할 수 있고 인간에게 신과 가까이 할 수 있는 공간을 만들어주는 것이다. 그 체계는 모든 창조와 인체를 상징한다. 그것이 중요하다. 힌두교 사원은 삼차원의 조각상처럼 설계되었다. 양식의 혁신과 구조적 실험이 시도되었지만 이는 부수적인 부분일 뿐이다. 인도 오리사 주에 있는 코나라크의 13세기 '태양신 사원'(1238~1264년)처럼 특이한 설계는 부분적으로는 태양신 수리야(힌두교의 태양신)의 마차를 본뜬 것으로 건축에 조각적인 접근을 했다.

그러나 샤스트라에 적힌 내용은 미학이 그 자체로 신성하다는 내용을 담고 있다. 단순히 규칙을 따르는 것만으로는 부족하며(실천에서 왜곡되는 경우가 많고) 신은 반드시 아름다운 모습이어야 하고, 우리는 모두 창조의 일부이기에 신의 기쁨은 곧 우리와 동일하다.

이처럼 독특한 힌두교의 비전은 주요 종교의 건축적 업적과 동등하다. 힌두교는 석조를 통해 에너지, 아름다움, 창조세계의 풍부함뿐만 아니라 신이 인간의 모습으로 구현할 가능성까지 담고자 했다. 사원은 힌두교 역사에서 상당히 늦게 발달했으며 실제로 일반적인 종교건축의 역사에서 그러했지만 대다수의 힌두교를 하나로 통일하는 분명한 표현력을 가지고 있으며 초기 시대 인도 문화의 일부도 담고 있다(262~267쪽 참고).

북에서 남으로

5세기부터 시작된 힌두교 사원 건축은 인도의 다양한 지역에서 여러 왕조들이 부흥하면서 강력한 종교적 학파를 구성했다. 그중 가장 중요한 양식 두 가지는 북부인 나가란 양식과 남부인 드라비다(남인도의 데칸 고원에서 실론 북부에 걸친 지방) 양식이다. 이들은 샤스트라에서 정의되었으며 그 지식이 널리 퍼졌다. 원래 지역에서 수백 킬로미터 떨어진 곳에서도 지역적 특색을 담은 표본들을 볼 수 있다. 엘로라의 카일라사 사원은 남부 양식의 다른 사원들보다 한참 떨어진 곳에 위치한다.

시카라의 디자인은 북부와 남부 건축을 구별하는 가장 손쉬운 방법이다. 나가란 양식의 전통은 끝이 뾰족해지는 시카라에 좁은 직선 형태로 상당히 부드러운 표면을 지닌다. 꼭대기에는 곡선과 골이 진 모티프인 아말라카(북방 힌두 양식 사원의 시카라 꼭대기에 올려지는 연꽃 모양 장식)가 있으며 정화를 의미하는 암라 열매를 상징하는 것으로 보인다. 드라비다 양식의 전통에서 탑은 '비마나'라고 부른다. 강렬한 계단이 위로 향하고 있어서 피라미드 형태를 하며 각 계단은 조각상의 플랫폼이 된다. 탑의 꼭대기층은 시카라로 작은 돔 형태이거나 불탑형 아치로 마감했다. 북쪽에서는 만다파도 작은 시카라로 덮어서 성소에서 가장 높게 솟은 산처럼 보이게 한다. 남쪽에서 만다파는 평평한 지붕 형태인데 가르바그리하가 건물에서 비마나로 덮어야 하는 유일한 부분이기 때문이다. 표면의 장식은 덜 복잡하며 남부보다 한층 규칙적이며 기둥과 엔태블러처 사이가 서양 고전 건축양식처럼 잘 정돈되어 있다. 중간의 기둥은 제약적이고 표준화된 양식으로 '드라비다의 규칙'을 보여준다. 드라비다 양식의 건축물은 규칙적이고 직각인 반면 나가란 양식은 사각형과 모퉁이가 겹치는 배열이 특징이다.

웅장한 카주라호

여러 사람들이 꼽는 가장 완벽한 힌두교 건축은 9세기부터 13세기까지 인도 북부의 한 지역을 통치했던 작은 왕국(찬델라 왕조)의 수도 카주라호에 세워진 일련의 나가란 양식의 전통 사원이다. 오늘날 이들은 다양한 보존 지역에 있으며 마디아프라데시(인도 중부의 주)의 카주라호 마을 곳곳에 있다. 25개의 건물 중 대다수가 힌두교 신을 위해 세워졌지만, 일부는 자이나교를 모신다. 상하기 쉬운 재료로 지은 다른 건축물들은 대부분 소실되었다.

카주라호 사원들 중 현재까지 남은 유적 중 가장 훌륭한 것은 마하데바 사원으로, 11세기 초 인도 북부에서 찬델라가 가장 중요한 왕가가 되면서 지어졌다. 조각 건축 모티브와 빼곡히 조각된 인물들의 쾌활한 모습을 통해 상승하는 에너지와 위용이 느껴진다. 외부에만 646명의 인물 조각이 있고, 일부는 성행위를 하는 모습을 담았다. 이런 점들이 건물을 기념비적으로 만들지만, 위용의 핵심은 31미터 높이의 시카라다.

당시는 금욕주의가 널리 실천되었지만 이것이 유일한 정신적 규율은 아니었다. 많은

비슈누 사원

1025년, 인도, 마디아프라데시, 카주라호, 데비
자가담바 사원

원래 비슈누에게 바쳐졌지만, 지금은 파르바
티(시바의 아내, 데비의 화신)에게 귀속된 데
비 자가담바 사원(외 오른쪽, 부수 사원 건
물은 왼쪽)은 전형적인 북부 인도 사원의 모
습을 갖추고 있다. Ⓐ시카라(Ⓑ아말라카로
꾸며진 꼭대기)가 어두운 가르바그리하 성
소 위에 세워져 있다. 중앙의 Ⓒ만다파 홀은
작은 창문으로 빛이 들어온다. 여기에 현관
입구가 있다(Ⓓ아르다 만다파). 전체 구조는
플랫폼 위에 올려져 있으며(Ⓔ어드히스타나)
그 자체는 솟은 바닥(Ⓕ자가타)에 안착했다.

고푸라의 왕

1559년, 인도, 타밀나두, 마두라이, 미나크쉬 암만 사원

네 번째로 큰 사원 도시에 258×218미터의 열한 개 고푸라 탑이 바깥 울타리의 대각선 입구에 서 있다. 이 사진은 남쪽에 서 있는 고푸라(사원 입구에 세워진 피라미드 형 큰 탑)로 시라말라이 세반티 무르티 체티(Siramalai Seranthi Murthy Chetti)가 지은 것이다. 높이가 49미터로 1,511개의 신화 속 인물이 장식되어 있다.

다른 규칙이 있었고, 특히 '탄트라'로 알려진 소수의 전통은 영적인 자유를 위해 감각을 자유롭게 하거나 관습을 무시한다. 따라서 육체적 쾌락이나 오감을 만족시키는 경험은 죄악이 아니다. 타고난 에너지의 산물로 훈련을 잘 하면 실천하는 자에게 영적인 혜택을 가져다 줄 수 있다. 힌두교인들에게 육체적 아름다움은 신의 통찰을 얻는 강력한 은유가 되며 깨달음과 영적인 축복을 가져다주기에 힌두교 조각에서는 아름다운 인간, 특히 여성의 모습을 자주 볼 수 있다. 이 관점에서 더 나아가, 힌두교 종교 예술은 관능적이다. 성행위는 축복받은 결합을 일깨우며 강력한 정신적인 은유가 된다.

이슬람의 영향

카주라호의 마지막 사원이 완공되던 12세기 말에 야심차고 혁신적인 사원을 세울 수 있는 인도 북부의 능력은 쇠퇴했다. 강력한 이슬람 도시국가 여러 곳이 델리 술탄조(1206년에 세워져 델리를 중심으로 인도를 지배하던 술탄조 투르크계 무슬림 왕조)에서 번영하면서 새로운 통치 계층이 등장했다. 일부 왕은 우상숭배를 금지하는 국가관을 들어 힌두교, 자이나교, 불교 사원을 파괴하라는 명을 내렸다(일부 힌두교 통치자들이 초기 불교와 자이나 수도원에 행한 것처럼).

과격한 성상파괴주의도 발생해서 힌두교 사원 건축에 대한 지식을 모조리 없애버렸다(카슈미르가 대표적임). 다른 곳에서는 권력의 이동이 힌두교가 건축을 후원할 수 있는 힘이 적어진다는 것을 의미했다. 당연히 이슬람교 통치자들은 사원을 지었다. 그들은 불교가 보여주는 초기 성공과 마찬가지로 신 앞에 평등하고 카스트 제도 사회의 성직자의 권위를 부정하면서 개종을 시도했다. 일부 사례에서 보편적인 부분이 발견된다. 예를 들어 한층 신비적인 이슬람 수피파와 힌두교의 바크티가 대표적이다. 아크바르 대제(무굴 제국을 통치한 3대 황제, 1556~1605년 통치)는 두 종교 간의 대화를 풀어나가는 데 큰 역할을 했다.

힌두교 사원은 계속 지어졌고 종종 무굴 건축에서 영향을 받은 세부 묘사를 많이 드러냈는데, 인도 우타르프라데시 브린다반의 마단 모한 사원(1590년)이나 서벵골 주 칼나의 크리슈나 창그라(Krishna Chandra Temple, 1751년)처럼 탑이 여러 개인 사원이 대표적이다. 그러나 종교 자체의 통합과 개혁에서 가장 중요했던 시도는 시크교의 창시

자인 구루 나나크와 후계자들의 계몽사상이다(329쪽 참고). 그 주요 사원인 인도 암리차르의 황금 사원(1581년, 하리만디르 사히브)은 금박을 입힌 무굴 제국의 양파형 돔 구조물로 거대한 힌두교 양식의 사원 부지 중앙에 자리한다.

인도 남부의 발전

인도 남부에서 힌두교는 중요한 종교로 남았고 드라비다 양식 건축은 11세기경부터 급속도로 발전하기 시작했다.

남부 사원은 오래전부터 북쪽보다 규모가 컸다. 8세기 초 인도에서 가장 큰 두 건물은 전체 외벽이 약 57미터 길이에 내부가 30미터로 58개의 작은 사원과 같은 부속건물을 갖춘 타밀나두 주 칸치에 있는 카일라사나타 사원(722년 이전)과 약 35미터 길이에 17미터 비마나가 있는 카르나타카 주 파타다칼의 비루파크샤 사원(Virupaksha Temple, 746년 이전)이다.

그러나 촐라 왕조(9세기부터 13세기까지 번영함)가 세워진 직후 타밀나두의 탄자부르가 수도가 되면서 다른 문화권에서 보는 것과 유사한 왕실 종교건축이 처음으로 인도에 등장하게 되었다. 왕권과 건축의 웅장함을 결합시키면서 많은 사원들이 촐라 왕의 조각상을 포함해 신과 밀접한 관련이 있는 것처럼 묘사했다. 그중 가장 걸작으로 꼽히는 것이 탄자부르에 있는 라자라제슈바라 사원(1009/1010년, 라자라자왕이 시바신을 위해 건설한 사원으로 브리하디스바라 사원으로도 불림)이다.

63미터 이상 되는 비마나가 241미터 길이의 울타리에서 솟아나온 엄청난 크기뿐만 아니라, 양식적으로도 영향력이 크다. 남부 사원의 둘레와 문은 항상 건축적으로 야심찬데, 여기에서는 문이 그 자체로 작은 사원의 역할을 하는 정교한 고푸라로 삼층 높이에 비마나 탑까지 올려져 있다. 거대한 고푸라는 종종 목재 위에 벽돌을 쌓아 만들며 실물 크기로 제작한 다음 신의 이미지를 밝게 채색해 남부 양식의 두드러진 특징으로 자리 잡았다. 라자라제슈바라 사원의 뒤를 잇는 타밀나두 치담바람에 있는 나타라자 사원(약 1200년)

선조들의 시카라

856년, 인도네시아, 자바, 프람바난 사원

메루산의 신성한 축을 일깨우고자 하는 힌두교와 불교의 건축 사상은 힌두교 세계 전역에 널리 퍼졌다. 조상을 숭배(신성시하는 왕)하는 토착 믿음이 융화된 자바 지역에서 특히 두드러졌다. 프람바난 힌두교 사원의 만다라 같은 배치와 시바, 브라마, 비슈누에게 바쳐진 주요 신전이 좋은 예다.

이나 타밀나두 마두라이에 미나크쉬 암만 사원(1559년) 등은 이를 압도하며 탑이 여러 개인 힌두교 사원 도시를 구성해 역대 가장 거대한 종교건축물이 되었다.

타밀나두 비슈누파 사원 도시인 스리랑감은 14세기부터 점차 성장해 현재 63만 제곱미터의 규모를 갖추었다. 일곱 겹으로 된 벽은 21개의 거대한 고푸라 문을 통해 들어간다. 이것이 건물의 두드러진 시각적 요소로 사원 도시의 중심 성소로부터 멀어질수록 높이가 커지는 종교건축의 형태를 잘 보여준다. 가장 큰 것이 70미터 높이로 1987년 완공되었다. 각각의 벽 안에는 상점, 의식용 목욕수조, 사무실, 브라만의 숙소가 있고 거대한 복도는 조각된 기둥과 백 개의 기둥으로 된 만다파가 자리한다. 독립적으로 서 있는 회관은 의식용 춤, 강연 및 다른 기능을 위해 지어졌다. 중앙의 울타리 안에는 금박을 입힌 비마나로 된 주성소가 자리하며 4.5미터 크기의 비슈누 상을 보관한다. 성소는 외부 세계로부터 막아주는 커다란 탑 입구로 말미암아 한층 왜소한 느낌을 준다.

고푸라로 이루어진 사원 도시는 인도 사원 건축의 탄생부터 현대까지의 근본적인 발전을 보여주었다. 어쩌면 무굴 건축 업적의 규모 혹은 북부지역의 위협에 대항하는 영적 방어일지도 모르지만 동남아시아에서 2,000킬로미터 이상 떨어진 곳에서 발전한 힌두교 왕국의 업적이라고 볼 수 있다. 한편 남부에서 힌두교 사원 건축은 현재까지 활발히 남아 있긴 하지만 18세기 말경에 발전이 중단되었다. 인도 북부지역이 이슬람의 침공 이후 함락된 것처럼 유럽의 권력이 인도에도 영향을 미쳤기 때문이다.

동남아시아의 힌두교 사원

힌두교 건축은 인도네시아처럼 교역 상인들에 의해 유래된 지역을 포함해 동남아시아 전역에서 발견된다. 가장 초기 건축물은 6세기 말 캄보디아에 남아 있고, 그 이후 이 지역의 종교건축은 힌두교와 불교 전통과 토착 종교의 특성을 혼합해 발달했다.

'야즈나바라하'라는 바라문교의 승려가 세운 캄보디아의 독창적인 힌두교 사원인 반티스레이(967~968년, 14쪽 참고)와 11세기 조각 동굴 성소인 인도네시아 발리의 고아 가자(코끼리 동굴이라는 뜻, 힌두교 사원)가 대표적이다. 자바의 거대한 프람바난 힌두교 사원(856년)이 엄청난 규모와 신성한 패턴 혹은 만다라를 평면에 도입하는 지역적인 경향을 잘 설명해준다. 8세기부터 크메르 힌두교 왕조는 지역 왕국을 건설하기 시작했다.

현재 캄보디아인 남부지역의 중심부는 12세기에 들어 현 베트남에서 태국에 이르는 지역을 관장했고, 역대 가장 신성한 왕실의 권력을 자랑하는 정교하고 엄청난 유적들이 탄생했다.

그 중심지는 크메르제국의 왕 인드라바르만 1세(약 877~890년 통치)가 세운 수도 앙코르다. 이후 크메르 왕들은 사후에 영혼이 개인적 선호에 따라 시바나 비슈누와 함께 거주할 수 있는 왕묘의 역할을 하는 사원들을 지었다. 앙코르에는 8킬로미터에 달하는 커다란 연못이 있는데, 도시 주위를 감싸며 정교한 구조로 메루산의 형태를 상징하는 다섯 개의 개별 시카라가 있는 피라미드식 언덕 아래 사원 대다수를 감아 돈다. 그래서 도시는 신성한 산과 물의 힘을 일깨워 마치 크메르 우주의 중심처럼 느끼게 한다. 일부 사원(프놈 바켕[언덕 위에 건설된 힌두교 사원], 893년)은 실제로 언덕에 자리한다. 이런 사원 형태가 주요 혁신이다. 남부 인도의 사원 도시는 오로지 비교 가능한 힌두교 건축물로 이루어졌지만 한 도시가 하나의 단일 건물이 아니듯 획일화된 구조로 되어 있지 않다. 위대한 동남아시아의 사원들은 복잡하고 잘 어우러지는 평면을 가지고 있으며 조각으로 장식된 복도와 대각선 배치, 안으로(그리고 위로) 향해 가르바그리하 성소로 들어가서 그 위를 꽃봉오리 모양으로 장식하는 시카라가 있는 것이 특징이다. 이 효과는 단순하고 거대한 내부가 아니라 서양의 위대한 종교건축물과 마찬가지로 신성한 도식이자 인공적인 풍경을 만든다. 그 사상은 불교와 힌두교에서 상당수 차용한 것이다.

앙코르에서 가장 큰 사원은 수리야바르만 2세(약 1113~1150년 통치, 94~97쪽 참고)가 지은 앙코르와트다. 앙코르와트가 지어진지 얼마 되지 않아 불교 승려들이 앙코르의 힌두교 브라만을 대체하고 지역 왕들은 자신을 힌두교 신이 아닌 보살로 인식하기 시작했다. 그 직후 불교가 동남아시아의 주요 종교가 되었고, 이슬람교가 인도네시아와 말레이시아의 주요 종교로 성장했다. 이 지역의 저명한 힌두교 이야기는 오늘날까지 두드러진 힌두교의 헌신지인 발리 자바섬 동쪽에만 남아 있다.

현대의 힌두교 사원

힌두교의 역사 상당수가 모든 종교적 활동에다 문명에 대한 세계관을 담는 것이다. 19세기 람 모한 로이(인도의 개혁가, 인도의 근대화 선구자로 불리며 1833년 영국 브리스톨에서 사망했음)와 같은 스승들이 인도의 다양한 전통을 지속적이고 체계적인 힌두교와 강력하고 보편적인 메시지로 전달하려는 시도를 했고, 그 성공에 힘입어 '힌두교 르네상스'가 생겨났다. 덕분에 일부 힌두교 스승(하타 요가와 같은 정신적인 규칙은 말할 것도 없고)이 서양에도 영향을 끼치게 되었고, '신지학'처럼 서양의 정신적인 운동은 힌두교 전통에서 재해석되어 인도로 다시 수입되었다.

그러나 힌두교 건축에 내재된 기본적인 철학은 이런 근대적인 영향을 저항하게 만들었다. 그 대신 특히 20세기 말부터 부유한 힌두교 공동체가 인도와 다른 지역에서 성장하면서 전통적인 양식의 새로운 사원이 생겨났고 이들은 델리의 악사르담(인도 뉴델리에 있는 세계 최대 힌두교 사원 단지로 2005년 개관했다. '델리 악사르담' 또는 '스와미나 라얀 막사 르담'이라 불림)처럼 엄청난 규모를 자랑하는 경우가 많다. 그러나 찰스 코레아와 같은 인도 건축가는 바스투푸루샤만다라스가 현대적인 양식으로 건축에 도입될 수 있다는 것을 보여 주었고, 아마다바드에 있는 간디의 사바르마티 아슈람(간디가 세운 공동체, '종교적 정신으로 사는 공동생활'을 정의함)도 좋은 예다. 힌두교 건축은 갈림길에 서 있고 주류는 수세기 동안 바뀌지 않았지만 크리슈나 의식국제협회가 지은 서벵골의 키치한 힌두교-유럽 르네상스의 베다플라네타늄 사원(Temple of the Vedic Planetarium)부터 평면 시카라에 현관이 달린 지역 석조를 사용했지만 당대의 미를 발산하는 마하라슈트라주, 와데슈와르에 위치한 우아한 새밉 판도라 시바 사원(2010년)까지 향후 다양한 발전 가능성을 보인다. 이 모든 건물들은 샤스트라에 적힌 규칙을 따르고 있어 전통이 상당한 혁신에 관여할 수 있다는 것을 잘 보여준다.

시크교의 일신 공동체

시크교도들은 펀자브에서 가르침을 펼쳤던 구루(스승, 종교지도자) 나나크(1469~1539년)를 필두로 구루 혹은 종교 스승의 승계를 이어왔다. 나나크는 카스트 제도와 정교한 의식 실천을 반대하고, 일신교를 전파하며 선한 도덕적 행동과 신에 대한 헌신에 집중해 인내하고 평등한 믿음을 중시했다. 이를 통해 환생의 주기에서 자유로워진다고 믿었다. 힌두교를 믿고 자란 구루의 가르침은 이슬람교와 힌두교 사상 모두에 깊은 영향을 끼쳤다. 구루는 1521~1522년에 카르타르푸(Kartarpur)에 최초의 시크교 사원을 세웠다. 5대 구루인 아르잔 데브는 1604년 시크교의 경전인 《아디 그란트》를 편찬했고, 시크교 공동체의 영적 수도인 암리차르를 완공했다. 10대 구루인 고빈드 싱은 성서가 최후의 구루라고 선언하며 여기에 '구루 그란트 사히브'라는 칭호를 내리고 시크교 순례지 중에서 가장 중요한 황금 사원인 암리차르 구르드와라(시크교 종교적 성소이자 종교 행위의 중심 사원)의 하리만디르 사히브에 사본을 배치했다.

구루 그란트 사히브의 말을 단체로 암송하는 것이 전 세계 시크교 구르드와라의 주요 기능이다. 책이 놓인 장소를 제외하고 구르드와라에는 장식이 없으며 책은 엄청난 존경을 받는다. 모든 구르드와라에는 네 개의 문이 있고, 각각은 출신이나 신분에 상관없이 모두에게 열려 있다는 의미를 지닌다.

구루의 집
1581년 이후, 인도, 암리차르, 황금 사원

이 성스러운 구르드와라의 기반은 3대와 4대 시크교 구루 아마르 다스와 람다스와 관련이 있다. 1604년 《아디 그란트》를 이곳에 놓게 된 것은 사원이 완공된 뒤 3년 뒤로 5대 구루인 아르잔이 주도한 일이다. 황금 사원 주위로 주요 도시가 생겨났고, 19세기에 시크교도 왕국의 왕 란지트 싱(1799~1839년 통치)의 집권으로 시크교가 왕실을 통치하면서 근대적인 형태를 구축했다.

정신성과 사회

조화를 추구한 동아시아

전통적인 동아시아 건축은 우아한 모듈식 접근방식으로 기능에 개의치 않고 적용한다. 그래서 중국, 한국, 일본의 종교건축은 유서깊은 다른 건축양식과 구별하기 힘든 경향이 있다. 이들 사회에서는 불교와 이슬람교처럼 외국에서 비롯된 종교나 유교, 도교, 신도처럼 토속신앙이 모두 나란히 존재했고 경배 장소는 거의 동일하다. 그래서 생겨난 종교건물은 대다수가 나무로 지어졌고 공간의 위치에 맞게 섬세하게 기능이 정해졌으며 전통 동아시아 문화의 계층 사회를 잘 보여준다. 이런 점에서 건물들은 동아시아 사회 전역에서 보편적으로 볼 수 있는 영적인 주제를 담고 있으며 건축과 마찬가지로 상당수가 중국에서 기원했다. 동아시아의 가장 오래된 종교에서는 한두 가지 특정한 유형의 건물이 독특함을 보인다. 이들을 통해 태초의 종교적 신념에 대해 조금이나마 엿볼 수 있다. 이 유산은 지역 건축이 초기부터 정신성으로 확장되어 왔다는 것을 의미한다.

풍수지리에 따른 배치
1747년, 중국, 베이징, 자금성

건륭제 때 양쉬가 지은 시 '새의 눈으로 내려다본 수도'의 장면을 묘사한 이 작품은 15세기 중국 자금성의 사원과 같은 배치를 잘 보여준다. 북쪽에 산이 있고 북과 남쪽을 가르는 축에 장벽으로 성소를 감쌌다.

동아시아 건축

중국은 동아시아 건축이 탄생한 곳이다. 한국과 일본에서 이를 변형해 적용했지만 전반적으로 중국의 종교와 문명이 엄청난 영향을 미쳤다. 따라서 동아시아의 종교건축 개요는 중국의 맥락에서 살펴볼 수 있다. 불교(287~302쪽 참고)와 신도(351~354쪽 참고)는 예외다.

중국의 종교건축

중국에서 모든 종류의 건축은 동일한 규칙을 따라야 한다. 주위 풍경과 어울려야 하고 (남향에 배산 임수가 이상적임) 높은 담장을 둘러야 하며 북쪽과 남쪽으로 축이 있고 남향으로 진입해 복도와 같은 건물이 마당을 감싸는 방식이어야 한다. 이 건축에서 가장 중요한 부분이 동서를 가르는 축으로, 그로 말미암아 사다리와 같은 평면과 연속으로 배치된 공간이 생겨났다. 처마가 있는 지붕과 이를 떠받치는 목조 기둥은 미리 정해진 양식의 패턴으로 장식하며 다진 땅의 직선 플랫폼 위에 자리한다. 돌과 다른 재료는 지지와 담장용으로 사용한다.

이 유동적인 모듈식의 우아한 건축은 2000~3000년 동안 동아시아 전역에서 모든 건축적 필요

황금 미륵
1939~2005년, 대한민국, 충청북도, 법주사

동아시아 종교건축은 역사적으로 두드러진 중국의 영향을 받아 고유한 특징을 지녔다. 법주사는 553년 신성한 속리산에 지어졌지만 1624년 이후 재건되면서 5층짜리 목조 탑이 세워졌다. 승려들은 미래의 부처인 미륵에 대한 믿음을 키웠다. 이 거대한 미륵불은 2002~2005년에 금박을 씌웠다. 플랫폼 바닥은 중국 왕실의 야외 제단에서 차용한 것이다.

의식용 청동그릇
기원전 1200년경, 중국 남부, 후난성

상 왕조 시대(기원전 1500~1046년), 청동 용기가 음식과 음료를 담아 왕실 사원으로 추정되는 장소에서 거행된 의식에서 선조들에게 바치는 용도로 사용되었는데, 의식의 자세한 부분에 대해서는 알려지지 않았다. 이 사진은 포도주를 담는 용기로 준(zun)이라고 불린다. 의식에 제물로 바쳐진 것으로 보이는 양이 사실적으로 묘사되어 있다. 대부분의 청동은 양식화된 도철 디자인을 보인다(이 사진에서는 준의 주둥이 아랫부분).

를 효과적으로 충족시켰다. 세계 주요 문화권 중에서도 독특하게 이 지역은 종교 건축물이 영구적인 소재로 지어져야 한다는 원칙을 따르지 않았고, 자체적인 건축 양식도 보유하지 않았다.

물론 이 규칙에도 몇 가지 중요한 예외가 있다. 탑(271쪽, 287~298쪽)은 가장 널리 알려진 요소로, 불교 사원의 독창적인 사리탑은 종종 돌이나 벽돌로 만든다. 그러나 이보다 더 중요하고 드문 점은 베이징 천단공원(348~350쪽 참고)의 왕실 희생의 식용 야외 제단이다. 이런 요소들은 과거와 긴밀한 연관이 있고, 개별 건축 형태로 등장한 것은 종교적이면서도 독특한 중국만의 색채다. 또한 더 폭넓은 중요성을 지닌다. 브라만의 제단부터 유럽 원형 석조 구조물에 이르기까지 야외의 신성한 건물은 고대 세상에서 보편적이었지만 중국이 유일하게 이를 다른 것으로 합류하거나 대체하지 않고 지붕이 있는 사원인 성숙한 건축양식으로 발전시켰다. 비록 형태에서는 크게 두드러지지 않지만 일본의 신도 사원 역시 고대 토착 신앙에서 기원한 독창적인 건축 특색을 보유했다.

석조 종교건축이 중국에 잠시 등장한 순간도 있었다. 많은 초기 중국 사원(250쪽 참고)은 석조로 된 기도실이 있었고, 17세기부터 서구의 영향으로 석조 교회가 생겨났다. 석조 사리탑을 비롯해 한두 곳의 사원은 티베트와 다른 곳의 사원을 모방해 중국식으로 지어지기도 했다.

신성한 왕궁, 신성한 공간

다진 흙 제단의 기하학적 형태는 약 3000년 전부터 중국에서 사용된 것으로 알려졌다. 층으로 된 야외 제단에서 이루어지는 왕실 희생의식은 서주왕조(기원전 1046~770년) 시대부터 기록으로 남아 있다. 동아시아 건축의 모든 주요 특징은 이미 이 시대 건축물에서 드러났다.

산시성 펑추에서 발굴된 건물은 왕실이자 작고한 조상들의 영혼을 다스리는 사원으로 기능한 것으로 보인다. 그곳에서 행해진 의식에는 인간을 제물로 바치는 희생도 포함된 것으로 추정된다. 남향의 직선형 장벽으로 둘러싸인 이 건물은 43.5미터 길이에 32.5너비이며 1.6미터 높이로 다진 흙 플랫폼 위에 세워졌다. 울타리는 동서를 가로지르는 구조물에 의해 마당을 양분한다. 가장 큰 복도에는 선조들의 이름이 새겨진 현판과 청동으로 만든 정교한 의식용 용기가 놓여 있었던 것으로 보인다.

펑추는 중국 사원과 왕실 건축이 같은 뿌리에서 출발하며 선조들의 숭배와 왕실의 권력이 하나라는 사상을 담고 있다. 이 관계는 중국 종교건축에 쓰인 용어를 통해 설명할 수 있다. 일반적인 도교와 유교 사원은 '선조들의 사원'이라는 뜻의 미아오(miao)라고 부른다. 황제가 세운 건물은 사원이든 왕궁이든 공(gong)이라고 부른다. 정부 관

자연과 혼연일체
600년경.
중국, 산시성, 헝산 산

쉬안쿵사(현공사, 하늘에 매달린 절)는 1500년 전 이곳에 세워졌지만 현재의 모습을 갖춘 것은 16세기부터. 처음에는 불교 사원이었다가 도교 사원으로 바뀌면서 이미지가 한층 분명해졌다. 신성한 산의 절벽면에 가로로 세운 기둥 위에 지어진 이 사원은 전통적인 평면을 소형으로 추구했다. 세로 기둥은 건축에서 실질적인 역할을 하지 않지만 시각적으로 안정감을 준다. 기술적으로 제대로 설계된 이 사원은 인간과 자연의 조화라는 동아시아의 이상향을 잘 구현했다.

리를 지칭하는 용어는 시(si)로, 오늘날 불교 수도원을 가리키는 말로 사용된다. 어쩌면 모든 중국 건축이 종교에서 기원했으며 정신성을 담고 있다고 볼 수 있다.

도덕 철학

기원전 6세기 중국은 세계적으로 중요한 문명을 발전시켰고 공자와 노자와 같은 현자들이 도덕 철학 사상을 형성하기 시작했다. 당시 도교는 숭배 장소로 별다른 발전을 보이지 않았다. 그도 그럴 것이 대다수의 지역에서 야생, 동굴, 산꼭대기에서 종교 행위가 이루어졌기 때문이다. 도교는 자연세계에 내재된 규칙이자 삶의 원동력이며 모든 생물에 내재된 기와 조화를 중시했다. 중국 건축에서 건물의 위치는 기의 흐름에 맞아야 하고 구조물은 주변 환경을 압도하는 것이 아닌 순응하는 방식이어야 한다.

　유교의 경우 고대 의식의 실천을 촉진해서 사람들 간의 정확한 관계를 유지하고 사회 조화를 이루는 데 도움을 주었다. 중국 건축의 특징을 잘 보여주는 계층적, 통합적인 일련의 공간이 이런 사상을 생생하게 드러낸다.

진나라에서 당나라까지

진과 한 왕조(각각 기원전 221~206년, 기원전 206~220년)는 중국 최초의 통일을 이룬 시대다. 이 시기 왕궁과 사원은 이미 별개의 건물이 되었다. 뤄양 같은 수도는 남북을 축으로 세워졌고 축을 따라서 커다란 건물들이 들어서 왕궁을 이루었다. 15세기 베이징 자금성이 대표적이다. 이런 왕궁의 축소본인 중국 사원은 천상과 인간 사이의 형이상학적인 결합을 이루는 황제의 종교적 사상을 반영한다. 수도에서 가장 중요한 종교 사원은 황제의 선조를 모신 사원과 왕실 희생의식용 제단이다.

　한 왕조 시대 야심찬 무덤 건물이 생겨났고 선조를 위한 사원과 영혼이 묻혀 있는 지하 왕궁은 석재로 지었다. 최초의 진 황제인 시황제(기원전 210년 사망)가 흙 위에 76미터 높이의 피라미드를 짓고 테라코타로 만든 병사들을 함께 묻은 것으로 유명한 왕릉(진시황릉 병마용갱)은 초기 무덤 건축의 야망을 잘 보여준다. 야수 한 쌍이 이끄는 야외의 '영혼의 길'과 그 길을 따라 죽은 자의 영혼이 무덤에서 사원으로 가도록 하는 방식도 발전했다. 이런 기능은 왕묘의 기준으로 남았고, 고위 관직자에게도 적용되다가

1912년 왕실 시대의 종식과 함께 막을 내렸다.

한 왕조가 끝나가면서 인도에서 불교가 들어왔다(288쪽 참고). 이 시기부터 당 왕조(618~907년)까지 중국의 종교는 가장 급격한 발전을 경험한다. 불교가 강력한 뿌리를 내렸고, 도교가 현존하는 지역 신들을 하나로 포용했으며, 유교는 교육 체계와 가족, 왕실 의식으로 전파되었다. 중국의 풍경은 수많은 사원과 신전으로 가득 찼다. 중국 문명은 또한 한국과 일본 및 동남아시아의 지역에서 현존하는 문화와 종교 관습을 바꿔놓기 시작했다.

당나라 말기에 중국 건축은 두드러진 세부 묘사를 구축했다. 부지 선정을 돕기 위해 풍수지리학이 발전했고, 이후 명나라 때 널리 확산되었다. 개별 건물의 너른 처마도 치솟아 오르는 특유의 곡선을 얻게 되었다. 기둥 꼭대기에서 처마를 지탱하는 '두공'은 중요한 부분이 되었다. 전

13번 고분의 신도
1368~1644년, 중국, 베이징 근교, 장평

명 왕조의 13번째 황제가 베이징 근교의 고분에 묻혀 있는데 입구는 남북을 가르는 '영혼의 길'인 신도를 따라 나 있다. 영혼의 길은 영혼들을 혼란스럽게 하고자 곡선으로 되어 있다. 7킬로미터 길이에 수호 동물과 인간의 거대한 조각상이 서 있는데, 이 사진에서 보듯이 감독자도 포함되어 있어 중국 유교의 계층서열을 반영했다.

체 건물의 비율은 개별 두공의 크기에서 비롯되어 '카이펜'(cai-fen)이라고 알려진 체계 속 15개 하위 분야로 나뉘어졌다.

이 시대에 지어진 건물은 극소수만 남아 있지만, 중국 세 종교의 새로운 분과와 학파가 발전한 요나라(907~1119년)와 진나라(1115~1234년) 시대의 사원 건물은 다수 남아

바샤츠(碧霞祠[벽하사], 벽하원군을 모신 사당)의 원시 공주
약 1770년, 중국, 산둥, 타이산 산, 청운사

타이산 산은 중국의 신성한 산 중에서 가장 중요한 곳으로 왕실의 희생의식
이 주로 거행되는 곳이다. 적어도 1008년 이후로 이곳에 도교 사원이 세워졌
다. 1770년에 주요 복원이 이루어지면서 이곳은 벽하원군사가 되었다. 건물
은 축을 따라 대칭으로 배열되었고 소중히 감싼 복도 한곳에는 이 산의 여신
벽하원군의 청동 조각상이 세워져 있다.

있다. 사원과 네스토리우스 기독교 교회도 존재했지만 사원만이 유일하게 남아 있다.

유교, 도교, 불교는 이제 공식적인 후원을 받는 정통 종교가 되었다. 세 가지 가르침 속 왕실 정책은 훌륭한 종교 실천이 세 믿음 모두에 동일하게 적용된다는 것을 알려준다. 이들 종교 사이의 구분은 종종 불명확하다. 공자는 도교의 현자와 마찬가지로 신처럼 존경을 받았고, 도교에서는 천국을 복잡하고 계층이 나누어진 조직으로 보는 유교적 사상을 반영했다. 이중 한 가지만을 믿고 다른 것을 배척하는 사람은 거의 찾아볼 수 없다.

1103년과 1145년에 황제는 건축서술서 《영조법식》을 편찬해 건축의 모든 부분을 세밀하게 기록하도록 했다. 이 책은 건물을 기능이 아니라 지위로 분류한다. 예를 들어, 두공에서 가장 높은 개수는 성스러운 8로, 오로지 황제가 후원해서 짓는 사원이나 궁전에만 쓸 수 있었다.

전통적인 종교건축은 오로지 명(1368~1644년)과 청(1644~1911년) 시대의 것만 상당수 남아 있다. 기존의 많은 건축은 1850~1864년 태평천국의 난(청나라 조정과 종교국가 태평천국의 내전)과 1968년~1970년의 문화혁명으로 심하게 훼손되거나 무너졌다. 오늘날 도교 사원은 다시 축조되기 시작했고, 목재 대신 채색한 콘크리트를 많이 쓰는 것만 제외하면 상당히 전통적인 양식을 따르고 있다.

역사적으로 중국은 석재보다는 목재를 선호하기 때문에 건물을 쉽게 교체할 수 있지만 그 과정에서 건축 역사의 세부적인 부분이 소실되었다. 정말 오래된 건물은 상대적으로 드물다. 그러나 남아 있는 사원과 야외 제단은 중국이 세상에서 가장 오래된 건축 전통을 유지하고 있는 나라이며 일찍이 인본주의적이고 영적인 전통을 동시에 풍부하게 드러낸 문화를 반영하고 있다는 점을 잘 알려준다.

도교

　도교는《도덕경》속 간략하고 수수께끼 같은 철학에서 기원했다.《도덕경》은 기원전 6세기에 살았던 것으로 보이는 노자가 쓴 책이다. 유교경전(345~347쪽 참고)과 달리 이 책은 의식에 대해서는 언급하지 않았고, 신과 사후세계와 같은 종교의 다른 측면만 다룬다. 자연세계의 본질로 전체적인 상태의 흐름인 도와 조화를 이루는 삶을 권장한다.

　처음에 도교주의자들은 종교적 건물이 필요하지 않았다. 자연이 곧 영적 세상과 가까운 집이었기 때문이다. 도교 사원이 생겨났을 때 이들은 산꼭대기 플랫폼이나 전망대와 같은 공간을 반영했다. 도교에서 성스러운 공간이 복잡하게 발달한 것은 음과 양이 상호조화를 이루어 흐르는 기에 대한 관심 때문이다. 가장 잘 알려진 장소는 다섯 곳의 신성한 봉우리다. 동쪽에 위치한 산둥성의 타이산 산은 중국에서 가장 신성한 곳이지만, 서쪽 산시 성의 화산 산(華山), 남쪽 후난 성의 헝산 산(衡山), 북쪽 산시 성의 헝산 산(恒山), 중앙의 허난성의 쑹산 산(嵩山)도 마찬가지로 중요하다.

　도교는 지역 관습과 신들을 모조리 받아들여 신성한 도시의 고위 성직자부터 지역 마을의 토속 신까지 모든 계층관계를 구축했다. 도교의 성상화는 풍부하고 복잡해졌고 사원의 주된 이미지는 팔선 혹은 서왕모와 특정 지역 신들의 형상으로 채워졌다. 다양한 전통을 받아들였기에 도교의 규범서만도 1,000권이 넘는다. 이들은 크게 노자와 장자(기원전 4세기) 같은 현인들의 가르침에 가까운 '철학적인 도교'와 의식, 주술, 연금술 등 불후의 삶을 목적으로 하는 한 왕조 후대 이후의 주요 사원의 목적인 '종교적 도교'

로 분류할 수 있다.

이 시기 세상을 바꾸려는 운동을 통해 도교는 체계적인 종교가 되었다. 142년 노자를 신격화한 장도릉(후한 말기의 종교지도자로 천사도의 창시자)은 정통 통일회(26~27쪽 참고)를 포함해 여러 이름으로 불리는 정의교를 창시했다. 대다수의 도교 세습 지위는 이 분파에 속하고, 그들의 본사는 장시 성 룽후산(龙虎山)에 있다. 거의 같은 시기에 한 무제(기원전 141~87년)가 노자에게 자신의 왕국 전역에 사원을 지으라고 명했다. 후대의 황제들도 이 지침을 따랐다.

수나라 시대(581~618년)부터 다싱(장안)에 위치한 왕궁의 도교 사원 네 곳 중 한 곳의 유적지가 발굴되었다. 14미터 높이의 플랫폼에 길이 73미터, 폭 47미터로 상당히 웅장한 위용을 자랑한 것으로 추정된다. 당나라 시대(618~907년) 도교는 한국과 일본 신도의 전통 주술에도 영향을 미치기 시작했다.

천국으로 가는 행렬
약 1300년, 중국, 산시 성, 알려지지 않은 도교 사원

이 벽화는 사원 복도의 서쪽 벽 절반을 차지하며 신들이 복도 한쪽 끝에서 안으로 걸어가는 행렬을 담고 있다. Ⓐ중심부에는 휴대용 제단을 들고 앞장서는 세 신이 보인다. 왼쪽에서 오른쪽 순으로 ❶서왕모(신녀), ❷동왕부(남자 신선의 우두머리), ❸도교 수도승(아마 도교 혈통의 설립자로 도교의 천상 군주로 표현됨)이다. Ⓑ왼쪽으로 의인화한 ❹중국 십이신 등 다른 인물들이 참여한다. Ⓒ오른쪽으로 위풍당당한 행렬 앞에는 여러 성자들이 보이는데, 검을 들고 있는 ❺천우가 앞장섰다. 대다수가 관복을 입어 도교 천국의 계층사회 본성을 보여준다. 이 장면은 승려가 죽은 영혼을 천국으로 인도하는 승화의식의 배경이 된 것으로 보인다.

장의황후 이씨(997~1022년 통치) 같은 송나라(960~1279년)의 통치자들은 공식적인 사원 연락망을 구축하고 지역 종교 연합과 협력을 맺어, 도교는 많은 공동체로 유입되었다. 12세기 왕중양이 전진교(새로운 도교의 일파, 북종이라고도 불림)라는 주요 중국 도교 종파를 설립했다. 이 교파의 본거지는 베이징 백운관(도교 북파 전진교의 총본산)으로 오늘날 중국 도교 연합의 거점이다.

원나라(1271~1368년) 시대 산시 성 융웨전에 있는 영락궁(당나라 말엽의 도사 여동빈의 사당)은 중국 최고의 도교 사원 중 한 곳이다. 1243년 몽골 칸의 후원으로 재건되어 세 개의 회관이 지어졌고, 가장 큰 곳이 너비 28미터 깊이 15미터로 내부를 14세기 도교 신들의 회화로 꾸몄다. 이 체계의 반대쪽 끝에는 허난성 보아이 지구에 당체 신에게 바치는 작은 사찰이 있는데, 한때 모든 마을에 세워졌을 법한 구조를 잘 보여준다. 도교 건축의 두드러진 특색은 상당히 높은 플랫폼 위에 지어졌으며 주로 산악지대에 위치한다는 점이다.

1960년 이후로 파손, 폐쇄, 용도 전환 등을 거쳤지만 도교 사원과 수도원은 현재 복원되거나 확장되어 다시 개방되는 추세고, 새로운 사원들도 지어지고 있다.

유교

공자는 기원전 551~479년까지 곡부에 살았던 중소 관리이자 학자였다. 공자의 핵심 서적은 사서오경이나 유교의 가르침은 세대를 내려오면서 정립되었다. 공자의 사상은 《논어》에 집대성되어 있는데, 사회적 조화를 유지하려면 정확한 관계 형성이 중요하다는 것이 주요 골자다. 이는 계층 사회를 의미하지만 상호간의 의존도 담고 있어서 자식은 부모를 공경하고 부모는 국가원수를 공경해야 한다. 또한 권위를 가진 사람은 그 힘을 현명하게 써야 하고, 그렇지 않으면 통치권을 잃게 된다고 말한다.

이 가르침의 핵심은 사후세계나 초현실적인 것이 아닌 인간의 사회적 행동과 삶에 대한 책임에 있다. 그러나 유교는 정확한 의식 행위와 하늘과 조상과의 관계에 대해서도 흥미를 보인다. 공자 사상의 5대 덕목 중 하나인 '예'는 일반적으로 적절한 행동거지를 다루지만, 《주례》에서 설명하는 다양한 전통 의식도 포함한다. 이 책은 조상을 대하는 개인의 관계와 천상을 대하는 황제의 관계에 대해 기록했다. 특히 후자를 등한시하면 사회적 혼란이 야기된다. 유교 학자들은 이런 의식을 제대로 행하는 분야의 전문가가 되었다.

한 왕조에 유교는 국가 이념을 확립하는 주요한 도덕과 정치 철학으로 부상했다. 한무제(기원전 141~87년 통치) 같은 인물이 공자의 사상을 검증하는 과거시험을 통해 교육 수준이 높은 엘리트 관료들이 권력을 움직이는 공직 사회로 나갈 수 있게 도왔다. 공자의 고전을 연구하는 일은 곧 모든 학당으로 확산되었다. 공자에게 제물을 바치는 일도 의무

공자 사당
1302~약 1644년, 중국, 베이징, 대성전

베이징의 공자 사당은 산둥성 취푸에 이어 두 번째이다. 원나라(1271~1368년) 때 지어진 이 사당은 이후 왕조 때 확장되었고 중앙 축을 기준으로 안뜰 세 곳이 위치한다. 대성전이 주 건물이다. 대리석 계단의 중앙 경사로에는 용이 새겨져 있고 그 위로 왕실의 가마가 지나간 것으로 보인다.

가 되었고, 당 왕조에 들어 하늘과 선조들에게 바치는 제를 지내는 일이 국가 숭배 문화의 한 부분이 되었다.

유교사상의 영향은 중국을 넘어 멀리 퍼졌다. 372년 한국에 유교서원이 생겼고 오늘날까지 한국 문화의 중요 사상으로 남아 있다. 일본에서는 405년 유교가 전래되었고, 6세기에 국가(주로 불교) 설립에 영향을 미쳤으며 근대 신교와 선불교 사상 정립에도 도움을 주었다.

630년 중국의 모든 지역과 지방에 공자의 사당을 세우라는 명이 내렸다. 이곳을 배제한 학교나 시설은 있을 수 없었다. 많은 사당이 19세기 근대개혁을 거치며 학교로 바뀌었고 1950년 이후로 공산당 정권이 들어서면서도 계속되었다. 일부 사당은 남았고 그 상당수가 학교로 사용된 덕분이며 그렇지 않을 경우 전적으로 현대화되었다. 이런 건물은 간혹 입구에 반원형 수영장이 있어 고대 주나라의 유산을 보여주거나 수많은 석조 평판에 왕실의 과거 시험을 통과한 사람들의 이름을 기록해 전시했다.

광저우의 거대한 진가사당(1890~1894년)은 고대 유교 사당으로 분류된다. 역사적으로 영향력이 높은 인물이나 영웅도 비슷한 방식으로 기리는데, 한 왕조의 장수 장비의 경우 명과 청 왕조 시대 쓰촨성 원양에 그에게 바치는 사원이 생겼다. 상당히 뛰어난 관리나 판사를 제외한 고위층의 경우 '페이팡'이라고 부르는 석조 명판에 이름을 새겨 기린다.

그러나 공자와 관련된 가장 중요한 건축물은 공자의 가문이 살던 산둥성 곡부현에 위치한 으리으리한 공자 사당이다. 기원전 8세기 공자의 후손들이 황제에게 땅을 하사 받아 선조에게 공을 들여 제물을 바쳤다. 7세기에 여기서 행해지는 의식은 중국의 가장 성스러운 산 타이산 산(338~339쪽 참고)과 수도에서 왕이 행하는 의식만큼 중요성을 지녔다. 오늘날 공자의 생일은 여전히 공자 사당에서 매월 9월에 기념하며, 대만에서는 스승의 날로 축하를 벌인다.

유교는 서양의 기독교만큼 근대 중국에서 중요한 역할을 담당했다. 스스로를 돌아보는 종교였기 때문에 보편성은 덜하지만, 문화적 실천과 태도에 대한 발전은 동아시아 사회의 많은 측면에 영향을 미쳤다.

제례

종묘, 대한민국, 서울

종묘는 조선왕조(1392~1897년)의 고대 사원 이고 일 년에 다섯 차례 제례가 행해진다. 현재 이 의식은 매년 5월 한 차례만 열린다. 더 이상 대중의 삶에서 중요함을 차지하지 않는 중국과 달리 유교는 한국 종교사에서 여전히 중요한 역할을 한다.

한 해의 번성을 위한 제

1420년 이후, 중국, 베이징, 천단공원

베이징 천단공원은 왕실의 희생제를 지내는 고대 중국 전통에서 가장 중요한 유적지다. 이런 구조물은 서주왕조(기원전 1046~770년) 이후 중국의 종교의식사에서 중심 역할을 담당했다.

현재의 모습은 명나라 때 세워진 것으로 약 1542년, 1749~1751년, 1890년에 주요 보수와 재건이 이루어졌다. 두 개의 제단으로 구성되며 가장 중요한 야외의 원형 제단을 천단이라 부른다. 그러나 지붕이 있고 3층으로 된 원형 구조물에 웅장한 내부 목재 장식(오른쪽)이 돋보이는 티엔탄(천단, 군주가 제천의식을 행하던 도교 제단)이 현재는 더 유명하다. 궁극적으로 이곳은 지붕이 있는 빛의 공간에서 유래한 것으로 우주의 상징주의가 담긴 고대 의식 구조물이다. 장식된 이미지는 상서롭고 왕실과 관련된 주제를 강조하며 특히 천계와의 관계를 드러내는 데 주력한다. 천단공원에서 행해지는 가장 중요한 의식은 황제가 한겨울과 한여름에 하늘에 올리는 희생제다.

천단공원

1420년 이후, 중국, 베이징

일련의 Ⓐ벽으로 감싼 중심부에 위치한 Ⓑ원형 제단과 Ⓒ티엔탄(천단)은 모두 삼중의 원형 제단 플랫폼 위에 자리하며 티엔탄의 경우 지붕이 있는 사원이다. 두 건물은 Ⓓ대리석 통로인 단비차오(단폐교, 다리)로 연결된다. 길이가 360미터, 폭이 28미터인 그 끝에는 천국의 황제와 선조들을 모신 작은 원형 Ⓔ황궁우가 자리한다. 설계의 많은 세부 묘사에서 신성한 중요성이 드러난다. 예를 들어, 원형은 하늘을 상징하며 사각형은 땅을 상징한다.

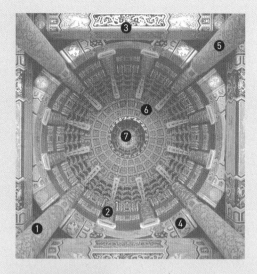

❶ 19미터 높이의 기둥 네 개가 점차 높아지는 지붕을 지탱한다. 기둥 네 개는 사계절을 상징한다. 기둥과 가로지르는 대들보가 하나로 중국의 우물 형상을 만든다. 이 기둥을 용정주라고 부른다. 건물의 원형과 네 개의 대들보가 천상(원형)과 땅(사각형)을 의미한다.

❷ 하늘 위를 알려주는 구름이 그려진 여덟 개의 작은 기둥이 상단 지붕을 지탱한다. 이 사진에서 보이진 않지만 열두 개의 기둥으로 이루어진 바깥 두 줄은 일 년의 달을 상징하고 하루를 24시간으로 나누는 두 바늘을 의미한다. 그래서 이 건물은 시간의 흐름을 상징한다. 근처의 원형 제단에 사용된 석조도 비슷한 의미를 지닌다.

❸ 묘사된 용은 왕실의 권력을 상징하듯 발톱이 다섯 개다. 황제와 밀접한 관련이 있는 건물, 의복, 사물에만 이 권위의 표시를 쓸 수 있다. 중국 문화에서 용은 강력하고 두렵지만 존경받는 존재로 자애롭고 행운을 가져다주는 전령이기도 하다.

❹ 봉황의 깃털은 신비로운 오색(검정, 흰색, 빨강, 초록, 노랑)으로 이루어져 있다. 이 신성한 새는 태양에서 태어나 여성의 음과 결합하고 종종 황후를 상징한다. 용과 함께 있으면 음양의 조화를 상징한다.

❺ 불의 기운을 담은 색인 빨강은 매우 상서로우며 특히 여름 및 남쪽과 관련이 있는데, 두 주제 모두 천단에 사용되었다. 빨강은 목재 사원부터 도시 성곽까지 모든 종류의 중요 건축물에 쓰인다.

❻ 건물의 색상은 오행을 상징하는 오색과 하늘을 의미하는 청색을 더해 이루어진다. 오행은 끊임없이 흐르는 에너지를 형성하며 행성에서부터 방향, 감정, 취향까지 모든 삶의 측면을 분류하는 기준이다.

❼ 천국을 상징하는 원형 지붕 중심에는 용과 봉황이 결합하는 이미지가 금박으로 꾸며져 있다. 이는 우주 기운의 조화를 상징하고 왕실의 권위를 불러일으킨다. 그 아래 공간에서 황제는 천상의 신의 명판을 활용해 선조들에게 제를 올리며 이 조화를 이어간다.

신도

　신도는 일본의 토착 신앙으로 선조나 자연을 숭배하는 고유의 민속신앙이다. 세상은 곧 신성함이 주도하며, 기쁘면 복을 내리고 화가 나면 보복을 하는 '가미'(神)라고 부르는 강력한 신의 힘을 이해하는 것이 중요하다고 믿었다. 그래서 가미에게 제물을 바치고 미래를 물어보고 기도하는 행위가 이루어졌다. 가미는 사물, 지형, 심지어 사람 속에도 깃들 수 있다. 신도는 항상 순수함에 중점을 두었고 의식을 행하기 전에 사원 입구에 세정을 할 수 있는 공간을 두었다. 신도는 이 세상과 관련되는 문제에 집중하기에 구원과 사후세계에 대해서는 그리 할 말이 없어서 일본에서 불교(287~292쪽 참고)가 성공할 수 있게 된 것인지도 모른다.

　고대 일본에는 다양한 종류의 종교건축이 있는데 4세기 현 오사카의 닌토쿠 천황의 거대한 열쇠구멍 모양의 봉분부터 족장의 주택 기둥 위에 높이 세워둔 나무로 된 곡식 저장소 등을 들 수 있다. 특히 실용적인 기능을 위해서 이들 저장고는 풍요를 기원하는 의식을 치렀고 최초의 신도 사원의 토대가 되었지만, 자세한 사항은 알려지지 않았다. 쌀을 주식으로 하는 야요이 문화(기원전 약 300년~서기 약 300년)에서 출토한 유적을 보면 곡식 저장소의 모습을 그린 작은 도기 이미지는 혼슈 이세에 있는 신도 사원의 건축과 상당히 유사하다. 6세기 초 일본과 한국 사이의 교역으로 불교가 등장하고 중국의 영향이 미치게 되었다. 일반적으로 신도의 문화는 새로운 종교와 공존하지만 특히 덴무 천황 시대 문화가 두드러졌다. 덴무 천왕의 가문은 태양의 여신 아마테라스의 후예

신성한 울타리 안

7세기 이후, 일본, 미에 현, 이세 내궁

북쪽에서 이세 내궁의 중심축을 바라본 이 사진은 네 개의 울타리 중 두 개를 지나 안으로 들어온 모습이다. 도리문(신사 입구 기둥 문)은 15세기와 16세기 신궁이 방치된 이후에 생겨났다. 양옆으로 난 도랑은 의식에서 승려가 사용한다. 그 너머 세 번째 울타리로 들어가는 문에는 신도만의 건축양식인 지붕 등성이 목재 장식이 보인다. 헤이안 시대 신사는 등급을 매기고 세 그룹으로 분류되어 왕실로부터 제물을 받았다. 이세가 그중 일순위에 올랐다.

라고 주장했고, 그는 672년 집권하면서 전투를 벌여 태양의 여신의 힘을 다시금 일깨웠다. 나라의 동남쪽 이세의 태양 사원은 국가적 후원을 받는 왕실 건물이 되었다. 685년 천황은 이세의 두 사원을 아마테리스와 수확의 여신 도요우케에게 바치면서 20년마다 사원을 재건했다. 712년 사원의 원래 자리가 태양 사원에 걸맞게 동서에서 남북으로 이동하면서 제약된 규칙성과 대칭을 건물에 부과했다. 비록 이런 발전이 중국 건축의 영향을 반영한 것이지만, 이세 부지는 신도의 가장 신성한 공간으로 남아서 토착 지역의 목재 건축양식을 그대로 보존하고 1500년간 재건하고 다듬으며 선사시대 일본 족장의 가옥과 저장소의 뿌리를 보여준다.

두 주요 사원과 더불어 이세에는 120여 개의 작은 사원들이 이스즈 강 주위 신성한 숲속에 자리한다(이세신궁). 이세 내궁이 그중에서도 가장 중요한 공간이다. 길이 105미터, 너비 45미터의 플랫폼 위에 자리한 내궁은 땅에서 4~5미터 정도 솟아 있다. 이 플랫폼 주변에 네 개의 높은 울타리가 서로를 감싸며 서 있다. 사원은 다양한 건물을 포함하지만 가장 신성한 곳은 내부 성소인 혼덴(본전)으로 짚으로 엮어 만들었다. 혼덴은 길이 15미터, 너비 10미터로 높이가 10미터가 조금 안 된다. 짚으로 된 지붕은 그 끝부분이 X자형으로 두드러지고 '가츠옹'이라고 부르는 통나무 장식이 지붕을 따라 자리한다. 하나의 기둥이 각 지붕의 중앙을 지탱하며 바닥은 땅 깊숙이 박혀 있다. 유일하게 신도 사원만 이런 형태를 띤다. 신도 사원은 또한 신장대가 서 있는 입구로 쉽게 식별할 수 있다. 중국 공자시대 페이팡에서 기원한 것으로 인도 불교의 사리탑(274~277쪽 참고)과 비슷한 기능을 하는 것으로 보인다.

대략 10만 개의 신도 사원이 있지만 모두가 이세의 신궁처럼 고전 양식을 유지하고 체계적으로 복원되지는 않는다. 현재 여섯 가지 양식이 알려져 있고 일부 신도 건물은 소형 불교 사원과 다를 바가 거의 없다. 신도에서 승려나 왕실 가족만이 가미가 살고 있다고 믿는 혼덴으로 들어갈 수 있다. 가미는 다양한 형태를 취한다. 장식하지 않은 바위 혹은 이세의 고대 거울 등이 그 예다. 가미는 외부자들에게는 결코 모습을 보이지 않는다.

불교와 신도의 부지는 모두 끊임없이 많은 사람들이 찾아오고 봄의 모내기 축제와 같은 대규모 행사에 특히 방문객이 몰린다. 신도의 축제는 이동식 사원(미코시)을 들고 길거리에서 행진을 하는 극적인 축제도 포함된다.

8~13세기 사이 신도와 불교의 구분이 흐려졌다. 각 가미는 특정한 부처 혹은 보살이 발현한 것이며 이들의 이미지가 널리 퍼졌다. 관음보살(300쪽 참고)이 133미터 높이의 나치폭포에 가미와 함께 서 있는 장면이 대표적이다. 헌신적인 사원 만다라 회화는 특정한 신도 사원과 그 주변의 영적인 풍경을 여러 방식으로 묘사했다.

1871년 메이지 왕조 시대에 신도가 국가 종교로 승격되었고, 이세는 엄청난 신성함을 지닌 장소로 변모했다. 1945년 왕조가 쇠락하면서 1946년에 신도주의도 해체되었지만 현재 개인 집단이 이 사원을 운영하고 있다.

이와쿠라 '바위 집' 사원
일본, 이세 만, 후타미가우라, 메오토이와

나무와 바위는 신도에서 오랫동안 신성한 존재로 여겨졌다. 메오토이와 혹은 '부부바위'는 일본의 첫 번째 부부인 이자나기와 이자나미가 거주하는 곳으로 알려져 있다. 짚으로 엮은 금줄이 신성한 상대를 엮어주고 신성한 경계를 강화한다. 입구는 일반적으로 도리 문으로 불리며 남성바위 위에 자리한다.

연대표

기원전 9000년경
터키 괴베클리 테페에 세상에서 가장 오래된 사원과 유사한 구조물이 등장했다.

기원전 4000년경
이라크 에리두의 신전이 최초의 메소포타미아 신전으로 알려졌다.

기원전 약 3500년경 이후
현재 미국 루이지애나 주 왓슨 브레이크 언덕에 북아메리카 최초의 거대 의식용 건축물 등장.

기원전 약 3200년
페루 수페 계곡의 플랫폼 언덕과 움푹 팬 안마당: 남아메리카 최초의 대규모 의식 건축물이다.

기원전 약 2630~약 2611년
이집트 사카라 조세르 왕의 무덤 사원과 피라미드: 다듬돌로 지은 최초의 주요 건축물이자 최초의 이집트 피라미드다.

기원전 약 2500년 이후
영국 에이브버리와 스톤헨지: 야외의 기념비적인 신성한 풍경이 되었다.

기원전 약 2549~2460년
이집트 기자 쿠푸 왕의 피라미드(146미터): 수천 년 동안 세계 공인 가장 높은 건물이었다.

기원전 약 2112~2095년
이라크 우르의 지구라트: 메소포타미아의 '인간이 만든 산'의 주요 예가 된다.

기원전 약 1960년
고대 이집트의 가장 위대한 사원인 카르나크의 대신전 일부가 원형대로 보존되었다.

기원전 약 967~960년
예루살렘 솔로몬의 대성전: 예루살렘에서 가장 신성한 건축(기독교와 이슬람교에 영향)이다.

기원전 약 595년
부다가야에서 석가모니가 득도해 불교의 탄생으로 이어졌다. 석가모니는 기원전 약 485년 열반했고 그의 무덤은 최초의 사리탑으로 현재까지 사용되는 건축양식을 낳았다.

기원전 586년
바빌로니아인들의 예루살렘 신전 파괴와 유대인 탈출로 생겨난 것이 유대교회당이다.

기원전 551~479년
공자가 자신의 사상을 전파하고 이는 후에 《논어》로 편찬되었다.

기원전 516년
기원전 539년 바빌로니아인들이 물러간 이후 유대교 사원이 재축조되었다.

기원전 6세기
노자가 도교의 근간이 되는 《도덕경》을 저술했다.

기원전 5세기~서기 5세기
바크티 문화가 베다의 믿음을 힌두교로 전파했다.

기원전 447~약 406년
아테네 아크로폴리스에 신전 재건축: 고대 그리스 사원 건축의 정점이 되었다.

기원전 3세기
인도의 영구적인 종교건축물 토대가 자리 잡고(주로 불교) 사리탑, 차이티아 모티프, 수도원이 확산되었다.

기원전 약 200년까지
유대교회당의 존재 여부가 알려졌고 교회와 사원의 매주 모임을 위한 최초의 공간이 설계되었다.

기원전 8년
중국 곡부현에 공자 사당(기원전 478년): 유교에서 가장 중요한 사당이자 동아시아 최대 규모 중 한 곳이다.

서기 33년
예루살렘에서 그리스도가 죽어서 부활했다. 기독교 탄생의 중요 사건이다.

70년
예루살렘 성전 파괴: 유대교회당은 존속했다.

약 118~약 128년
로마 판테온: 모든 신을 위한 돔 사원이다.

약 150년
멕시코 테오티우아칸의 태양의 피라미드와 달의 피라미드: 메소아메리카의 가장 신성한 건물 중 한 곳이다.

4~6세기
파키스탄 카니슈카 사리탑(90미터)과 중국 장안 영녕사의 탑(161미터)이 당시 세상에서 가장 높은 건물로 추정되었다.

312년 이후
로마의 성 베드로 대성당과 예루살렘의 성묘교회와 같은 콘스탄티노플 교회가 최초의 진정한 교회 건축을 구성: 로마 바실리카를 본뜬 이 구조는 현재까지 교회에 자주 사용된다.

5세기
다듬돌로 지은 힌두교 사원의 시작, 현재까지 표준으로 사용되는 기본 요소가 정립되었다.

5세기 후반
인도 아잔타에 불교 석굴이 절정을 이루었다. 인도 내에서 가장 정교하다.

523년
중국 허난성 숭악사 사원 탑은 현존하는 가장 오래된 탑(동아시아의 사리탑 형태)이다.

532~537년
콘스탄티노플의 성 소피아 성당: 동방정교회의 주요 돔 교회다.

6~7세기
인도 부다가야 마하보디 사원의 마지막 재건축: 불교 순례의 요충지가 되었다.

7세기
아프가니스탄의 부처: 위대한 절벽에 새긴 불교 조각상으로 2001년도에 파괴되었다.

622년
메카에서 메디나로 예언자 무함마드가 성천했다. 이슬람교 탄생의 주요 사건이다.

632년까지
아라비아 메디나의 예언자의 집: 예언자가 직접 구상한 최초의 사원으로, 이 형태는 오늘날까지 사원에서 볼 수 있다.

684년
이슬람 기도의 중심인 아라비아 메카의 고대 카바가 마지막으로 재건되었다.

684~691년
예루살렘의 이슬람 바위사원: 독특한 사원형 건축물로 새로운 종교의 승리를 구현했다.

685년 이후
일본 이세에 신도 사원을 재축조하라는 명을 내림. 20년마다(일부 제외) 재건하며 지금까지 이어오고 있다.

7~9세기
마야의 피라미드 사원, 광장, 구기장: 아메리카의 종교건축물의 정점이다.

약 706~715년
시리아 다마스쿠스 우마이야 모스크: 화려한 금요일의 모스크로 자리매김했다.

745~749년
일본 나라 도다이지: 초기 동아시아 사찰의 형태를 가장 잘 보존하고 있는 건물이다.

약 756~약 773년
인도 엘로라 카일라사 사원: 절벽에 생긴 위대한 힌두교 사원이다.

약 780~약 850년
인도 자바의 보로부두르 사원의 사리탑: 커다란 야외 만다라형 사리탑으로 동남아시아 불교 건축물의 중요한 부분이다.

848~852년
이라크 사마라 대모스크: 이슬람에서 가장 큰 사원으로 이슬람 양식 발달에 영향을 끼쳤다.

1009/1010년
인도 탄자부르의 라자라제슈바라 사원: 위대한 인도 남부 사원으로 크기와 두드러진 고푸라 탑 현관이 큰 영향을 미쳤다.

약 1032년
인도 아부 산의 자이나교 사원: 자이나교 사원 건축의 중요한 부분이다.

1088년 이후

이란 이스파한 금요일의 모스크: 이완과 돔이 더해져 사원 안마당과 키블라에 새롭고 영향력이 큰 양식을 만들었다.

11세기

로마네스크 대성당과 수도원: 웅장한 내부, 야심찬 천장, 조명의 효과, 끊임없는 양식적 발전을 담고 있는 유럽 기독교 건축양식이 출현했다. 인도 카주라호에서 힌두교 사원 건축이 정점에 올랐고 북부 힌두교 사원 중에서 가장 정교함이 뛰어나다.

약 1105년과 약 1155년

미얀마 바간의 아난다 사원과 탓빈유 사원: 엄청난 크기의 사리탑 사원이다.

1113년 이후

캄보디아 앙코르와트: 가장 위대한 동남아시아 힌두교 사원이 모인 곳이다.

1140년부터

프랑스 파리의 성 디오니시오 예배당: 유럽 기독교 건축에 아름다움을 가져다준 고딕 양식이 출현했다.

1194년부터

프랑스 샤르트르 대성당: 웅장한 초기 고딕 양식 대성당으로 스테인드글라스가 특히 인상적이다.

1243년부터

중국 융웨전 영락궁: 정교한 주요 도교 사원으로 벽화가 인상적이다.

13/14세기

남부 힌두교 사원이 고푸라로 점유된 사원 도시로 변화하기 시작했다. 마두라이 스리랑감이 대표적인 예다.

1311년경부터

영국 링컨 대성당의 뾰족탑이 세상에서 가장 높은 건물(160미터)이 되었다.(1549년에 붕괴)

1356~1362년

이집트 카이로의 술탄 하산의 왕묘: 맘루크 건축의 대표작이다.

1420년 이후

중국 베이징 천단공원: 희생의식이 치++단이 있는 야외 공간으로 신성한 도시에서 가장 성스러운 곳이다.

1420~1467년

피렌체 산타마리아 델 피오레 대성당의 돔을 브루넬레스키가 채색: 유럽 기독교 건축에서 르네상스양식 돔이 재탄생한 순간이다.

약 1490년까지

멕시코의 마지막 아즈텍 사원인 테노치티틀란의 코아테펙 사원의 마지막 축조 단계. 약 1521년에 붕괴되었다.

1493년까지

마지막 잉카 사원인 페루 쿠스코의 코리칸차 신전 완공. 약 1534년에 파괴되었다.

1506~1667년
로마 성 베드로 대성당 재건: 웅장한 돔은 전성기 르네상스와 바로크 건축의 최고 업적을 잘 보여준다. 로마 가톨릭 기독교 교회의 중심축으로 성장했다.

1550~1557년
터키 이스탄불의 쉴레이마니예 모스크와 다른 사원 축조: 오스만 제국 사원의 주요 특색을 잘 보여주며 하나의 돔 지붕으로 덮은 기도실은 현재까지 이슬람 건축에 영향을 미친다.

1555년 이후
러시아 정교회 중 가장 웅장한 모스크바 성 바실리 대성당이 축조되었다.

1563년경
멕시코시티 메트로폴리탄 대성당: 이 시기 기독교 바로크 양식이 모든 대륙에서 종교건축물로 처음 등장하기 시작했다.

1581년 이후
인도 암리차르 시크교 황금 사원: 가장 신성한 시크교 숭배장소다.

1611/1612~1637/1638년
이란 이스파한 마스지드 이 알리(샤): 사파비 왕조 건축의 걸작이다.

1631~1647년
인도 아그라 타지마할: 가장 위대한 이슬람 왕묘이자 무굴 건축의 정점이다.

1730년 이후
중국 허베이성 청더 보녕사가 청 왕조 사원 건축을 잘 보여준다.

1743년
독일 14명의 원조자 성인 교회는 분명한 로코코 양식 건축이다.

1784/1785년
왕실 불교 사원인 방콕의 와트프라케오 축조.

1795년경
미국 메인 주 세바스데이 레이크 미팅하우스: 비국교도 교회의 단순한 건축의 전형이다.

1841~1846년
영국 치들 세인트 자일스 교회가 유럽과 그 식민지에 고딕 건축양식의 부흥을 알렸다.

1859년과 1927년
베를린의 신 시나고그와 뉴욕 에마뉴엘 사원(1927년)이 '대성당' 시나고그 시대의 출현을 알렸다.

1871년
버마 만달레이에 민돈 왕이 만든 불교 사원이 다섯 번째 불교 결집처가 되었다.

1882년
현대 기독교 건축을 지으려는 초기 시도인 스페인 바르셀로나 사그라다 파밀리아 성당이 축조에 들어갔다.

1948년
유대인 대학살 이후 현대적인 이스라엘 국가가 설립되고 새로운 유대교회당이 많이 생겨났다.

1950년
프랑스 롱샹의 순례교회가 현대적인 기독교 건축의 위대한 업적을 보여준다.

1955~2008년
전 세계에서 몰려드는 신도들을 더 많이 수용하고자 사우디아라비아 메카의 대모스크가 확장 및 재건에 들어갔다.

1961년
알제리 알제 성심 대성당은 개혁된 가톨릭교회의 중앙집중식 건축물을 대표한다.

1963년
인도 아마다바드 사바르마티 아슈람은 힌두교의 현대적 건축물의 표상이다.

1976~1986년
파키스탄 이슬라마바드 샤파이잘 모스크가 새로 생긴 국가의 국립사원이 되었다.

1980년
미국 아칸소 주 가시면류관 채플은 복음주의 비국교도 교회의 현대적 건축물이다.

1984~1995년
로마 모스크와 이슬람문화센터는 이슬람의 현대적 건축물이다.

1992~1995년
런던, 스리 스와미나라얀 만디르: 힌두교 디아스포라가 야심찬 국제적인 건축을 창출했다.

2000년
일본 교토 근교 즈이센지의 화이트템플: 현대 불교 건축의 대표적인 예다.

찾아보기